"一带一路"与南向开放

（第一卷）

赵晋平　赵跃宇　罗来军　等著

中国社会科学出版社

图书在版编目（CIP）数据

"一带一路"与南向开放. 第一卷／赵晋平等著. —北京：中国社会
科学出版社，2022.5
ISBN 978 - 7 - 5227 - 0030 - 4

Ⅰ.①一… Ⅱ.①赵… Ⅲ.①"一带一路"—国际合作—研究
Ⅳ.①F125

中国版本图书馆 CIP 数据核字（2022）第 056205 号

出 版 人　赵剑英
责任编辑　刘凯琳　乔镜蕈
责任校对　周　昊
责任印制　王　超

出　　　版　中国社会科学出版社
社　　　址　北京鼓楼西大街甲 158 号
邮　　　编　100720
网　　　址　http://www.csspw.cn
发 行 部　010 - 84083685
门 市 部　010 - 84029450
经　　　销　新华书店及其他书店

印　　　刷　北京明恒达印务有限公司
装　　　订　廊坊市广阳区广增装订厂
版　　　次　2022 年 5 月第 1 版
印　　　次　2022 年 5 月第 1 次印刷

开　　　本　710×1000　1/16
印　　　张　17.75
插　　　页　2
字　　　数　244 千字
定　　　价　95.00 元

凡购买中国社会科学出版社图书，如有质量问题请与本社营销中心联系调换
电话：010 - 84083683

《"一带一路"与南向开放》（第一卷）作者
（排名不分先后）

赵晋平 国务院发展研究中心对外经济研究部原部长，海南大学经济学院特聘教授，海南大学海南省开放型经济研究院名誉院长、学术委员会主任，享受国务院政府特殊津贴。

赵跃宇 博士，教授，博士生导师，享受国务院政府特殊津贴专家。现任广西大学校长，第十三届全国政协委员，广西壮族自治区第十三届人大常委。

李后强 四川省社会科学院党委书记、教授，享受国务院政府特殊津贴

罗来军 中国人民大学经济学院教授、博士生导师；中国人民大学长江经济带研究院首任院长、中国人民大学国家发展与战略研究院研究员、中国方案研究院执行院长；现挂职中共海南省委政研室副主任

马 亮 中国人民大学公共管理学院教授、博士生导师

戴稳胜 中国人民大学国家发展与战略研究院研究员，财政金融学院教授

李世杰 海南大学经济学院院长、教授，享受国务院政府特殊津贴

杨 斌 中国人民大学公共管理学院博士生

前　言

　　南向开放与长江经济带发展战略、西部大开发战略、海南自由贸易港建设等国家重大区域发展战略形成战略叠加和协同，打造我国战略后方，又能够形成未来经济增长热点集中区，同时也是应对世界复杂局势演变的战略筹划和实践抓手。为规划出南向开放地位清晰的蓝图，实现南向开放覆盖省市协同发展，中国人民大学长江经济带研究院首任院长、中共海南省委政研室副主任（挂职）罗来军教授对此长远策划，联合中国人民大学国家发展与战略研究院马亮教授、广西大学校长赵跃宇教授、国务院发展研究中心对外经济研究部原部长赵晋平、四川省社会科学院党委书记李后强、中国人民大学国家发展与战略研究院戴稳胜教授、海南大学经济学院李世杰教授等专家共同开展研究。

　　本部《"一带一路"与南向开放》（第一卷）分为两大部分：第一部分为南向开放战略地位研究，该部分内容深入研究与分析了南向开放的必要性和重要性、在"一带一路"倡议体系框架中与其他各方向的协同关系以及南向开放与其他国家区域战略的协同关系，总结了南向开放的重要地位；第二部分为南向开放的国内覆盖省市协同研究，该部分内容结合南向开放中的定位，对国内覆盖省市协同中遇到的问题、当前的实践和可以发挥的作用等问题进行了研究。其中第二部分第1—6章的作者都是杨斌、马亮（通讯作者），两位专家提出了深刻见解。

　　本书研究成果为通过南向开放应对国际不确定性，以及解决南向开放覆盖省市间"九龙治水"的矛盾局面提供决策，为构建南向开放稳定合作、协同发展新格局提供政策建议。主要研究成果和内容在该书中进行出版，以飨读者。

　　除了上述专家之外，来自于中国人民大学、海南大学的参研人员还有杨斌、文余源、张迎新、王孝松、代志新、胡先强、张瑜瑜、石微巍、任元明、戴甜甜、楼佳伟、陈文君、肖振宇、肖羡钰、孙星斗、崔雨阳、郭庆宾、孙鹏、余升国、张应武、张晖、颜洪平、樊燕，在此对各位研究人员致以衷心感谢。

目　　录

第一部分　南向开放的国家地位研究

第一章　南向开放的必要性和重要性 …………………………（3）

　　第一节　国际背景 ………………………………………（3）

　　第二节　南向开放的意义 ………………………………（6）

第二章　南向开放的合作潜力与政策取向 …………………（13）

　　第一节　经济合作潜力分析 ……………………………（13）

　　第二节　经济合作的主要挑战 …………………………（30）

　　第三节　推进南向开放的国家政策取向 ………………（36）

第三章　南向开放与其他方向开放的协同关系 ……………（40）

　　第一节　与"一带一路"西北向开放（西北丝绸之路）的

　　　　　　协同 …………………………………………（40）

　　第二节　与"一带一路"东向开放的协同 ……………（45）

　　第三节　完整的"一带一路"开放体系 ………………（49）

第四章　南向开放与西部大开发战略的协同 ………………（56）

　　第一节　西部大开发战略 ………………………………（56）

第二节　南向开放与西部大开发的互动 ……………………………（66）

第五章　南向开放与长江经济带发展战略的协同 ………………（70）
第一节　长江经济带发展战略 ………………………………………（71）
第二节　南向开放与长江经济带发展的互动 ………………………（88）

第六章　南向开放与海南自贸港建设的协同 ……………………（101）
第一节　海南自贸港建设 ……………………………………………（101）
第二节　南向开放与海南自贸港建设的互动 ………………………（107）

第七章　南向开放的国家定位提炼 ………………………………（113）
第一节　南向开放在"一带一路"中的地位 ………………………（113）
第二节　南向开放在国家层面的地位 ………………………………（115）

第二部分　南向开放的国内覆盖省市协同研究

第一章　府际协同的域外理论视野 ………………………………（123）
第一节　理解和解释省市协同的理论视角 …………………………（123）
第二节　理论综述与评析 ……………………………………………（134）

第二章　地方政府合作研究的中国场景 …………………………（136）
第一节　引言 …………………………………………………………（136）
第二节　地方政府合作的研究路径 …………………………………（139）
第三节　地方政府合作的核心议题 …………………………………（145）
第四节　地方政府合作的影响因素 …………………………………（151）
第五节　地方政府合作研究的展望与挑战 …………………………（153）

第三章　南向开放的背景扫描与政策梳理 ……………………（157）

第一节　背景介绍 …………………………………………（157）

第二节　"一带一路"南向路径的政策演进 ………………（159）

第三节　地方行动 …………………………………………（167）

第四节　典型区域 …………………………………………（171）

第五节　国内覆盖省市的比较分析 ………………………（176）

第六节　南向开放通道建设：规划和进展 ………………（183）

第四章　南向开放的省际协同网络分析 …………………（191）

第一节　问题的提出 ………………………………………（191）

第二节　区域协同治理和制度性集体行动 ………………（193）

第三节　南向开放政府协同网络结构 ……………………（200）

第四节　南向开放政府协同行动形成和网络塑造 ………（208）

第五节　结论与建议 ………………………………………（213）

第五章　南向开放城市间协同网络分析 …………………（217）

第一节　问题的提出 ………………………………………（217）

第二节　区域协同治理和地方政府合作 …………………（219）

第三节　地方政府的合作类型及其特征 …………………（224）

第四节　地方政府的合作选择及其解释 …………………（232）

第五节　结论与讨论 ………………………………………（237）

第六章　南向开放的协同研究 ……………………………（240）

第一节　省市协同网络分析 ………………………………（240）

第二节　府际协同的行动困境 ……………………………（243）

第三节　优化省市协同的政策建议 ………………………（249）

参考文献 ……………………………………………………（261）

第一部分

南向开放的国家定位研究

第一章　南向开放的必要性和重要性

第一节　南向开放的必要性

自"一带一路"倡议实施以来，中国与世界各国本着共商共建共享的原则，积极开展务实合作，取得了丰硕的成果。根据外交部的统计信息，截至2020年1月，中国已与沿线138个国家、地区和30个国际组织签订了共同建设"一带一路"的合作协议和报告，并成功举办两届"一带一路"高峰论坛，在世界范围内形成了广泛共识、达成了多项合作，搭建了涵盖港口、金融、会计、中欧班列、能源、智库等20多个领域的多个高水平的合作平台，深刻地向世界诠释了中国以"一带一路"为核心的世界治理方案。

"一带一路"倡议的丰硕成果充分证明了世界各国互利共赢的共同愿景，然而在全球范围内，仍然有几种不确定因素在影响世界各国开诚布公、通力合作的潮流。霸权主义、强权政治在部分国家抬头，单边主义和保护主义盛行等，这些因素都对"一带一路"建设的风险承受能力提出了进一步挑战。与此同时，在当今世界充满变数和机遇的背景下，南向开放成为防范化解各类风险，塑造高质量南南合作模板的重要手段。

在当前国际环境下，应该加强"一带一路"建设尤其是南向开放的深度。将下一步开放的重点定位在具有极大发展潜力的南亚和东南亚市场。总的来说，与东南亚和南亚两个区域开展合作有三个方面的

优势:

一 有成为稳定合作区域的潜力，减少不确定性

南亚和东南亚国家政治稳定，人口众多，拥有超过23亿人口，是潜在的巨大经贸市场和投资市场。南亚和东南亚市场与中国市场具有很强的互补性。近年来，许多国家与中国的双边贸易额都迅速增长，而且还有很大的增长空间可以挖掘。如果能以大规模的集贸市场作为通道，以自贸区作为平台，广泛开展经贸合作，则不仅有利于减少与世界主要经济体之间国际投资和经贸活动所面临的不确定性风险，也可以成为中国外贸和国民收入的重要增长点。

除了贸易和投资活动，基础设施建设也是重要的合作领域和收入增长点。南亚国家如巴基斯坦、孟加拉国、斯里兰卡，东南亚国家如缅甸、泰国、老挝等国都处于工业化和城市化的重要阶段，有能力也有意愿与中国保持持久稳定的经济合作。东南亚很多国家的铁路和公路路网建设很不完善，海运条件很不发达，包括无水港和内河水运在内的港口建设不足，航空基础设施非常短缺，现有的电网系统难以满足不断增长的电力需求。中国可以充分发挥规模优势，在工程承包和项目建设方面与东南亚国家展开新的合作。目前雅万高铁项目已经动工，中老、中泰等泛亚铁路网项目已经启动，一张陆海空网并进的互联互通网络正在逐渐成形。

二 与相关区域国家自身的经济发展战略进一步加强合作

目前，东南亚各国为了振兴本国经济，都实行了不同的经济改革计划，例如越南的"两廊一圈"、柬埔寨的"四角战略"、东盟的互联互通总体规划等。"一带一路"倡议强调包容性增长，应当与各国的国内政策协同发展，形成深度的互动与协作。以东盟十国的互联互通总体规划为例。2010年东盟国家在河内共同签署的《东盟互联互通总体规划》，将东盟这一阶段的战略定为物理联通、机制联通和人

文交流，其中物理联通包括构建综合的多式联运、信息基础设置建设和能源网络。中国可以抓住这一契机，在物理联通方面积极参与东盟各国的基础设施建设，特别是陆路和水路运输网络的建设；在机制联通方面，通过中国—东盟自由贸易区这一平台，为往来企业提供国境便利化和航运一体化服务，加深经济合作水平；在人文交流方面，可以加强教育、文化、旅游项目的合作往来。利用东南亚各国自身的经济发展战略与中国对外发展政策相契合的方面来构建合作的基础，将会提高双方的经济发展水平和国际竞争力。

但是，目前中国与东南亚诸国的贸易往来还较为单一、缺乏品牌和规模效应，难以承担经济改革计划协同发展的战略功能。为了改善贸易质量，提高经济合作水平，中国可以充分利用北部湾的地理位置优势，将"南方丝绸之路"与陆上丝绸之路连接起来。以四川、云南、贵州、西藏、广西、重庆"三省两区一市"为枢纽，连接中国腹地，形成区域经济一体化和产业集聚效应，提高经贸水平。要充分发挥中国西南地区的地理位置优势，提高道路交通的运载能力，给跨省份、跨国境的企业合作创造条件。

三　"南方丝绸之路"不仅是古代贸易史上的著名商道，也是历代亚洲多元文明融合的重要平台

中国巴蜀文化、青铜文化和缅甸、印度等国的佛教文化在南方丝绸之路交流融合。这种文化交流不仅深刻影响了中国汉唐以来的文化政治风貌，也对东南亚、西亚乃至欧洲国家都产生了深远的文化熏染。明代永乐三年至宣德八年之间，郑和七下西洋，其中前三次将东南亚作为主要目的地，这是见证中国与东南亚各国历史传统友谊的重要里程碑。借此机会，中国与东南亚诸国在贸易、医药、宗教、语言文化和建筑等方面展开了广泛而深远的交流。近代以来，澜沧江—湄公河的水路交通和滇缅、滇越公路成为维系中国与东南亚各国友好往来的重要纽带。闽粤两省的先民大批前往泰国、马来西亚、菲律宾等

国，对当地的饮食、语言文化、民间艺术产生了深远的影响。中国的油条、包子、豆腐等食品在东南亚流行起来，而东南亚的燕窝、鱼翅等食品也被归国华人华侨带回了中国。在当代，延续"海上丝绸之路"的文化传统，就应做好和这两个区域国家之间的"五通"工作。在贸易往来和官方交流的"硬件"之外，也可以开展民间交流和人文交流活动、创新国际贸易与投资的方式、加快培养国际商务的专门人才等，做好"软件"保障。构建双方友好往来的平台，要追本溯源，充分利用双方在语言文化、医药、饮食、艺术、教育等方面的共同点，组织民间文化交流活动和商业活动。在传统文化之外，还应该将近年来双方的影视、音乐和网络文化等新兴文化因子融入进来，给双方的睦邻友好交流注入新鲜血液。

第二节　南向开放的意义

南向开放是贯彻落实习近平总书记关于对外开放的系列论述的重要抓手，也是形成陆海内外联动和东西双向互济格局的重要一环，对于全面开放格局的形成有着至关重要的作用。加快推进南向开放，不仅有利于中国融入亚洲的供应链、价值链和产业链，也有利于中国与沿线各国建立全面互联互通的伙伴关系，使中国在全球治理体系中发挥更为重要的作用。

进一步推动南向开放，具有如下价值和意义。

一　成为应对国际严峻形势的关键突破口，构建稳定的国际合作区域

首先，南亚国家如印度、孟加拉国、斯里兰卡，东南亚国家如缅甸、泰国、老挝等，人口众多，有条件与中国保持持久稳定的经济合作。近年来，中国与上述区域国家的经济贸易往来不断增加、范围不断拓宽。中国从这些国家进口的产品主要包括矿产品、农产品、化工

产品和原木等，而中国向这些国家出口的产品则主要包括机电产品、纺织品和化工产品。双边贸易额的迅速增长体现出了中国与东南亚各国之间经济的互补性。东南亚很多国家正处于城市化和现代化的重要阶段，在铁路、公路的路网建设、水运港口建设和信息化建设等基础设施建设方面有巨大的需求和对外合作空间。中国与上述国家的合作能够显著加强双方的经济联系，从而将中国与这些国家的产业链和价值链整合起来，打造合作共赢的持久稳定的国际经济合作区域。

其次，与相关区域国家自身的经济发展战略进一步加强合作，例如越南的"两廊一圈"、柬埔寨的"四角战略"、东盟的互联互通总体规划等，打造深度的战略互动与协作。要真正体现"一带一路"包容性增长的精神，就应该在更高水平、更宽领域和更深层次上开展战略合作。东盟十国在互联互通总体规划中提出要加强信息基础设施建设，改善东盟国家信息化水平。中国抓住这个合作机会，将东盟的这个战略和我国"数字丝路"的构想结合起来，与东盟共同建设了中国—东盟信息港。目前，信息港项目不仅是东盟互联互通总体规划的重要内容，也被列入了中国"十三五"规划纲要。双方在信息基础设施的高效互通、北斗导航系统、5G 数字信息服务、智慧城市、跨境电商等方面展开了广泛的技术交流和信息共享。一方面，信息港为中国积累了"数字丝路"建设的宝贵经验；另一方面，中国利用较为成熟的空间观测技术和数据处理能力，为东盟国家提供生态环境分析、自然灾害预警等多方面的信息服务。如果能深层次地将"一带一路"南向开放的蓝图与各国自身发展战略相结合，那么不仅能产生丰厚的经济收益，也能提高各国的国际竞争力，形成双赢的局面。

再次，"南方丝绸之路"不仅是古代贸易史上的著名商道，也是古代亚洲多元文明融合的重要平台。在历史上，南方丝绸之路沟通了中国和沿途各国的货物、语言文字、传统节日和宗教信仰，是古代世界的重要文化现象。在当代，应延续"南方丝绸之路"的文化传统，与相关国家之间开展和加强民间交流和人文交流活动，推进民心相通、文明互鉴。目前，中国与东南亚和南亚各国在文化交流和民间互动等方面都取得了丰硕的成果。中缅双方将 2020 年确定为中缅文化旅游年，2020 年 1 月 18 日习近平主席赴缅甸参加中缅建交 70 周年庆祝活动；中老在南果河水电站、老挝国家文化宫等基础设施建设上开展了广泛合作；中印之间多个城市都有丰富的交流，北京与德里、上海与孟买、重庆和金奈都结为了友好城市。随着南向开放的进一步推进，中国与东南亚和南亚沿线国家之间的人文交流和民间往来还将更加丰富、更加多元。

二 发扬"南方丝绸之路"的历史精神，开发国际投资与经贸新势能

历史上"南方丝绸之路"始于先秦时期，在汉朝和唐朝达到高峰。古时候"南方丝绸之路"分为三条不同线路，其中东线称为夜郎道，是从四川宜宾出发，途经贵州六盘水，后到广西和广东两省区境内，在广西北部湾和附近港口通往南海；中线称为"进桑道"，是从宜宾出发，经过云南昆明，通过红河进入越南境内，最终通往越南和中南半岛的交通线；东线也就是最著名的一条线路，称为"蜀身毒道"，是从四川成都出发，途经云南昆明和腾冲，辗转缅甸和印度东北部，翻越胡康河谷，最终通往中亚、西亚和地中海地区。明清时期颇为著名的茶马古道，其通往缅甸、越南等国的南线，就是由南方丝绸之路演变而来。

"蜀身毒道"的前身是在云南大理会合的两条先秦商道"旄牛道"和"五尺道"。后来在汉武帝时期，两者合二为一，又延长到缅甸、印度境内。根据《后汉书》的记载，"身毒"就是古代的印度。早在先秦时期，就有商道从蜀地通往身毒和大夏（古代的阿富汗）。我国向两国出口丝绸、布、线等生活用品，再从两国进口奇珍异宝、珍禽异兽。汉武帝建元元年，为了联合大月氏族共同抗击匈奴，武帝派张骞出使西域。然而张骞却在第二年于陇西被匈奴人俘获，后来辗

转十三年才成功返回都城长安。此行虽然没有成功，但却意外地翻开了"南方丝绸之路"的历史篇章。原来张骞禀告武帝，他在大夏国发现了蜀地生产的丝绸和竹杖，当地人说这些物品是与身毒国贸易所得。张骞因此判断，有一条路从蜀地可以抵达身毒，然后再通往大夏。根据《后汉书》的记载，这是我国历史上第一次知道有身毒国，而身毒就在月氏东南数千里的位置。张骞提出，要从蜀地向西南进发，找到一条通往身毒的道路，就可以避开羌族和匈奴的骚扰，直接与西域的国家进行贸易往来。此时云南称为滇国，位于通往身毒的必经之路上。于是汉武帝数次遣使滇国，希望共同经营这条商道，不仅可以与身毒、大夏保持往来，还可以与大宛、安息等国进行贸易，以扩大两国的影响。然而，由于受到滇国周围少数民族的阻挠，十余年来均未能开辟出一条与身毒之间的民用商道。于是汉武帝在元封二年派大将郭昌率巴蜀兵攻打滇国，迫使滇国国君投降，并编为益州郡，这才打通了通往印度和缅甸的官道。这条路被称为"蜀身毒道"，它后来历经千年，绵延至中亚、西亚和地中海地区，成为世界贸易史上的重要组成部分。

在历史上的不同时期，南方丝绸之路贸易的商品有一定的变化。最早也是最重要的商品，就是丝绸。根据印度古籍《政事论》和季羡林先生的考证，在印度孔雀王朝时期便已开始使用原产于中国的成捆的蚕丝。而中国则从印度采购象牙、犀角；从缅甸采购翡翠、木棉等；从欧洲采购黄金。到了唐代，随着中国手工业的发展和贸易的便利，中国出口的商品便以糖、针线、粉丝等生活用品为主，而从西域诸国采购的商品变为大宛的良马、皮毛，缅甸和越南的麝香、贝母、云耳、玛瑙、琥珀等。到了宋代以后，茶叶的重要性逐渐增加，中国便以茶叶和日用品为主，向各国采购马匹、药材、棉花、燕窝、鹿茸等。

"南方丝绸之路"不仅是中国古代和各国进行贸易往来的道路，也是联系各国文明的重要纽带。中国古代西南边陲的重要经济文化中心，全都位于"南方丝绸之路"沿线，如滇国、夜郎国和南诏国。长期的贸易往来也使得各地的文化在"南方丝绸之路"交融和发展，我国的巴蜀文化和青铜文明与东南地区的佛教文化在"南方丝绸之路"得到交流和发展，形成了独具特色的文化生态。

随着"一带一路"倡议的提出，历史悠久的"南方丝绸之路"也焕发了新的活力。中国在交往历史悠久的印度、缅甸和越南之外，又将贸易和合作的范围扩展到东盟十国和南亚各国。当前中国和东盟的贸易依存度不断上升，根据中国海关的数据，2019 年东盟已经超越美国成为中国第二大贸易伙伴。中国和南亚各个国家的贸易往来也不断发展，在基础设施建设、贸易、投资、人员交流等领域的合作都处于高速发展阶段。在未来，南向开放与东南亚和南亚等国家的合作，将有广泛的发展前景，是将"一带一路"的历史精神与贸易和国际投资的新势能有机结合的重要举措。

三　加强"一带一路"建设的薄弱环节，形成完整的开放体系

中国古代三大商道包括西北丝绸之路、南方丝绸之路和海上丝绸之路，这三大商道是中国古代对外运输、贸易和文化交流的主要通道。在目前的"一带一路"框架下，三大商道分别对应"一带一路"西北向开放、南向开放和东向开放，三者合为完整的"一带一路"开放体系。

自从"一带一路"倡议实施以来，分别对应西北向开放和东向开放的西北丝绸之路和海上丝绸之路的开发已经较为成熟。西北丝绸之路的开发以中欧班列的开通为重要标志，截至 2019 年 4 月，已将中国境内的 48 个城市与欧洲 15 国的 44 个城市连接在一起，累计运送货物总量已经达到 92 万标箱。海上丝绸之路从中国东海、南海沿海的重要港口出发，穿越马六甲海峡，通往东南亚、西亚、中亚、欧洲和非洲各国，是中国海上货物运输的最主要通道。

但是，南向开放的进展仍然较为缓慢。南向开放的经济贸易合作

大多力量比较薄弱、项目比较分散。另外，还有很多未能覆盖的区域，存在进一步加强合作的空间。通过南向开放的整合和统筹，一方面加强既有国际合作的衔接与协调；另一方面把未覆盖的区域纳入统一规划，形成更完整的区域国际合作版图。

在国际方面，南向开放能够发挥毗邻东南亚、南亚的区位优势，以全方位开放引领我国西南部内陆、沿海、沿江、沿边高质量开发开放，打造出中国西南地区对外开放的重要门户和国际通道。近年来，中国南向对外开放取得了很大的进展。西部"陆海新通道"的建设有较快的发展。四川已经建成 17 条通往东南亚和南亚国家的航线，基本可以覆盖东南亚主要的港口城市。重庆的跨境公路电车和铁海联运常态化班列，2018 年都已经建成通车。从重庆出发，向南从北部湾出海，到达新加坡和东盟等国重要海运港口的时间最短只需要 7 天，比从东部沿线出海要短 10 天左右。云南与老挝、越南分别开通了 19 条和 9 条客货运输线路，交通运输状况得到很大改善。在基础设施建设之外，中国还在贸易往来和产业聚集等方面与东南亚各国开展了广泛合作。其中，多边合作包括中国—中南半岛经济走廊和孟中印缅经济走廊；双边合作包括柬埔寨的西哈努克港经济特区、老挝的万象赛色塔综合开发区和越南的龙江工业园等。

在国内方面，南向开放能够和西北向开放、东向开放形成协同。首先，推进南向开放有利于构建更便利、更安全、更高效的海陆联运网络。比如，随着传统海上贸易和石油运输通道不确定性风险增大，从中国西南内陆出发通过中南半岛直接进入印度洋的陆路大通道，可以成为 21 世纪海上丝绸之路的替代选择。其次，南向开放有利于整合中国既有的经济资源，形成更完整的区域合作版图。中国西南边陲经济发展水平相对较低，经济功能弱，难以发挥其地缘优势，无法与周边国家建立紧密的经济联系。各省市、地区之间缺乏统筹规划，使得较高层次的对外经济走廊难以建成，投入的项目资金难以产生合理回报。如果能够从国家层面编制系统完整的南向开放规划，就能够系统地整合现有的经济资源，形成较高水平的对外开放走廊，与西北丝绸之路和海上丝绸之路连接起来。这也反映出，"一带一路"西北向、东向、南向开放通过协同与互补，可以构建更便利、更安全的海陆联运网络和对外经济走廊。

总之，南向开放助力西部地区统筹利用国际国内两个市场、两种资源，并通过与西北向开放、东向开放的协同，形成横贯东中西、联结南北方、串联陆海空、整合沿海沿江沿边内陆开放的全方位、多层次、跨区域的对外开放体系。

南向开放对于中国全面提高对外开放水平具有非常重要的作用。它北接西北"一带一路"经济带，南望海上丝绸之路，东接长江经济带，对于形成陆海内外联动、东西双向互济的对外开放格局，具有至关重要的意义。它不仅能有效应对当前严峻的国际形势给"一带一路"建设提出的巨大挑战，而且能够将"南方丝绸之路"的历史精神与国际投资和经贸的新势能成功地结合起来，展现出巨大的经济价值和人文价值。尽管目前南向开发的程度还没有达到理想水平，但是只要通过科学的顶层设计、统筹协调和整体规划，就一定可以成为中国"一带一路"沿边开放以及盘活东南亚、南亚和西亚商贸、投资、产业开发区、文化遗产保护、旅游开发等经济和文化活动的重大策划与实施工程。

第二章 南向开放的合作潜力与政策取向

第一节 经济合作潜力分析

一 投资分析

（一）经济情况

"南方丝绸之路"沿线中，印度、缅甸、泰国等九国位于南亚和东南亚，是世界新兴经济体聚集地。2018年，世界上几大地区主要国家的GDP增率情况大致如下：亚洲国家除了新加坡、韩国、日本、泰国以外，都具有较高的经济增长率；非洲地区除了肯尼亚、刚果（金）、坦桑尼亚、埃及等新兴发展中国家保持增长的动力，大部分经济低迷。欧洲国家基本增长乏力，经济进入低速增长状态；美洲的巴拿马、玻利维亚、古巴近年来经济增长较有活力。从区域整体增长的角度来看，东南亚一带整体经济正处于快速上升通道。"南方丝绸之路"沿线国家中，印度、缅甸、泰国、老挝、柬埔寨、越南、马来西亚、菲律宾2018年GDP增长率分别为6.81%、6.20%、4.13%、6.25%、7.50%、7.08%、4.74%、6.24%（见图1-2-1）。

"南方丝绸之路"沿线九国具有很多共同之处，比如大部分是20世纪50年代获得独立的被殖民国，经过政府的改革逐渐实现经济的起飞。总的来说，十年来，"南方丝绸之路"沿线各国保持着较高水平的经济增长率，其中马来西亚、菲律宾、泰国、柬埔寨受2008年

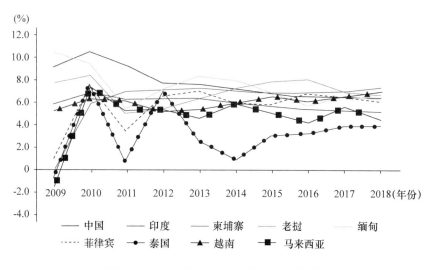

图1-2-1 2009—2018年各国GDP增长率

资料来源：世界银行。

金融危机的影响，2009 年 GDP 增速回落较为明显，马来西亚、菲律宾和泰国都是出口导向型国家，柬埔寨在外来投资领域政策也十分开放，因而经济受世界基本面影响波动较大。泰国经济在个别年份受政治危机和自然灾害的影响起伏较大。除此之外，从全世界角度来看，"南方丝绸之路"沿线国家是世界经济的增长点和最具有活力的地带。近年来，各国政府纷纷出台了一系列改善民生和提振经济的措施，经济的发展也逐渐进入了平稳的通道。同时，通货膨胀率也得到了较大的缓解，2009 年之前，缅甸、柬埔寨、越南通货膨胀率波动较大，并且时常为20%以上；进入 2016 年以来，各国物价指数的飞涨都得到了有效的控制。从这方面来说，南向开放具有较好的经济基础。

（二）产业结构

随着世界各国经济体制改革以及生产技术的进步，处于经济高速发展的东南亚各国的产业结构变化趋势基本是朝着第一产业比重下降、第二产业和第三产业比重上升的趋势发展，但就各产业在 GDP 中所占比重来看，"南方丝绸之路"沿线九国在产业结构上是比较互补的。

从第一产业来看，虽然各国农业比重近十年来都在下降，但就 2018 年的数据来看，柬埔寨、缅甸、老挝三国第一产业增长在国民经济中占比仍然较高，为 15%—25%。以缅甸为例，农业从业人口占该国劳动力的大多数，由于缅甸具有自然资源优势，该国对自然资源的出口依赖较大。越南和印度这一比重在 14% 左右，处于居中水平。中国、马来西亚、菲律宾、泰国在九国中第一产业占比最低，基本维持在 10% 以下。

从第二产业来看，中国第二产业增加值占 GDP 比重最高，2018 年制造业增加值占比为 40% 以上，是当之无愧的制造业强国。中国制造业高速发展的原因主要是：其一，中华人民共和国成立之初，政府制订的发展计划就十分注重工业的发展，其二，中国一直以来人口基数大，具有廉价劳动力优势，因而，改革开放，特别是中国加入 WTO 后，积极引进外资，发达国家纷纷在中国建厂开展贸易，一时间中国制造业占国民经济的比重越来越大。"中国制造 2025"这一战略表明制造业在国民经济中占有着举足轻重的位置。马来西亚、泰国、越南、缅甸的比重次之，2015 年第二产业在 GDP 中占比在 32% 以上。老挝、柬埔寨、菲律宾、印度制造业较为薄弱。2018 年这一数据比重在 30% 左右，印度甚至只有 26.75%。

马来西亚、菲律宾、印度、泰国、中国五国的服务业在九国中具有比较优势，例如菲律宾第三产业在 GDP 中的占比非常高，2018 年时就已经接近了 60%。而缅甸、柬埔寨、越南、老挝四国的第三产业发展就相对迟缓。

总的来说，"南方丝绸之路"沿线各国经济结构具有较高的互补性，柬埔寨、缅甸、老挝由于自然资源禀赋、劳动力熟练程度和生产技术种种原因，第一产业在 GDP 中的占比最高，因而这三个国家在

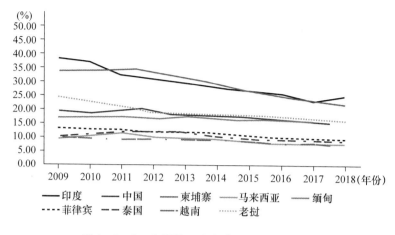

图 1 - 2 - 2 各国第一产业增加值占 GDP 比重

资料来源：世界银行。

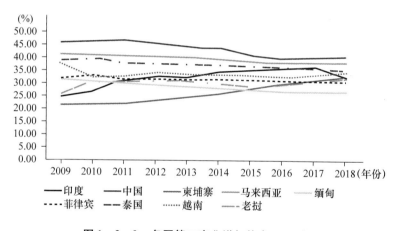

图 1 - 2 - 3 各国第二产业增加值占 GDP 比重

资料来源：世界银行。

农业方面具有比较优势；中国在第二产业和第三产业具有比较优势，同样的，印度、菲律宾、泰国、马来西亚第三产业占 GDP 的比重较高，说明第三产业在这些国家占有举足轻重的地位。

制造业是立国之本，而能源是发展制造业的基础。本节选取了各国能源净进口占能源消费的比重这一指标来反映各国能源对外依赖程

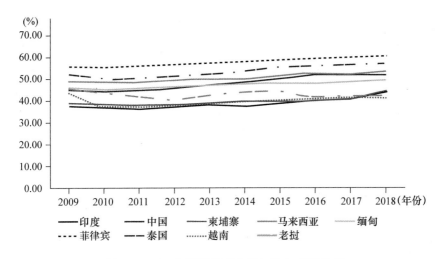

图1-2-4　各国第三产业增加值占GDP比重

资料来源：世界银行。

度，可以发现，缅甸、马来西亚、越南这三个国家是能源净出口国，
而中国、印度、泰国、柬埔寨、菲律宾是能源净进口国。各国产业结
构和能源结构的互补性大大提高了南向开放的可行性。

表1-2-1　　　　　各国历年能源净进口占能源消费比重　　　　　单位:%

年份 国家	2006	2007	2008	2009	2010	2011	2012	2013	2014
缅甸	-50.5	-50.72	-50.05	-54	-60.89	-58.25	-46.28	-39.82	-32.97
柬埔寨	29.68	33.43	34.7	29.09	31.67	31.58	31.93	31.64	33.12
印度	23.47	24.97	25.79	27.45	28.35	29.38	31.5	32.48	34.31
马来西亚	-40.72	-28.35	-26.97	-24.72	-21.7	-14.74	-11.87	-5.76	-5.51
菲律宾	44.54	42.71	42.72	38.54	41.71	40.92	41.8	45.32	45.77
泰国	43.2	42.52	39.41	40	40.11	41.65	40.21	42.47	41.57
越南	-46.52	-38.84	-26.45	-25.24	-12.69	-15.97	-15.73	-15.11	—
中国	14.56	15.18	13.47	14.89	13.45	12.11	12.71	13.94	15.02

资料来源：国际货币基金组织。

"南方丝绸之路"沿线中国、印度、缅甸、泰国等九国位于南亚和东南亚，是世界新兴经济体聚集地，经济正处于快速上升通道。因而，各国加大对外直接投资力度具有坚实的经济基础；同时，"南方丝绸之路"沿线各国经济结构具有较高的互补性，各国可充分发挥各自的比较优势，利用本国在人口、自然资源、技术等方面的优势，通过国际间接投资和直接投资的方式与他国进行国际合作。例如，中国可以和缅甸、柬埔寨、老挝等国开展经济合作，将劳动密集型制造业转移至这些国家，不仅能将资源集中在高附加值的高新技术产业，也能改善缅甸等国家的国际收支状况。

二 贸易分析

（一）出口结构

近年来，东南亚各国纷纷进行了产业结构升级，加大了对外开放的力度。东南亚是世界上人口最密集的区域，凭借着人口红利而具有廉价劳动力优势。据世界劳工组织《2018/2019 全球工资报告》，东南亚一带工资水平在世界上处于低位，如缅甸工人平均工资为 100.05 欧元/月，折合人民币约 780 元/月，而丹麦这一数据却高达 5324 欧元，相当于人民币 41600 元。世界各发达国家纷纷来此投资建厂进行制造业转移以降低成本。因而，加工贸易和转口贸易成为很多国家外向经济中的主要形式。由图 1-2-5 可知，除了缅甸，其他国家出口商品中加工制成品比重都高达 60% 以上，特别是柬埔寨，这一比例更是高达 92.9%。

虽然"南方丝绸之路"沿线各国制造业都已经成为对外贸易的主导产业，但是各国制造业发展水平却差异较大。制造业分为不同档次，在进行产业统计时也没有明确的分类，但是中低端制造业和高端制造业在技术、劳动力熟练程度和对环境的污染程度上却有着巨大的差异。低端制造业主要是指处于产业链低附加值的部分，通常技术含量较低，对劳动力素质要求较低的产业；而中高端制造业通常对技术

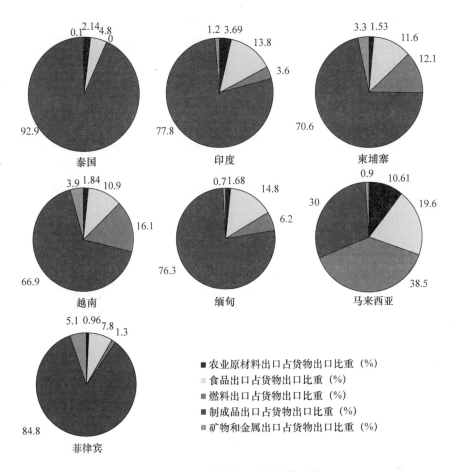

图 1 - 2 - 5　各国出口商品结构占比

资料来源：国际货币基金组织。

含量要求较高，对能源的消耗及对环境的污染多优于前者，同时，对于劳动力的要求较高。本书将 HS2012（其全称为《商品名称及编码协调制度的国际公约》）里的制成品分为低端制造业和中高端制造业两类，并统计了"南方丝绸之路"沿线国家的制成品出口货物中低端制造业产品和高端制造业产品所占的比重，以此来衡量各国制造业发展水平。其中 HS2012 中第 39—83 章以及第 94—96 章商品属于低端制造业产品，主要包括一些塑料、木材、纺织、金属和玻璃制成品，这些大部分是和日常生活息息相关的日用品。第84—93章商品属于高端制造业产品，包括车辆、航空器等运输设备，医疗设备等。通过计算得出的数据可知，缅甸、柬埔寨、老挝、印度的制成品出口大部分属于低端制造业产品，反映了这四国制造业基础的薄弱。由上文对产业结构的分析可知，在"南方丝绸之路"沿线国家中，印度的优势产业在第三产业，而缅甸、柬埔寨、老挝在农业上具有比较优势，即便制造业总产值在国民经济中已经占据了较大的比重，但实力比较薄弱。中国、马来西亚、菲律宾、泰国在中高端制造业领域相对来说更具有优势。因此，在南向开放的沿线各国不仅可以在产业间进行国际分工，产业内也应该开展国际分工和贸易。例如，随着中国劳动力成本越来越高，就应该和缅甸、柬埔寨、老挝等国开展经济合作，将劳动密集型制造业转移至这些国家，不仅能将资源主要集中在高附加值的高新技术产业，也能改善缅甸等国家的国际收支状况。

（二）显性比较优势

本节通过联合国贸易司和中国海关统计的 2016 年、2017 年中国、印度、缅甸等九国 97 类商品的出口额计算出了各国在不同商品上的显性比较优势情况，其中中国、印度、缅甸、马来西亚、菲律宾采用 2017 年的出口数据，而由于数据更新原因，泰国、老挝、柬埔寨、越南四国使用 2016 年的出口数据。同时商品分类采用了 HS2012（其全称为《商品名称及编码协调制度的国际公约》）（见附录 1）对国家贸易商品的分类，该公约将国际贸易商品分为 22 类，98 章（其中第 77 章为空，保留为税则将来使用）。

表 1-2-2 是根据联合国贸易司、中国海关等官网相关贸易数据计算出来的各国在各类商品上的显性比较优势指数，根据显性比较优势指数的含义，当该指数大于 1 时，表示该国在该贸易商品上具有显性比较优势，当该指数小于 1 时，表明不具有。因此，通过计算并比较各国在每一类商品上的显性比较优势指数，可以判断各国在不同商

品上优劣势是否互补，进而分析在该类商品上各国是否具有贸易潜力。

表1-2-2 中国与"南方丝绸之路"沿线各国出口商品显性比较优势指数

RCA 国家　商品章号	中国	印度	缅甸	泰国	老挝	柬埔寨	越南	马来西亚	菲律宾
1	0.178	0.117	0.342	0.716	10.292*	0.228	0.542	0.604	0.022
2	0.053	1.997*	0.058	0.482	0.030	0.008	0.095	0.022	0.019
3	0.960	4.091	7.440*	1.479	0.004	0.010	4.592	0.375	1.268
4	0.048	0.213	0.059	0.275	0.104	0.000	0.201	0.398	0.055
5	1.617*	0.639	0.798	0.333	0.003	0.010	0.253	0.063	0.052
6	0.116	0.202	0.103	0.440	0.108	0.002	0.294	0.499	0.068
7	1.241	1.044	17.258*	1.515	7.563	0.500	0.666	0.310	0.092
8	0.403	0.985	3.088	1.193	8.052	0.024	4.128	0.140	4.430*
9	0.512	4.409	1.071	0.109	6.898*	0.151	10.188	0.229	0.020
10	0.052	4.599	17.190*	3.508	3.086	4.985	2.024	0.011	0.007
11	0.242	0.771	0.101	5.034	9.786*	1.097	3.800	0.421	0.318
12	0.205	0.989	3.942*	0.147	0.984	0.019	0.115	0.044	0.057
13	1.552	8.633*	0.015	0.284	0.626	0.017	0.412	0.134	6.167
14	1.117	3.745	7.655*	0.743	2.893	0.005	2.852	5.973	0.344
15	0.064	0.748	0.025	0.255	0.012	0.263	0.179	10.740*	4.157
16	1.747	0.640	0.026	10.316*	0.000	0.001	3.921	0.563	3.371
17	0.315	1.522	22.673	4.492	5.869*	1.721	0.251	0.437	1.504
18	0.060	0.210	0.005	0.076	0.006	0.027	0.044	2.167*	0.079
19	0.158	0.396	0.055	1.310	0.108	0.078	0.815	1.373*	0.806
20	0.950	0.525	0.044	3.034*	0.204	0.005	0.655	0.210	2.436
21	0.344	0.580	0.066	2.203*	0.658	0.004	0.692	1.484	0.540
22	0.119	0.143	0.053	0.904	7.400*	0.181	0.191	0.404	0.230
23	0.284	1.222*	0.016	1.583	0.027	0.396	0.749	0.486	0.260

续表

RCA 国家 / 商品章号	中国	印度	缅甸	泰国	老挝	柬埔寨	越南	马来西亚	菲律宾
24	0.243	1.283	1.821	0.201	8.758*	0.923	0.662	0.478	1.790
25	0.637	3.188*	0.022	1.879	1.788	0.031	2.040	0.682	0.120
26	0.023	0.426	0.144	0.033	32.419*	—	0.046	0.474	1.235
27	0.187	1.386	3.231*	0.336	0.027	0.001	0.233	1.835	0.180
28	1.066	0.880	0.217	0.425	6.425*	0.002	0.722	0.652	0.571
29	0.972	2.055*	0.011	0.758	0.031	0.035	0.044	0.774	0.357
30	0.085	1.164*	0.000	0.057	0.000	0.013	0.018	0.028	0.019
31	1.019*	0.128	0.008	0.264	1.701	0.002	0.403	1.006	0.155
32	0.610	1.925*	0.004	0.609	0.016	0.006	0.084	0.615	0.085
33	0.244	0.730	0.015	0.977	0.111	0.002	0.215	0.176	0.195
34	0.421	0.538	0.004	0.876	0.058	0.000	0.618	1.177*	0.546
35	0.684	0.430	0.001	1.860	—	5.810*	0.287	0.441	0.052
36	1.395	1.439*	—	0.225	0.369	—	0.013	0.251	1.364
37	0.527	0.041	0.025	0.051	—	—	0.032	0.999	0.021
38	0.593	1.059	0.001	0.338	0.002	0.002	0.248	1.560*	0.243
39	0.905	0.605	0.106	1.543*	0.021	0.349	0.457	1.001	0.319
40	0.899	0.971	1.654	5.452*	2.242	1.594	1.547	3.283	0.559
41	0.172	1.946*	0.367	1.825	0.004	0.167	1.568	0.079	0.030
42	2.632	1.726	1.324	0.430	0.056	3.279	3.715*	0.061	1.658
43	2.622	0.064	0.000	0.233	—	30.259*	1.393	0.329	0.447
44	0.821	0.193	2.243	1.427	1.078	0.518	1.621	2.179	2.790*
45	0.071	0.064	0.000	0.002	—	—	0.007	0.008	0.004
46	5.618	0.627	0.239	0.297	0.111	0.731	7.984*	0.053	5.644
47	0.020	0.001	0.053	0.246	0.081	0.005	0.003	0.003	0.563
48	0.785	0.462	0.044	0.646	0.006	0.093	0.295	0.424	0.163
49	0.678	0.373	0.003	0.126	0.149	0.065	0.103	0.655	0.142
50	4.148*	2.213	0.136	0.305	0.061	0.006	3.371	0.378	0.001
51	1.069*	0.638	0.000	0.330	0.012	0.019	0.050	0.177	0.000

RCA　　国家 商品章号	中国	印度	缅甸	泰国	老挝	柬埔寨	越南	马来西亚	菲律宾
52	2.299	7.450 *	0.346	0.785	0.017	0.049	4.156	0.417	0.020
53	2.065	6.641 *	0.078	0.371	0.247	—	0.839	0.106	2.898
54	3.072 *	2.814	0.016	1.298	—	0.030	1.584	0.778	0.069
55	2.757	3.672 *	0.296	2.566	0.043	0.363	1.358	0.767	0.250
56	1.451 *	0.838	0.026	1.477	0.000	0.072	1.080	0.734	0.513
57	1.366	6.740 *	—	0.913	—	0.010	0.240	0.095	0.009
58	2.878 *	1.781	0.468	1.295	0.041	0.291	0.564	0.105	0.919
59	2.105 *	0.513	0.027	0.429	0.004	0.468	1.771	0.222	0.042
60	3.612 *	0.542	0.124	0.724	0.009	1.511	1.653	0.388	0.026
61	2.946	2.594	3.351	0.650	1.130	50.821 *	5.130	0.407	0.836
62	2.815	2.471	12.243	0.306	2.831	4.324	5.520 *	0.141	0.564
63	3.325	4.857 *	0.958	0.470	0.217	3.396	2.186	0.268	0.490
64	2.908	1.305	2.495	0.375	1.284	9.985 *	9.826	0.096	0.163
65	3.749 *	0.267	0.659	0.528	0.059	2.831	3.578	0.349	0.376
66	5.922	0.034	0.283	0.079	—	9.330 *	0.535	0.022	0.523
67	5.802 *	1.777	0.908	0.342	1.798	1.639	0.495	0.016	0.805
68	1.521 *	1.475	0.068	0.743	0.000	0.000	0.704	0.676	0.315
69	2.579 *	1.327	0.006	1.101	0.002	0.021	0.788	0.323	0.154
70	1.615 *	0.557	0.009	0.647	0.030	0.006	1.085	1.023	0.296
71	0.224	3.954 *	0.804	1.667	1.072	0.521	0.141	0.393	0.557
72	0.865	1.744 *	1.169	0.243	0.059	0.000	0.674	0.489	0.074
73	1.447 *	1.324	0.169	1.216	0.058	0.100	0.689	0.556	0.298
74	0.345	1.397	4.320	0.897	16.151 *	0.008	0.426	1.220	3.601
75	0.157	0.125	0.001	0.025	—	—	0.006	2.349	5.622 *
76	1.034	1.577 *	0.055	0.654	0.062	0.180	0.420	1.521	0.267
78	0.078	2.457	4.567 *	0.446	3.071	0.000	0.848	2.229	1.247
79	0.101	2.822 *	0.239	0.276	0.000	0.000	0.100	1.607	0.085
80	0.083	0.119	0.792	2.716	5.222	0.001	0.597	8.469 *	0.757

续表

RCA 国家 商品章号	中国	印度	缅甸	泰国	老挝	柬埔寨	越南	马来西亚	菲律宾
81	1.468	0.183	0.002	0.361	1.675*	0.000	0.222	0.148	0.086
82	1.641*	0.689	0.245	0.487	0.021	0.016	0.587	0.230	0.327
83	1.825*	0.467	0.078	0.985	0.000	0.302	0.342	0.306	0.790
84	1.264	0.436	0.083	1.342*	0.035	0.035	0.424	0.821	0.989
85	1.813	0.209	0.037	0.926	0.721	0.287	2.160*	2.171	3.240
86	2.021*	0.427	0.011	0.935	—	—	0.004	0.115	0.012
87	0.320	0.613	0.005	1.368*	0.079	0.378	0.126	0.085	0.185
88	0.100	0.433	1.055*	0.276	0.015	0.001	0.106	0.565	0.599
89	1.201	1.413	2.341	0.683	—	0.006	0.514	0.137	2.893*
90	0.823	0.265	0.128	0.644	0.092	0.010	0.639	0.957	0.938
91	0.681	0.089	0.023	0.731	0.000	0.203	0.089	0.385	0.200
92	1.772*	0.164	0.000	0.250	0.000	0.000	0.310	1.484	0.023
93	0.070	0.353	—	0.104	—	—	—	0.027	0.740
94	2.699*	0.341	0.027	0.396	0.225	0.276	2.317	0.836	0.410
95	3.672*	0.164	0.218	0.559	0.115	0.294	0.904	0.251	0.363
96	2.239*	0.599	0.138	1.020	0.440	0.376	0.904	0.543	0.784
97	0.027	0.150	0.017	0.014	0.000	0.009	0.004	0.006	0.021

资料来源：联合国贸易司、中国海关。

首先从不同商品类别的角度进行分析，如果某一类商品，所有国家的显性比较优势指数都大于1，或者所有国家都小于1，说明在该类商品上所有国家都具有比较优势或比较劣势，因而，不具有产业互补性，所以贸易潜力很小。通过表1－2－2的数据发现，"南方丝绸之路"沿线国家在第4、6、33、37、45、47、48、49、90、91、93、97类商品上不具有互补性，在所有商品中所占比率为12.5%，换句话说，这九个国家在87.5%的商品上都具有贸易互补性。通过粗略的计算发现，"南方丝绸之路"沿线国家的产业互补性较大，"南方丝绸之路"的建设是可行的。

其次从中国与其他八国的显性比较优势指数比较来看，中国和"南方丝绸之路"沿线国家具有较高的产业互补性。中国和印度、缅甸、泰国、老挝、柬埔寨、越南、马来西亚、菲律宾分别在第41、51、52、45、36、33、54、47类商品上具有互补性。中国在编结品、蚕丝、雨伞手杖、针织物、玩具运动用品及零件、羽绒制品上相对其他八国具有明显比较优势，其显性比较优势指数分别为5.62、4.15、5.92、3.61、3.67、5.80；相对中国不具有显性比较优势的商品而言，印度在水生无脊椎动物、调味香料、谷物上的显性比较优势指数为4.09、4.41、4.60；缅甸在无脊椎水生动物、谷物、糖类商品上比较优势明显，其指数值分别为7.44、17.19、22.67，而中国这一指数分别只有0.96、0.052、0.315，泰国具有比较优势的淀粉、橡胶、糖类，其显性比较优势指数分别是5.03、4.49、5.45，其中老挝在活动物、水果、淀粉、矿产品、铜及其制品上具有明显比较优势，其显性比较优势指数分数10.29、8.05、9.79、32.42、16.15，而中国这五种商品指数分别是0.18、0.40、0.24、0.02、0.35，柬埔寨在谷物、蛋白质类物质具有明显比较优势，其显性比较优势指数分数为4.99、5.81，越南在水生无脊椎动物及谷物上具有比较优势，显性比较优势指数分别是4.59、10.19，马来西亚在动植物油脂、锡及其制品上具有比较优势，显性比较优势指数分别是10.74、8.47，菲律宾在水果、动植物油脂上具有比较优势，其显性比较优势分别是4.43、4.16。

其次从不同国家的角度进行分析，在所有具有贸易互补性的商品中，可根据显性比较优势指数的大小找出最有优势的国家和最没有优势的国家，在表1-2-2中，带*的数字表示的是在该类商品上最具有优势的国家的显性比较优势指数，与之相反，带下划线的数字是该类商品上最不具有优势的国家的指数。进一步统计发现，相比于其他国家，中国在第5、31、50、51、54、56、58、59、60、65、67、

68、69、70、73、82、83、86、92、94、95、96 类商品上具有绝对优势，在第 26 类商品上具有绝对劣势；印度在第 2、13、23、25、29、30、32、36、41、52、53、55、57、63、71、72、76、79 类商品上具有绝对优势，在第 44 类商品上具有绝对劣势；缅甸在第 3、7、10、12、14、27、78、88 具有绝对优势，而在第 11、13、18、19、22、23、25、29、30、32、35、38、43、45、51、53、54、75、76、87 类商品上具有绝对劣势；泰国在第 16、20、21、39、40、84、87 类商品上具有绝对优势，在第 24 类商品上具有绝对劣势；老挝在第 1、9、11、17、22、24、26、28、74、81 类商品上具有绝对优势，在第 3、15、16、30、38、39、41、42、52、55、56、58、59、60、63、65、68、69、79、83、84、91、92、95、97 类商品上具有绝对劣势；柬埔寨在第 35、43、61、64、66 类商品上具有绝对优势，在第 2、4、5、6、8、16、20、21、27、28、31、33、34、38、68、70、72、73、74、78、79、80、81、82、84、88、89、92 类商品上具有绝对劣势；越南在第 42、46、62、85 类商品上具有绝对优势，在第 36、71、86 类商品上具有绝对劣势；马来西亚在第 15、18、19、34、38、80 类商品上具有绝对优势，在第 10、45、47、61、62、64、66、67 类商品上具有绝对劣势；菲律宾在第 8、44、75、89 类商品上具有绝对优势，在第 1、7、9、10、12、37、40、50、51、57 类商品上具有绝对劣势。通过总结不同国家的优劣势可知，"南方丝绸之路"沿线各国在外贸结构中具有较强的互补性，每个国家都具有一定数量的优势产业和劣势产业，因而具有进行经济合作的基础。如中国在第 26 类商品矿砂、矿渣及矿灰外贸中处于绝对劣势地位，而老挝在该类商品上的显性比较优势指数高达 32.419，不管是自然资源禀赋还是人力成本差异导致的二者在该产业上的差距，中国都应该从老挝进口该商品或者将矿砂产业转移至更有优势的老挝，而不是自己生产。同时，将资源集中在更有优势的产业，使资源得到更高效的利用，从而使两国经济达到共赢的结果。以此类推，"南方丝绸之路"沿线的国家都应该扩大对外开放，发挥各自绝对优势，势必会给沿线各国经济带来更大活力。

（三）贸易结合度

本节通过收集中国、印度、缅甸等九国数据及世界贸易数据测算出九国 2012—2017 年贸易结合度指数如表 1 - 2 - 3 所示：

表 1 - 2 - 3　　中国与"南方丝绸之路"沿线各国贸易结合度指数

Tls 年份 国家	2012	2013	2014	2015	2016	2017
中国与印度	0.90	0.86	0.96	1.14	1.29	1.64
中国与缅甸	6.49	4.94	4.60	4.26	4.12	3.77
中国与泰国	1.13	1.14	1.37	1.62	1.54	—
中国与老挝	3.24	3.92	3.29	2.45	1.90	—
中国与柬埔寨	3.60	2.99	2.69	2.70	2.51	—
中国与越南	2.71	2.97	3.45	3.06	2.76	—
中国与马来西亚	1.79	1.81	1.78	1.92	1.77	1.75
中国与菲律宾	2.72	2.86	3.12	2.91	2.74	2.55
印度与中国	0.58	0.48	0.42	0.38	0.36	0.42
缅甸与中国	1.60	2.58	3.50	4.11	4.26	3.88
泰国与中国	1.23	1.15	1.10	1.15	1.15	—
老挝与中国	0.71	1.19	2.72	3.61	3.77	—
柬埔寨与中国	0.33	0.41	0.52	0.49	0.63	—
越南与中国	1.15	0.96	0.99	1.06	1.30	—
马来西亚与中国	1.36	1.31	1.20	1.35	1.31	1.34
菲律宾与中国	1.21	1.31	1.44	1.13	1.15	1.16

资料来源：笔者根据世界银行数据测算。

总的来说，"南方丝绸之路"沿线国家与中国贸易关系比较紧密，因而"一带一路"南向贸易开放具有较好的贸易基础。

一方面,中国对其他八国的贸易依赖度较高,特别是缅甸,柬埔寨、老挝及越南,主要原因是中国与这三个国家产业结构比较互补,因而,中国制造的编织品、蚕丝、雨伞手杖、针织物、玩具运动用品及零件、羽绒制品等制成品大量销往了这些国家。同时可以看到中国对这些国家的贸易结合度指数在下降,说明中国出口市场逐渐开拓,对单一国家的依赖降低。而中国与缅甸、老挝、柬埔寨的贸易结合度指数呈下降趋势,主要原因是随着中国劳动力成本的上升,缅甸、老挝和柬埔寨等国家的人力成本逐渐显现出优势,因而承接了部分低端制造业的转移,从而减少了从中国的进口。

另一方面,其他八国除了柬埔寨和印度,都和中国有较紧密的贸易联系,越南、柬埔寨、老挝、缅甸对中国的贸易结合度指数呈上升趋势,说明这些国家对中国市场的依赖度在增强。主要原因有:(1)中国是一个巨大的消费市场,具有较强的进口能力,同时这些国家与中国是邻国,具有贸易的区位优势;(2)中国是世界上为数不多的具有完整工业体系的国家,而南向开放沿线国家大多经济结构单一并且经济总量较小,所以这些国家在国际市场进行谈判签订贸易协议以及影响国家市场及价格的能力较弱。

由于南向开放沿线国家与中国贸易联系比较紧密,并且对中国市场的依赖度逐年上升,因而南向贸易开放具有较好的贸易基础和市场基础,这主要表现在,中国与各国的贸易谈判会更容易,同时,各国消费者对中国商品接受度较高,因而未来会具有较大的贸易开放潜力。

三 文化与教育

中国与"南方丝绸之路"沿线国家山水相连,文化相通,传统艺术丰富多彩。缅甸素以传统、独特的民族舞蹈而名扬海内外;老挝的万象市塔銮节、占巴塞省瓦普庙节、沙耶武里省大象节等传统节日更是洋溢着传统文化气息；柬埔寨的吴哥窟、柏威夏寺、三波坡雷古寺等世界文化遗产，至今仍折射出引人瞩目的光辉；中国的京剧、剪纸、刺绣等传统戏剧和技艺广受东盟国家的欢迎。

文化是一个国家融合价值观、语言、艺术、道德等的精神财富，是一个国家的象征，政治经济交往中离不开文化的交流，因而在推进南向开放的同时，应积极面对与东南亚国家的文化障碍，采取措施化障碍为纽带。

近年来，中国制定了积极的外交政策，坚持和周边国家平等友好交往，逐渐消除东南亚国家对中国的类似"中国威胁论"之类的顾虑；同时中国和沿线国家通力合作在边境打击犯罪，扩大双方的合作，中国与缅甸、老挝、泰国等国家进行合作，将湄公河航道及陆上通道打通，方便双方的居民进行友好往来。

不仅通过高层友好互访，东南亚国家间非政府组织等民间交流的方式也逐渐增多，中国积极向"南方丝绸之路"沿线各国传播中华文化，中国—东盟博览会促进了中国与东南亚国家展示各自艺术、乡土风俗的交流，促进了民心相通；中国与"南方丝绸之路"沿线各国之间高校和文化机构的合作也日趋繁荣，比如不同国家高校间签订的交流项目，每年会公派一些学生、教师在彼此国家留学、考察，促进对彼此国家文化的沟通。中国的教育机构在东南亚国家积极进行文化交流，开展教育、人力资源、语言文化、技术知识、学术研究等文化交流活动，同时也鼓励西部地区开展东南亚国家的文化课程，对双边的文化都有更加深入的了解，方便中国同"南方丝绸之路"沿线各国的民间及高层沟通。

政府层面也建立了边境旅游和跨境旅游项目，可以给予"南方丝绸之路"沿线各国到内地旅游的优惠政策和便捷的手续，同时也鼓励中国居民自发地到相关国家出境游。中国民间开办的自驾游、拉力赛、文化旅游、体育赛事等项目，丰富了边境地区的旅游文化产业，吸引了更多的沿线国家游客到中国游玩。

第二节 经济合作的主要挑战

一 "一带一路"南向贸易开放面临的国内挑战

（一）西南地区经济发展问题

经济增长可以通过生产效益和消费效益带动贸易的增长。尽管经过西部大开发战略的推动，西部地区的经济状况已经发生了巨大的变化，但依然面临着和东部差距较大，经济对外开放程度不够以及发展不平衡的问题。据国家统计局数据显示，2017 年西南五省总人口占全国比例为 18% 左右，但 GDP 的比重只有 12% 左右，2017 年人均可支配收入为 19937.91 元，东部地区平均为 35651.24 元，前者只占后者的 55.92%。同时，西南地区对外开放程度较低，2017 年西南五省进出口总额为 224199.22 百万美元，占全国的比重仅有 5.46%。

表 1 - 2 - 4   2017 年中国及各区域经济数据

	东部沿海	中部地区	西南地区	中国
国民生产总值（亿元）	56090.34	29727.53	20969.08	27327.10
固定资产投资额（亿元）	30739.89	26479.32	20875.62	20516.71
居民消费支出（元）	42421.33	18282.25	17818.20	23349.42
进出口总额（百万美元）	481627.42	46666.58	44839.85	132489.17

资料来源：国家统计局。

表 1 - 2 - 4 是东部、中部、西南地区及全中国的相关经济数据，中东部沿海地区包括江苏、浙江、上海；中部地区根据 2004 年出台的"中部崛起战略"选取了湖南、湖北、江西、安徽、河南及山西六省，西南地区包括四川、重庆、云南、贵州及广西五个省市自治区，每个地区的数据取各省平均值。拉动经济发展的三驾马车为投资、消费和出口，由表 1 - 2 - 4 可知，西南地区的经济数据不仅远远低于东部沿海地区，也未达到全国平均水平。由经济发展乘数理论可

知，投资的增加会成倍增加国民经济收入，经济发展水平会从生产和消费两个层面影响国际贸易水平，而消费水平会直接影响贸易水平，由此可知，西南地区落后的经济发展水平会在一定程度上通过生产和消费制约国际贸易的发展。除此之外，西南地区的发展缺少协同性，区域合作交流较少。南向开放覆盖到西南地区多个省份，每个省份都在积极研究制定开放方案，但五省各自为政的现象较为严重，缺少一个统一的区域决策协调机构。尽管 2017 年渝桂黔陇四省（直辖市、自治区）正试图共同建设南向通道，这种局部性的合作比各个地方的各自为政要好得多，但是仍然不能达到区域整体最优的水平。

（二）西南地区基础设施建设不足

南向开放即"南方丝绸之路"的建设是一条从中国西南地区出发，纵贯四川、重庆、贵州，由云南、广西出境通往东南亚和南亚的商贸通道。在对外开放的同时，不仅需要政策的支持、产业结构的调整、资金的融通，也需要提升基础设施水平。然而西南地区是中国经济发展较为落后的区域，虽然经过西部大开发战略，国内铁路、公路、内河航道网络已经基本铺设开来，但西南地区的基础设施质量和数量在全国都还处于较低水平。由上文可知，近年来国家发改委和交通运输部也相继出台了一系列关于西南地区基础设施规划的顶层设计方案，但基础设施需要长时间的系统性规划和建设，而且资金耗费巨大，因而存在一定风险和投资回报率问题，所以在短期内，西南地区相对落后的基础设施问题仍然存在并会阻碍进出口贸易的发展。

表 1 - 2 - 5　　　　　中国各地区基础设施建设情况

指标＼地区	云南	贵州	四川	重庆	广西	西南地区	东部地区
铁路营业里程（万公里）	0.37	0.33	0.48	0.22	0.52	1.92	3.45
内河航道里程（万公里）	0.4	0.37	1.08	0.44	0.57	2.86	5.32

续表

地区 指标	云南	贵州	四川	重庆	广西	西南地区	东部地区
公路里程 （万公里）	24.25	19.44	33	14.79	12.33	103.81	124.32
等级公路里程 （万公里）	20.85	14.88	29.48	12.09	11.26	88.56	119.18
高速等级公路里程 （万公里）	0.5	0.58	0.68	0.3	0.53	2.59	4.17
一级等级公路里程 （万公里）	0.14	0.13	0.37	0.08	0.14	0.86	5.74
二级等级公路里程 （万公里）	1.19	0.75	1.49	0.8	1.27	5.5	13.75
等外公路里程 （万公里）	3.4	4.55	3.51	2.7	1.06	15.22	5.14
二级及以上等级 公路占公路里程 比重（%）	7.55	7.51	7.70	7.98	15.73	8.62	19.03

资料来源：国家统计局。

　　如表1-2-5所示，在基础设施数量上，无论是铁路运营、内河航道还是公路里程，西南地区和东部地区都还有较大的差距；从质量上来看，以二级及以上等级公路占公路里程比重为例，除了广西壮族自治区公路质量较好，其他四省份都远远落后于东部地区。因此，就出境交通基础设施建设水平来看，西南地区还有很长一段路要走。由于东南亚国家自身基础设施建设就比较薄弱，国际通道的合作建设也就任重道远。例如，西南通往越南地区的路况差，如果作为商贸通道，会大大降低营运效率。广西北部湾出海大通道由于港口集疏运能力不强、航线稀少等原因一直运行效率低下。不仅是道路基础设施，西南地区在电信、物流、信息化进程中也远远落后于东部地区。基础设施的建设是一个长期的过程，同时需要宏观的规划和大量资金，而西南地区政府财政赤字较严重，建设成本高与经济发展水平低的矛盾突出。

（三）西南地区人才的匮乏

由近几年来杭州、武汉、长沙等各大城市的应届生"抢人大战"可见，未来经济的发展不仅仅需要人力，更需要的是有一技之长的受过高等教育的人才。据中国教育在线发布的各大高校的就业质量报告显示，高校毕业生就业去向主要和三个因素有关：毕业所在地、工作机会多的地区和生源所在地。教育部直属高校一共76所，西南地区一共只有6所，在全国占比为8%。而华东、华北、华中这一比例分别是28%、34.67%、12%；由于西部地区经济相对落后，毕业生就业区域首选城市依然是北京、上海、深圳、广州，同时，江浙地带对于毕业生也大有吸引力。根据2018年各省高考报名人数统计，西南五省（直辖市、自治区）生源约为300万人，在全国占比30%左右，从这个角度来看，未来随着中西部地区差距的缩小，西南地区还是有望吸纳更多高校毕业生的。从2017年全国各区域就业市场人员存量结构来看，各区域就业人员受教育程度构成差异较大，东部沿海地区就业人员受过高等教育的比例远高于西南地区，因此，西南地区高素质人才是比较匮乏的。

表1-2-6　2017年全国及不同区域就业人员受教育程度构成　　单位:%

地区＼学历	初中及以下	高中到大学专科	本科及研究生
东部沿海	47.00	34.6	18.47
中部地区	65.45	27.9	6.65
西南地区	72.96	21.02	6.02
全国	62.6	28.6	8.8

资料来源：2018年中国劳动统计年鉴。

除了现有就业人员存量分布不均衡，受过高等教育人才的流向也反映了未来人才区域分布的趋势。随着南向开放程度的加深，西南地区的经济会更深入地与国际融合，经济开放会带来更激烈的竞争，因而需要促进产业升级，力争在与周边国家竞争中掌握更多话语权。而产业升级除了需要更多资金、技术等生产要素，也需要增加人力资本要素的配置，如果西南地区加大对东南亚国家的经济贸易开放，贸易、金融、法律、小语种人才的需求也会随之上升。例如"南方丝绸之路"沿线各国，除了菲律宾和印度将英语并列为官方语言外，其他各国都有各自的官方语言，如越南的官方语言为越语、老挝为老挝语、柬埔寨的国语为高棉语。目前中国的小语种人才主要集中在韩语、日语、法语领域，选择东南亚语系的相对较少，因而这方面人才还是比较稀缺的。

二 "一带一路"南向贸易开放面临的国际挑战

（一）南向贸易开放面临的经济问题

南向开放建设面临的国际经济问题主要包括经济增速放缓、各国经济的同质性导致的内部竞争以及与原有经济合作组织的对接问题。

虽然"南方丝绸之路"沿线国家是世界上最有活力的新兴经济体，但 2006 年以来，东南亚各国经济发展速度逐渐疲软，这其中原因颇多，比如在全球经济走向疲软的大环境下，发达国家贸易保护势力抬头以及国际市场对大宗商品需求的减少，泰国政局动荡，越南、老挝财政赤字过大，以及马航事件对马来西亚旅游业的冲击等。

南向开放囊括的经济体多是发展中国家，相关国家的产业结构比较相似，因而经济同质性较高。由第二章的出口结构分析可知，"南方丝绸之路"沿线国家制成品出口占出口结构中的大部分。近年来，由于中国东部沿海劳动力成本上升，东南亚国家如缅甸、柬埔寨和老挝承接了大量中国、日本及韩国等国家制造产业转移，这一现象可以用日本学者赤松要的"雁行理论"来解释，因而中国与缅甸、柬埔寨、老挝在低端制造业上存在一定竞争性；同时，中国与印度同属向着发达国家队列高速前进的两个发展中国家，面临着跨越"中等收入陷阱"、人口资源问题、抢占世界高新技术领域话语权等相似的国情,经济同质性也非常高,由第二章对各国在98类商品上的显性比较优势分析结果可知,中国与印度在22类商品上同时具有比较优势,在32类商品上同时具有比较劣势。东南亚大多数国家自然资源丰富,资源的出口在国民经济中的比重较大,如马来西亚、缅甸等。

在"南方丝绸之路"开放所覆盖的区域中,已经有一些国际合作,比如中国—中南半岛经济走廊、孟中印缅经济走廊,现存的国际合作有交叉重叠,中国参与了多个经济合作组织,大量的谈判协调成本耗费了经济资源,也有尚未覆盖的区域,通过"南方丝绸之路"开放的整合和统筹,一方面加强既有国际合作的衔接与协调,另一方面把未覆盖的区域纳入统一规划,形成更为完整的区域国际合作版图,是十分有必要的。

(二)南向贸易开放面临的文化问题

南向开放建设面临的文化问题主要包括中国与东南亚国家原本具有的文化差异和由于人民之间交流不多导致的对彼此文化的不了解。

相关国家的文化差异主要包括宗教信仰、语言、风俗习惯之间的差异。关于东南亚国家宗教信仰问题,虽然东南亚大多数国家信奉佛教,如缅甸、老挝、泰国,但也有很多不同信仰的国家,如马来西亚国内伊斯兰教、基督教、佛教并存,菲律宾是亚洲唯一以基督教为主要宗教的国家。总的来说,东南亚国家普遍宗教意识较强,相比而言,中国人民信奉宗教的比例就小很多。宗教信仰会对国际贸易活动会产生不可忽视的影响,同时,东南亚各国语言差异较大,除了菲律宾和印度将英语并列为官方语言外,其他各国都有各自的官方语言,如越南的官方语言为越语、老挝为老挝语、柬埔寨的国语为柬埔寨语。语言上的差异会增加贸易成本,如培养翻译人才的成本、商务谈判、合同签订、商品标签、使用说明翻译成本,不同语境理解差异带来的对对方意图误判的成本等。"南方丝绸之路"沿线各国由于民族、宗教差异以及历史原因,风俗习惯差异较大,这也会给商务活动的开展带来不便。

另外，中国和东南亚民间交流并不算多，虽然东南亚是中国人民旅游的首选地，但工作、出国留学时考虑的大多是教育及经济发展水平较高的西方国家和日韩等发达国家。

第三节　推进南向开放的国家政策取向

一　经济政策

东南亚地区是世界经济最有活力的地带，这与该地区多个经济合作机构和自由贸易区叠加带来的经济增长密不可分。中国—东盟自贸区成立于 2001 年，覆盖人口占世界总人口 32%。早在 2006 年，中国—中南半岛经济走廊建设就进入萌芽阶段，涵盖国家包括越南、老挝、柬埔寨、泰国、缅甸、马来西亚等。2015 年 9 月 18 日的南宁圆桌会议将该经济合作机制推进至实质阶段，该经济走廊规划建设以来，大大推进了中国与相关国家"五通"建设。中国积极实施睦邻友好的周边国家外交政策，随着"海上丝绸之路""亚投行"等项目的开展，中国与南亚、东南亚国家之间的双边高层对话及经济论坛交流越来越频繁，这为中国与相关国家的贸易往来奠定了政策基础。2018 年 9 月 29 日，中国云南省腾冲市与缅甸曼德勒省签订合作备忘录，双方将发挥各自的比较优势，在农业，物流领域开展合作，通过区域统一发展规划协调机构，实现两地企业群协调发展；2014 年 9 月 18 日，中国、缅甸、柬埔寨及老挝四国代表在南宁出席了四国贸易发展研讨会，旨在促进四国的贸易发展，特别是提高其他三国对中国的出口能力。2019 年 4 月 25 日，中国银行与泰国进出口银行就中泰经济合作、项目融资、中小企业发展等问题签署合作协议，该合作协议将会为中泰贸易的资金融通、结算、汇率风险规避带来便利，从而大大促进中泰贸易的发展。

二　基础设施政策

经贸往来的便利性离不开交通等基础设施的发达，云南省作为"南方丝绸之路"上中国与邻国接壤的省份，是对外交流的门户。2017 年，国家发改委、交通运输部出台了一系列文件如《"十三五"现代综合交通运输体系发展规划》和与高速公路、民用航空有关的规划文件，旨在修建国际、国内运输通道，以及国际性、全国性、地区性交通枢纽；铁路、高速公路、水运通道计划分别达到 5000 公里、8000 公里、5000 公里；其中，在高速公路方面，初步构想在 5—10 年内形成以国家高速公路为骨架、地方高速公路为补充的打通不同城市不同省份的高速公路网络，云南省涉及项目 30 个，规模遥遥领先全国；在航空发展领域，"十三五"规划为云南谱写了蓝图，19 个云南机场的建设，势必对云南省的对外开放，与其他邻省、邻国的经济交流起到较大促进作用。

2018 年 10 月 22 日，中国和缅甸两国就建设缅甸境内木姐—曼德勒铁路的可行性研究签署了备忘录，木姐是缅甸最大的边境贸易口岸，木姐到曼德勒这段运输道路承载着大量的货物运输量，因而，这条铁路建成后能大大降低运输成本，同时能衔接中缅境内铁路，促进中缅贸易发展。2019 年 4 月 12 日，马来西亚方重新启动了之前因为财政问题叫停的中马东海岸高铁项目；同月 24 日，据路透社报道，中国、泰国及缅甸三国的高铁项目也签订了新的合作备忘录，中老铁路加中泰铁路全程接近 1800 公里，由于铁路运输成本大大低于空运，因而项目的建成会大大提高中国与泰国及中国与老挝的贸易活力。

三　旅游政策

随着人民生活水平的提高，旅游日益成为闲暇之余最受欢迎的休闲娱乐活动之一，国内旅游总花费从 2010 年的 1.26 亿元增长到 2019 年的 5.73 亿元，东南亚各国由于地理位置及物价水平的优势，成为国人跨境旅游的炙手可热之地。例如，2019 年 1—10 月，中国内地赴缅游客达 59.4 万人次，同比增长 161%，中国已成为缅甸最大外国游客来源国。两国间每周有 150 多个直飞航班，比 3 年前增加了 7 倍多。近年来，中国和"南方丝绸之路"沿线各国旅游交流合作不断深入，旅游业从业人员交流互动频繁，"一带一路"南向开放在提升旅游相关基础设施水平方面发挥了重要作用。"一带一路"南向开放是深化与沿线各国旅游业合作的重要契机。

2016 年，中国—南亚博览会跨境旅游合作论坛在昆明达成了共识，认为建立跨境旅游合作区对增加各国国际产业竞争力，带动就业，提高居民收入，提升国家软实力和经济发展具有重要推动作用，并倡议成立"澜沧江—湄公河旅游城市合作联盟"，由城际带动区域，由区域带动国家，探索多层次旅游合作模式；并积极推动旅游大数据中心和旅游网络交易平台建设，探索跨国数据采集、交换、分析、共享的互联网模式。合作推进三年多来，中国和东南亚国家培育了"平等相待、真诚互助、亲如一家"的澜湄文化。2019 年 5 月，中国国家主席习近平在亚洲文明对话大会开幕式上提出，中国"愿同各国实施亚洲旅游促进计划，为促进亚洲经济发展、增进亚洲人民友谊贡献更大力量"。①

四 教育文化政策

中国和"南方丝绸之路"沿线国家山水相连，人文交流源远流长。以缅甸为例，早在 1996 年，两国就在北京签署了《中华人民共和国文化部和缅甸联邦文化部文化合作议定书》，缅甸是 21 世纪海上丝绸之路与丝绸之路经济带的重要沿线国家，也是"南向开放"的沿线国家，中缅人文交流合作是两国共建"一带一路"和中缅经济走廊的重要组成部分，2018 年，仰光中国文化中心的正式启用无疑

---

① 《习近平出席亚洲文明对话大会开幕式并发表主旨演讲》，《人民日报》2019 年 5 月 16 日。

是两国共建"一带一路"在文化领域的里程碑。仰光中国文化中心设有培训教室、图书馆、展厅、多功能厅、放映厅等活动空间。启用一年多来，中国书法绘画、面塑和茶艺等培训班为当地民众感受和走近中国文化提供契机，成为缅甸民众了解中国文化、走近中国文化的重要平台和窗口，为两国人文交流注入了全新的生机与活力。

中国与"南方丝绸之路"沿线各国之间的教育合作也日趋繁荣。中国教育科学研究院与东南亚教育部长组织和中国—东盟中心联合建立了"中国—东南亚教育研究网络"，该网络由中国及东南亚各国国家教育科学研究机构组成，自2013年以来，先后在中国贵阳市、泰国曼谷市以及中国桂林市举办了第一届、第二届、第三届与第四届网络会议。

教育部在对十三届全国人大次会议第2424号建议的回复中指出，党的十八大以来，职业教育按照中央战略部署，落实《关于做好新时期教育对外开放工作的若干意见》（中办发〔2016〕10号）和《推进共建"一带一路"教育行动》（教外〔2016〕46号），坚持"请进来"与"走出去"相结合，依托中国—东盟教育交流周、中国—东盟职业教育联展暨论坛以及承办的国际职业教育平台，推广与中国企业和产品"走出去"相配套的职业教育发展模式，取得了一系列进展。

第三章 南向开放与其他方向开放的协同关系

"一带一路"贯穿亚欧非大陆，一端连接活跃的东亚经济圈，另一端连接发达的欧洲经济圈，中部广阔的沿线国家具有巨大的经济发展潜力。"一带一路"顶层框架共有三大方向，即"一带一路"西北向开放、南向开放和东向开放。目前，"一带一路"西北向开放和"一带一路"东向开放已开始规划建设。"一带一路"南向开放作为"一带一路"开放的重要一部分，与西北向开放和东向开放有着巨大的协同效应，三者合为"一带一路"整体。

本章将在分别介绍"一带一路"西北向开放和东向开放的基础上，分析两大走向与南向开放存在的互动与协同作用，最后将西北向开放、东向开放与南向开放一同置于完整的"一带一路"开放体系下分析三大走向间的协同作用。

第一节 与"一带一路"西北向开放 （西北丝绸之路）的协同

一 "一带一路"西北向开放

（一）"一带一路"西北向开放走向

"一带一路"西北向开放即西北丝绸之路经济带，其具体走向，一是从中国西北、东北经中亚、俄罗斯至欧洲、波罗的海，二是从中国西北经中亚、西亚至波斯湾、地中海。

西北向开放能够建立起新亚欧大陆桥、中蒙俄、中国—中亚—西亚经济合作走廊。具体而言，在面向中亚的通道建设方面，西北向开放主要畅通新亚欧大陆桥；在面向南亚和西亚的通道建设方面，主要建设中巴经济走廊；在发挥贸易和物流枢纽作用方面，重点是做好新亚欧大陆桥与中巴经济走廊的连接；在形成重要产业文化交流基地方面，主要是加强国际能源合作，充分发挥经济、文化和民族优势。

（二）"一带一路"西北向开放意义

从国内沿线地区经济发展角度看，西北地区是一个民族差异大、经济发展水平和市场化水平较低、二元经济结构显著的地区。尤其在对外开放方面，西北地区起步相对较晚、开放程度较低。"丝绸之路经济带"这一国家层面倡议是西北地区一大重要发展机遇，对促进西北地区的对外开放水平，缩小我国东西部经济发展水平的差距，实现国家各区域经济发展均衡具有重要意义。对于西北地区的五个省区，"一带一路"能够起到增强省区间合作开放，在操作层面上加快相关体制机制建设，促进西北区域经济一体化建设，积极承接"两个转移"的作用。"一带一路"西北向开放与西部大开发战略将相辅相成、相互促进，对西北地区经济发展起到重要带动作用。

从国家层面看，"一带一路"西北向开放在我国经贸、能源、外交等方面都有重要作用。西北向开放的重点境外地区为中亚地区，它有着重要的地理和能源地位，是参与"丝绸之路经济带"建设的优先选择。着力共建"丝绸之路经济带"能够打造连通亚欧国家的陆路大通道，有利于推动中国西部地区的开发建设和中亚各国经济发展，实现以经贸发展促进全面合作；它还能够作为能源通道来确保能源合作与安全，开展能源合作；此外，它能够加强与中亚国家在基础设施、非资源领域、跨境金融与自由贸易区等方面的合作，为今后双边互利合作注入新动力，着力加深互利共赢，积极推进区域安全合作，促进该地区和平、稳定和繁荣。

（三）"一带一路"西北向开放建设中的优势与问题

1．"一带一路"西北向开放建设中的优势

（1）区位优势

西北地区是我国古丝绸之路的起点，与中亚地区多个国家接壤，堪称我国向西开放的桥头堡。从与境外国家合作来看，西北地区是我国与边境国家及其他相近陆路国家展开国际区域合作的连接点和桥梁，是"一带一路"建设向中亚和欧洲延伸发展的重点区域。从境内各区域的协同发展来看，"一带一路"西北向开放涉及的西北、东北地区与京津冀地区有较好的沟通条件，后者能对前者起到支持作用。

（2）后发优势

西北地区发展水平目前仍不高，相应地其在劳动力、土地、市场、政策等方面具有后发优势，且经济有相当大的发展空间。西北地区劳动力价格和土地价格较经济发达地区相对低；消费市场也有较大的开发潜力；在政策方面，西部地区同样具有优势，在"西部大开发"背景下，西北地区产业发展在税收、设立内陆开放型经济试验区等方面都有优惠政策支持。

（3）与中亚国家的贸易互补性强

从西北地区与中亚各国的贸易商品来看，陕西、甘肃、新疆的产业结构与中亚国家互补性较强。西北地区从中亚进口的主要商品是资源和原材料，如汽油、矿产、钢材、有色金属等。这些来自中亚的进口商品弥补了西北地区资源和工业的不足。哈萨克斯坦同中国的贸易约占中国同中亚国家贸易总量的60%，是中国同中亚合作的主要贸易伙伴国家，哈萨克斯坦依靠其地理优势形成轻工业、机械制造和运输等为主的产业体系，但是在太阳能、风能、生物质能和信息技术等新兴能源产业中，哈萨克斯坦也需要依靠同中国的经贸合作来实现发展。土库曼斯坦和塔吉克斯坦拥有较为发达的工业，如交通运输、金属加工和机械制造等，而在基础设施建设、农产品加工和网络通信方面，它更多地依赖国外。吉尔吉斯斯坦位于亚欧大陆腹地，利用其地理优势发展交通运输业、轻工业和食品加工业，但就物质生活方面而言，如服装、汽车、医药等物品，主要通过贸易实现。乌兹别克斯坦利用资源优势大力发展水利、电力、建材和金属加工等产业，而制药、高新电子和汽车工业方面则需要从他国引进资源。中国西北地区和中亚国家资源、能源禀赋的互补性，为区域间能源进出口多元化提供了一个良好的国家利益互补格局。可以看出，这些经济规模较小的国家更加依赖与中国的贸易，这主要体现在对能源产品、化工产品、农牧业产品和生物医药等方面的大量需求。

2. "一带一路"西北向开放建设中存在的问题

（1）经济结构不均衡

西北地区的产业结构中第二产业所占份额较高，且多以重化工业和高载能产业为主，工业结构以石油化工、冶金、煤炭、电力等为主体，重工业在西北地区工业中所占比重大。在当前资源配置和经济发展方式转型的背景下，西北地区面临着提升经济发展质量、提高经济效益、淘汰落后产能、加快绿色转型发展经济的任务。

此外，西北地区的外向型经济发展水平较低。由于处于腹地且经济发展水平低，在改革开放后，西北地区与东部地区相比始终处于开放经济体系的后方，对外贸易和对外交流均相对落后。

（2）交通等基础设施落后，物流能力差

西北地区由于经济发展滞后、投入不充足，与其他地区相比，各类基础设施建设都较为落后。仅从实际通道来看，西北地区尚未真正实现与"一带一路"沿线国家和地区的互联互通。铁路建设的密度、长度、运输能力、运输量、通达性和速度都存在许多缺点。空域资源也相对不足，要实现加强航运能力、建立空中走廊、与"一带一路"沿线国家进行经贸往来的目标仍显乏力。在交通运输方面除实际通道以外，还存在信息交流不畅、通关程序复杂、组织协调困难、不同国家之间的政策缺乏联系等亟须解决的问题，这些都导致运输便利化程度低，运输效率低下。西北地区的物流业近年来发展迅速，但多数规模小，社会化程度低，服务范围窄，技术装备落后，缺乏先进的物流管理人才和大型第三方物流企业，不能满足现代企业外包物流的需求。在满足西北向开放方面，更是缺乏境外物流、外贸业务咨询、外语翻译、法律援助以及外贸综合服务等中介服务业和相关人才。

（3）金融支持能力欠佳，扶贫攻坚与生态保护任务艰巨

近年来，西北地区金融业发展较快，但总体上仍处于传统金融业向现代金融业过渡的初期阶段，还不能很好地从金融角度支持经济带建设。近年来，中西部各大城市出台了更强有力的优惠政策，以吸引各种类型的金融资源流动到西部地区参与建设，但仍需要更多的资金流动和资金支持。

西北地区普遍存在着既需要发展经济，又需要保护生态环境的双重压力。西北地区贫困人口多，人均收入增长缓慢，扶贫攻坚任务重。

二 "一带一路"南向开放与西北向开放的协同关系

南向开放与西北向开放涉及地区多数位于内陆，有着相似的建设劣势，如基础设施不足、缺乏人才和资金等，但又因地制宜地各有优势。在"一带一路"框架下，南向开放与西北向开放有着潜在的分工协作可能。

南向与西北向的分工主要体现在：一是发展方向有所分工。西北向开放主要负责与中亚、南亚、西亚的开放合作和通道建设任务，而南向开放主要负责建设辐射南亚和东南亚地区及面向东盟的国际走廊的任务。二是在产业发展和产品出口方面存在分工。西北地区气候干旱降雨少，适合发展有关石油、化工和太阳能、风能等新能源产业，从而能够在西北向开放中增加相关产品的出口。而西南地区雨季降水较多且河流分布较多、地形起伏大，适合发展水力发电、特色资源深加工、特色轻工业和大数据等相关产业，例如，贵州重点发展大数据

产业，四川、重庆具有一定的产业基础，重点发展现代产业，广西、云南则致力于与东盟的边境贸易产业发展。

南向开放与西北向开放的合作主要体现在：一是能够通过两个地区间在基础设施建设和政策等方面的联动，实现"丝绸之路经济带"各走向有机连接。南向开放的对接地点在西南地区，但西北地区能够在通道建设方面提供有力支持。相应地，西南地区同样可以为"一带一路"西北向开放提供支持。铁路等交通基础设施能够通过西北向开放与南向开放的协调共建，形成从南亚通向中亚等地区的运输线路，形成辐射更多地区、更多贸易对象的物流通道。二是南向开放和西北向开放能够共同合作加强青藏高原特色产品开发等文化产业和特色产品的形成与贸易。陕西和甘肃具有综合文化优势，宁夏和青海具有民族和文化优势，云南和西藏重点发展高原特色产业和民族文化旅游。在文化发展方面加强合作，南向开放与西北向开放能够共同打造朝向中亚和南亚的文化交流基地，在西部地区建立起具有多样丰富民俗特色的国际文化旅游胜地。三是南向开放与西北向开放在环境治理方面可以开展合作，例如，西南地区丰富的水资源可引入西北地区，改善西北地区生态环境。除此之外，在城市群建设、基础设施建设、流域生态环境保护与管理等领域，南向开放与西北向开放都有协同可能。

第二节 与"一带一路"东向开放的协同

一 "一带一路"东向开放

（一）"一带一路"东向开放走向

21 世纪海上丝绸之路以海洋为纽带增进共同福祉、发展共同利益，以共享蓝色空间、发展蓝色经济为主线，在"一带一路"总体规划中重点围绕航运、港口、海上合作方面开展合作。具体来说，21世纪海上丝绸之路连接中国—中南半岛经济走廊，经中国南海向西进入印度洋，衔接中巴、孟中印缅经济走廊，共同建设中国—印度洋—非洲—地中海蓝色经济通道；经中国南海向南进入太平洋，共建中国—大洋洲—南太平洋蓝色经济通道，等等。

（二）"一带一路"东向开放意义

从国内沿线地区经济发展角度来看，东向开放能够促进我国沿海沿河城市加强合作。21 世纪海上丝绸之路在国内的建设主要分布在沿海地区。在"一带一路"整体规划中关注东部沿海地区发展的意义与以往单独重视东部地区经济发展有所不同，其不同之处在于，珠三角、长三角、环渤海湾这三大增长极之间及各重点港口城市之间的合作是保证对外开放成果向国内其他城市转化辐射的重要保证，是21 世纪海上丝绸之路在国内畅通和实现其与丝绸之路经济带建设有效对接的关键步骤。

从国家层面，东向开放在我国对外开放体系中起着先锋带动作用。首先，在"一带一路"各向开放中，东向开放起着排头兵作用。"一带一路"当前为社会重点关注的部分，往往在于其均衡国内各区域发展水平方面起到的作用和推进丝绸之路经济带建设的重点地区——中西部地区对外开放中起到的作用。但东部沿海地区仍然不容忽视，它是促进我国区域经济协调发展的重要力量。从产业梯度推移理论看，国内建设丝绸之路经济带的落脚点虽然在中西部，但其支撑点仍然在东部地区。东部沿海地区在"一带一路"建设中可发挥多个重要作用，能够为内陆建设丝绸之路经济带提供支持，也能为21 世纪海上丝绸之路提供支持。《推动共建丝绸之路经济带和21 世纪海上丝绸之路的愿景与行动》中对东部地区在"一带一路"建设中的定位是"以扩大开放倒逼深层次改革，创新开放型经济体制机制，加大科技创新力度，形成参与和引领国际合作竞争新优势，成为'一带一路'特别是21 世纪海上丝绸之路建设的排头兵和主力军"。根据规划，在"一带一路"建设过程中，沿海地区应当发挥引领作用，忠实践行"排头兵"的角色，走在国内各省、自治区、直辖市的前列。

沿海地区还要在政策沟通、设施联通、贸易畅通、资金融通和民心相通方面承担更多项目，发挥更大作用，形成连接东中西部、东中西亚，沟通境内外的经济大通道。其次，在我国对外开放、与世界发达国家与地区的竞争中，东向开放地区同样是排头兵。东部地区虽已具有较高的对外开放水平，但随着科技发展、各国发展战略调整和全球化深化，经济发展形态也在不断改变。东部地区需要主动扩大开放并以此倒逼自身深层次改革，在与当今世界最发达国家和地区竞争过程中形成"一带一路"的新优势。

（三）"一带一路"东向开放建设中的优势与问题

1. "一带一路"东向开放建设中的优势

（1）区位优势

结合 21 世纪海上丝绸之路建设，东部地区首先从地理位置上就起着极为重要的作用，该地区是 21 世纪海上丝绸之路的起点，也是中国进行海上丝绸之路建设的主要发力地区。从当前该地区的发展状况来看，珠三角、长三角、京津冀多为沿海，有各自优势。珠三角地区有"侨乡"之誉，香港、澳门、广州等地侨民众多，且历史上就具有崇尚经商的优良传统，在贸易畅通方面可发挥领头雁作用。近年长江经济带发展速度快，一方面，长江作为黄金航道具有明显的河运优势，理论上可以通航万吨河轮，运量比铁路大，价格也比铁路低，长三角地区地处"一带一路"与长江经济带的交会处，河运海运可相互沟通；另一方面，长江经济带沿线多个城市经济发展水平领先，且上海是国际金融中心，在设施联通和资金融通方面能够起到良好作用。京津冀环渤海经济圈，是我国政治文化中心，可以在政策沟通和促进民心相通方面发挥独特优势。

（2）基础设施、产业基础优势

东部地区经济发展水平高，无论是服务大众的公共设施还是服务企业的相关设施都有良好的存量基础。此外，东部地区也不断有新的基础设施投资，如 5G 在东部地区的建设已经开始，在上海和长三角地区已经尝试进行商用。在产业方面，东部地区在领先发展第三产业的基础上，也已非常注重高新技术产业及新产品开发。

（3）外向型经济基础好

改革开放以来，东部地区主要承接国际产业转移，积累了先发优势。近年来，东部地区外贸规模仍然在全国位居前列，并在跨境电商、市场采购等外贸新业态方面取得亮眼成绩。当前我国进行新一轮扩大开放，带来了许多政策红利，尤其是保税区在推广增值税一般纳税人资格试点、允许加工制造企业承接境内区外委托加工等方面先行先试进行探索实践，东部沿海地区有望成为继续引领和支撑我国高水平的对外开放，以及新时代高质量发展的重要支点。

2. "一带一路"东向开放建设中的问题

东部地区和中部地区、西部地区的政策协调难度较大，由于经济发展差距较大，东部地区与内地的政策关注的重点、政策执行的效率甚至政策执行的瓶颈和阻力都有所差别。在这样的状况下，"一带一路"将东中西部地区用同一个宏观的规划牵引到一起，东中西部之间的政策协调将成为一个难点，同时也是"一带一路"得以发挥作用的关键点。

二　南向开放与东向开放的协同关系

南向开放与东向开放的协同关系主要体现在东部地区与西南部地区的分工合作。

西南部与东部地区的分工主要体现在：第一是在"一带一路"整体建设中分别重点负责不同的区域。西南部地区主要为陆上丝绸之路经济带建设南向开放的区域，而东部沿海地区是重点推动21世纪海上丝绸之路建设的区域。第二是在参与国际产业链价值链的构建上所处位置不同。我国改革开放以来，各区域因地制宜，在全国总体经济发展战略规划下，东部地区率先发展，并逐渐以第三产业为支柱，内陆地区作为东部地区的工业基地、能源原材料供给基地、农产品供给基地逐渐发展起来。当前西南部地区主要承接东部沿海地区的产业转移，在此基础上促进产业逐步实现中低端向高端的转型发展，而东部沿海地区，则是利用产业转移腾出的空间，加快发展高端产业，重点发展现代服务业和先进制造业，从而实现产业结构的转型升级。

南向开放与东向开放的合作主要表现在：（1）由于东向与南向当前对外开放水平和发展水平有所不同，东部地区在建设和发展上能够起到拉动西南部地区建设和向外开放的作用。以珠三角区域为例，珠三角区域正在进行大湾区建设，这对南向开放的西南部地区与东部地区的合作发展具有重要引领示范作用。一方面，大湾区建设能够促进珠三角地区的产业升级，通过珠三角地区产业向周边转移促进"一带一路"沿线地区经济转型升级，这也就促使东部沿海地区与西南部地区在承接产业转移方面开展合作。产业承接转移对东部沿海地区是转移，对西南部地区就是承接。如果没有西南部地区的产业承接，东部沿海地区的一些传统产业就转移不出去，很难腾出空间发展现代产业和促进产业转移升级。而没有东部沿海地区的产业转移，西南部地区在一些产业领域就仍然是空白，很难实现西南部地区的崛起。另一方面，发展理念和体制机制的创新有外溢作用，珠三角地区创新理念向周边地区的传播有助于提升我国西南地区的开放水平和国际化程度。（2）在区位上，东向开放与南向开放密切相连，由此在海运河运等交通运输、商贸往来等方面可以开展合作，发挥协同效应，增强整个开放体系的安全性和完整性。比如，随着传统海上贸易和石油运输通道不确定性风险增大，从我国西南内陆出发通过中南半岛直接进入印度洋的陆路大通道，可以成为 21 世纪海上丝绸之路的替代选择。

第三节 完整的"一带一路"开放体系

一 完整的"一带一路"开放体系

我国古代三大商道包括西北丝绸之路、南方丝绸之路和海上丝绸之路，这三大商道是我国古代对外交通贸易和文化交流的主要通道。

在目前的"一带一路"框架下,三条商道分别对应西北向开放、南向开放和21世纪海上丝绸之路,三者合为完整的"一带一路"开放体系。

当前西北丝绸之路、海上丝绸之路作为西北向开放和东向开放已得到较多的开发,而南方丝绸之路的开发则比较薄弱和分散,南向开放是尚待进一步开发的潜力地带。加强南向开放建设,加强南向开放同西北开放、东向开放的协同,打造一条内连中国西北和西南地区,外连东南亚和中亚的南北大通道,让南向开放成为21世纪海上丝绸之路与西北丝绸之路经济带有机衔接的纽带,才能形成完整的"一带一路"开放体系。只有"一带一路"全方位协同发展才能更好地促进国际国内两个市场、两种资源的有效对接,从而保证我国能在更高层次参与国际经济合作和竞争,助力我国加快形成全面开放新格局。

改革开放以来我国制定了多样的区域性经济发展战略,包括西部大开发战略、振兴东北老工业基地战略,还有近年逐渐重视起来的中部地区崛起战略、长江三角洲和珠江三角洲一体化经济发展战略等,区域性经济发展战略的优点在于它能够做到因地制宜、有针对性,但其缺点在于,长期仅仅按照区域性发展战略发展我国不同地区,将会导致不同区域间在发展水平、发展阶段上有着越来越大的差异,这也是幅员辽阔的中国发展时不可避免的问题。

在这样的背景下,"一带一路"的发展与实施,将我国十几个省份囊括其中,能够对我国大部分经济发展区域进行覆盖,形成"一带一路"沿线区域的协同建设效应和协同开放效应,促进各区域之间实现更为紧密的联系。"一带一路"作为一个整体,它倡导的经济发展与以往区域性发展战略相比,更加注重各个经济发展区域之间的协同与合作,"一带一路"西北向、东向、南向三条线贯穿全局,将沿线的各个经济发展区域连到一起,以点带线,三条线相互协同合作,从全国范围出发实现经济的融合,以线促面,形成整体对外开放的经济发展形势。

二　"一带一路"开放体系下西北向、东向与南向的协同作用

(一) 产业间协同

"一带一路"三大走向涉及的中国国内各区域的发展水平不同，主要产业和产业发展阶段也不同。首先，当前东部地区处于"第一梯队"，其第二产业、第三产业都处于相对成熟的阶段，并由于成本等方面原因逐渐向其他地区转移。西北向和南向开放涉及的地区则处于成长阶段，本身有一定的基础，再加上政策给予一定的支持和鼓励，西北地区和西南地区目前相对适合接受东部地区的产业转移。由此，东部转移至西北和西南地区的产业能够为西北向、西南向对外开放提供支撑。东部地区产业向通道沿线的西北部和西南部地区有序转移，也能够形成一批具有较强规模效益和辐射带动作用的特色产业集聚区，打造具有国际竞争力的新兴产业集群。同时，在发展高新产业方面，东部地区有较为完善的基础设施和技术经验，西北部和西南部地区则有着良好的空间资源和发展潜力，三者能够发挥各自优势携手发展高新产业，形成高端技术产品出口亮点。

其次，从价值链和产业链角度看，我国西北部、西南部和东部地区可以形成相对完整的产业链，从而在对外贸易的过程中有相对稳定安全的产品服务供应，在疫情后可能出现的逆全球化风潮下，能够保证供应链安全。例如，西南地区能够发挥我国与东南亚等地区在机电产品、商用车、摩托车等领域产业互补优势，结合热点商品消费需求，以重庆、四川、广西等制造业基地为重点，同时使用了西北部地区制造生产的机器和东部地区的技术经验，以此开展跨国跨区域生产物流组织，提供覆盖制造业全产业链的物流服务。

(二) 交通通道畅通

西北向、东向、南向开放涉及的地区间需要打通交通联系，与以往不同的是，不仅仅要打通国内的联系，同时也要与向外开展贸易的通道联系到一起。就我国目前现有的经济发展战略而言，大部分经济

发展区域都属于单行的区域通道，尤其是对于东部地区与中西部地区而言，其所开展的经济贸易主要借助海上贸易，而"一带一路"的实施，有利于经济发展在区域通道上实现双向发展。通过"一带一路"建设能够促进沿线铁路交通的发展，进而推动区域经济陆上通道的建设。目前，数条跨国专列已经建设开通，海外交通类基础建设紧锣密鼓，并且通过新型铁路、陆路运输将整个中西部地区与东部地区乃至世界各国进行了有效连接，这也就使得中西部经济发展区域能够成为对外贸易的前沿阵地，为实现经济发展的平衡起到了至关重要的作用。

铁路运输方面，目前，依托西伯利亚大陆桥和新亚欧大陆桥，已初步形成西中东三条中欧班列运输通道。中欧班列的主要铁路枢纽节点包括重庆（兴隆场）、成都（成都北）等西南地区，西安（新丰镇）、兰州（兰州北）、乌鲁木齐（乌西）等西北地区，也包括南京（南京东）、杭州（乔司）等东部地区。西北地区、西南地区和东部地区在中欧班列的线路建设上互相协调，能够优化中欧班列线路。除中欧班列外，各区域与其他国家间的运输通道同样可以相互协同。近年来，重庆、广西等西部省（区、市）积极参与共建"一带一路"，加强与新加坡等东南亚地区国家经贸合作，中新互联互通项目持续推进，通道建设取得积极成效。基本形成重庆、成都分别经贵阳、怀化、百色至北部湾港（钦州港、北海港、防城港港）的三条铁路运输线路，实现集装箱班列每日开行，并与中欧班列保持有效衔接；初步形成至中南半岛的跨境公路班车和国际铁路联运等物流组织模式。

（三）制度、技术和人才交流

"一带一路"沿线各省份的发展路径不同，省际联动协同发展机制同时需要从制度、技术和人才三个角度发挥能动性。制度层面，"一带一路"沿线的东部省份在制度创新上积累了相对多的经验，这些经验有利于对外通商，"一带一路"沿线的中西部省份与之相比，制度创新有没有跟上，这就需要各省相互学习制度经验，确保通商环境一致。技术层面，"一带一路"沿线省份由于自身发展路径不一，其技术特点和技术发展阶段都存在差异。技术问题往往直接影响到一省对另一省的产业转移和产业链分工是否有足够的承接能力，技术的协调和联动是各省发展路径优化合作的关键，由此，应当注重发挥技术的外溢作用，鼓励东部省份高新技术公司及跨国公司的技术向中西部地区外溢，对特定省份制定定期的技术学习交流政策和鼓励性政策。人才禀赋层面，"一带一路"沿线省份由于经济发展和教育水平上的差异，劳动力素质有所不同，在"一带一路"建设下，东中西部能够更多地开展人才交流与合作，同样也能更好地促进人才流动，以使相对落后的省份和地区吸纳人才。

（四）贸易物流

随着"一带一路"的发展，"丝路电商"合作兴起，中国与17个国家建立双边合作机制。南向开放能够发挥毗邻东南亚的区位优势，统筹国际国内两个市场两种资源，协同衔接长江经济带，以全方位开放引领西部内陆、沿海、沿江、沿边高质量开发开放。通过通道建设，密切西北地区与西南地区的联系，促进产业合理布局和转型升级，使西部陆海新通道成为推动西部地区高质量发展的重要动力。

具体来说，西北向、南向和东向开放在贸易上的协同效应体现在电商平台销售和物流两方面。

在电商平台销售方面，西北地区、西南地区和东部地区可以建立统一的公共信息服务平台、市场信息平台与电商平台对接，推动实现区域间信息互联互通，以提高销售效率，发挥协同效应，促进市场供给需求状况更加平衡。

随着电子商务物流服务平台的发展，物流派送运输成为贸易效率的一个关键环节。为此，我国规划建设了中欧班列，负责中国与欧洲以及"一带一路"沿线国家之间的集装箱货物运输往来，重庆、成都等西南地区城市，苏州、义乌等东部地区城市和西安、兰州等西北地区城市都是主要货源地节点。围绕中欧班列组织和运营，各区域间同样可以加强统筹协调，完善合作机制，加强分工协作，实现优势互补，避免无序竞争，推动形成联动发展新格局。西北向、东向、南向协调构建物流公共信息平台，能够更好地提高中欧班列的运行效率，也能够在对外贸易货物运输过程中统一高效地提供信息；各区域协调建设一体化的通关程序与标准，同样能够促进物流运输效率；此外，各区域也可以共同依托通道构建统一的区域分拨网络。

（五）资金融通

"一带一路"的国际协调合作需要资金融通作为支撑，在国内的区域协调合作同样需要资金融通激发动能。东向开放、西北向开放和南向开放通过资金方面的协调合作，能够形成互相扶持、互相融通的局面，从而提高资金使用效率，平衡各向开放的建设进度和发展水平。东部地区资金丰富，但相对西北地区和西南地区而言，投资需求较少，尤其是在基础设施建设这种资金需求量相对较高的投资领域。西北向开放和南向开放地区地形复杂，基础设施的建设成本高，当地经济发展水平低，难以承担高昂的成本。除基础设施外，西北地区和西南地区在制造业和能源等产业也有较大的发展空间，也将有较高的发展前景和回报率。东部地区的投资资金向西北地区和西南地区流动，能够提高资金运用效率、促进开放建设水平的提高。

（六）文化协同

南向开放、西北向开放和东向开放各有特点。各区域主要特色的区别体现在陆上丝绸之路和海上丝绸之路，即内陆各国之间开放交流和临海各国之间开放交流的不同。我国作为一个既临海又有着广阔内陆腹地的国家，不同区域间的文化差异正体现了这两种对外开放交流方式的不同。由此，在"一带一路"建设下，各区域文化交流应当更加频繁，从而发挥文化交流下产生的协同作用。"丝绸之路"文化民心相通是"一带一路"建设的社会根基，"丝绸之路"文化是"一带一路"的文化基础。传承和弘扬丝绸之路友好合作精神，广泛开展文化交流、学术往来、人才交流合作、媒体合作、青年和妇女交往、志愿者服务等，有利于各区域发挥协同作用，同心聚力建设"一带一路"。

综上所述，南向开放能够助力西部地区统筹利用国际国内两个市场、两种资源，并通过与西北向开放、东向开放的战略协同，形成横贯东中西、联结南北方、串联陆海空、整合沿海沿江沿边内陆开放的全方位、多层次、跨区域的对外开放体系。

第四章　南向开放与西部大开发
战略的协同

第一节　西部大开发战略

一　西部大开发的当前状况

自2000年党中央、国务院作出实施西部大开发战略重大决策部署以来，国务院已先后批复实施了"十一五""十二五""十三五""十四五"四个西部大开发五年计划，为从宏观层面加强对西部大开发工作的统筹引导发挥了重要指导作用。西部大开发战略的深入实施，较好地扭转了东西部地区区域发展差距不断拉大的趋势，这种把欠发达地区发展上升到国家战略的高度，并通过国家的政策、资金、项目加上其他地区政府和企业的共同参与来推动欠发达地区发展、以缩小区域差距的尝试，无论在实践上还是在理论上都是区域发展领域的重大创新。

具体来讲，西部大开发战略实施以来，西部地区的经济建设取得了巨大的成就，最值得称道的是基础设施建设、生态工程建设、城镇化与城市的发展。不仅改善了西部地区人民的生存条件，而且为未来的发展奠定了基础。与此同时，也应看到，西部地区依赖投资拉动经济增长的状况难以在短期内改变，物流成本的提高对企业的市场竞争力也会产生较大的影响。西部地区仍是我国各种矛盾交织、多方面问题突出的地区，提高西部地区的经济社会发展水平、维护民族地区稳定仍是比较艰巨的任务。

（一）完善了基础设施，改善了投资环境

西部地区地域辽阔，人口众多，自然资源丰富，发展潜力巨大，是我国的生态屏障和资源保障之所在，在全国发展格局中具有极其重要的地位。由于自然、历史、社会、经济等诸多因素的影响，西部地区的基础设施相对落后。正因如此，西部大开发战略从一开始就把基础设施建设和生态环境保护取得新突破作为重要目标，2016 年通过的西部大开发"十三五"规划仍然把基础设施建设放在重要位置。可以说，基础设施条件的变化是西部大开发最大的成就。青藏铁路、西气东输、西电东送、支线机场、干线公路相继开工建设。交通干线建设方面，5 年新增公路通车里程 9.1 万公里，其中，高速公路 5600公里；建设铁路新线 2824 公里，复线 1518 公里，电气化铁路 1779公里；建成干线机场和支线机场 36 个。水利设施方面，建设了四川紫坪铺、宁夏沙坡头、广西百色、内蒙古尼尔基等一批大型水利枢纽工程。西部大开发战略的实施，基本改变了西部地区基础设施薄弱的状况。

"十二五"时期，西部新开工建设了重点工程 127 项，投资总规模 2.72 万亿元。新建铁路 1.2 万公里，新建公路 21.5 万公里，建成了四川亭子口、小井沟、贵州黔中、西藏旁多等一批大型水利枢纽、重点骨干水源工程以及重点流域治理工程，解决了数千万农村群众饮水安全问题和最后一批无电人口的用电问题。2013 年 10 月，西藏墨脱告别不通公路的历史，西部至此实现县县通公路。西部地区高铁建设的速度令人瞩目，西安至乌鲁木齐的高速铁路，北京至呼和浩特、银川至兰州的高速铁路，长沙至昆明的高速铁路，西安至成都、成都至重庆、成都至贵阳的高速铁路，贵阳至广州的客运专线，南宁至广州的客运专线，均已建成通车，还有正在建设的郑州至重庆的高速铁路，北京至呼和浩特、呼和浩特至银川的高速铁路等，西部地区高速铁路的网络化正在实现。通向国内各地，出境出关联通国际，重庆即将开通的东盟国际物流中线货运公路班车将延伸到泰国曼谷和缅甸仰光；成都机场率先开通 100 条国际航线。

（二）退耕还林还草，加强生态环境保护

实施退耕还林还草的举措影响深远。西部很多地方山高谷深，平地很少，人们世世代代为了生存毁林开荒，虽然每年收获一些用于糊口的粮食，但加剧了水土流失，陷入了越垦越穷、越穷越垦的恶性循环。从恶性循环中跳出来，需要历史的机遇和非凡的魄力。西部大开发实施了退耕还林（草）、封山绿化、以粮代贩政策，即将 25 度以上的坡耕地退耕还林，或把不适合种田的耕地用于长草。这个政策在今天看来是成功的。一是起到了保护生态的效果。坡耕地种田尤其是 25 度以上的坡耕地，会造成严重的水土流失，退耕种树则可减少水土流失。二是给予退耕的农户经济补偿，如对南方地区的农民每公顷补偿 2250 千克粮食，北方地区的农民每公顷补偿 1500 千克粮食，另外还给 50 元种苗费，农民在经济上没有损失，以至于后来都在想法争取还林还草指标。二十年过去了，那些退耕的农田种的树已成林，成为生态卫士，尤其是延安地区，森林覆盖率已超过 50%。西部大开发第一个五年，累计完成退陡坡耕地还林 0.079 亿公顷，荒山荒地造林 0.113 亿公顷。从 2003 年开始实施的退牧还草工程，已经累计治理严重退化草原 0.127 亿公顷。西部生态安全屏障是全国可持续发展的重要基础，要始终紧紧抓住生态环境保护不放松。西部大开发"十三五"规划提出，对 25 度以上陡坡耕地、严重沙化耕地、严重污染耕地以及重要水源地 15—25 度坡耕地继续实施退耕还林还草。三江源生态保护、西南石漠化治理等重大生态工程也将继续推进。退耕还林还草的效果是有目共睹的，但仅仅靠退耕还林还草是不够的。退耕还林的农民、退牧还草的牧民仍然依靠国家补贴，如果失去补贴而仍没有找到增加收入的门路，原来退耕的就可能会复耕。从西部大开发"十三五"规划来看，还有 25 度以上的坡耕地没有退耕，能否能退则退；能否建立生态补偿长效机制，让为生态环境做出贡献的人根据贡献大小得到应得的补偿；生态脆弱地区多数是贫困地区，退耕之后耕地资源更少，如何脱贫致富奔小康，这些问题都还没有找到根本性的解决办法，需要中央政府、地方各级政府、科研工作者乃至当地居民共同探索。

（三）培育新的经济增长极，支撑所在城市的发展并带动周边地区的发展

西部大开发战略的一个重要举措是在西部各省份建立一个国家级开发区。毋庸置疑，这些开发区对于西部地区的城市发展、区域发展乃至西部大开发起到了重要作用。截至 2016 年，西部地区的国家级开发区共计 49 家，2016 年创造 GDP 共 10688 亿元，占西部地区 GDP 总额的 6.82%，由此可见，开发区已成为西部地区发展的重要支柱。

从 2010 年开始，国务院批准设立了重庆两江新区、甘肃兰州新区、陕西西咸新区、贵州贵安新区、四川天府新区、云南滇中新区等新区，还有新疆霍尔果斯、喀什两个特殊的经济技术开发区。国家级开发区、国家级新区的共同本质是一个区域的新的经济增长极。增长极是一个亮点，像一个灯塔，把投资者吸引到这里来。对于经济增长极这个概念，不同的人有不同的解读，但本质是在一个面积不大的地方，通过基础设施完善、体制机制创新、营商环境优化，吸引外地、聚集本地的经济要素，使其迅速发展，并带动周边地区发展起来。我们知道，改善投资环境并不容易，没有投入，甚至没有大投入，很难吸引很多投资者来投资兴业。因此，把很大一块地方作为增长极来培育，不会有很好的效果。

西部六个国家级新区中有两个新区已显现增长极效应。一个是两江新区，另一个是贵安新区。两江新区规划面积 1200 平方公里，开发建设面积 550 平方公里，GDP 从 2010 年的 1001 亿元增长到 2015 年的 2020 亿元，年均增长 17.5%。固定资产投资从 692 亿元增长到 1978 亿元，年均增长 23.8%；实际利用外资从 15.8 亿美元增长到 41.6 亿美元，年均增长 21.2%；进出口总额从 40.6 亿美元增长到

1964 亿美元，年均增长 51.5%。2016 年，常住人口已达到 350 万人，有 129 家世界 500 强落户两江新区。前些年，重庆市的经济增长速度领跑全国，和两江新区发展不无关系。2014 年 1 月，国务院批准设立贵安新区。规划到 2030 年，城镇人口达到 200 万人左右，建设用地控制在 220 平方公里左右。重点培育新一代信息技术，发展电子信息制造业。华为、腾讯、富士康数据中心已经入驻，微软、IBM、苹果、浪潮、东软、泰豪、航天科工等一批企业已落户，信息产业规模突破 130 亿元。规划建设 22 平方公里的高端装备制造产业园，已入驻贵安环保设备生产基地等项目。其他新区在基础设施建设、吸引产业聚集方面也取得了重要成果。

开发区、新区、特区并非仅仅依靠名称的价值，也不全是靠国家支持和优惠的政策，其核心竞争力是体制创新带来的营商环境的改善。有些地方也设立了国家级新区，但招商效果不佳，原因是投资者投资的目的是盈利；为了降低投资者的成本，必须先有投入，完善基础设施建设。面积越大，投资就越大，所以，无论是新区，还是开发区，建设面积不一定很大。面积大，没有足够的资金投入，到处是"半拉子工程"，不仅招不到商，还会造成资金和土地的巨大浪费。开发区、新区都是产业集聚的平台，没有产业的集聚，靠楼宇经济，靠规模宏大的中央商务区，甚至把政府、学校搬过去，借以哄抬人气，都难以取得很好的效果。

（四）特色优势产业发展迅速，产业转型遇到较大困难

西部大开发以来，特色优势产业不断壮大。西部地区的能源工业、矿产资源开采及加工业、特色农牧产品加工业、装备制造业、高技术产业、旅游产业六大特色优势产业发展势头良好，形成了一批特色优势产业基地和一批在国内外拥有较高知名度和较强竞争力的名优品牌和企业集团。棉花、糖料、烟草、名酒、瓜果、畜牧等产品的生产加工在全国具有独特优势。此外，高新技术和旅游文化产业也已渐成规模，生物技术、新能源、现代制药和现代农业等高新技术项目顺

利实施，先进适用技术推广和科技成果转化加快，高新技术对经济增长的促进作用不断增强。借助于西部大开发战略和我国经济较长时期的快速增长，西部地区的能源原材料产业获得较快发展，内蒙古、宁夏、新疆的能源产业获得迅猛发展，拉动了经济增长，内蒙古经济增长速度曾一度领跑全国。经济增长快，市场需求大，产业转型却未受到重视，在经济进入新常态、市场需求萎缩到来时，西北地区的经济增长受到了较大的影响。

近年来，我国西南地区和西北地区经济增长分化现象较为显著。在供给侧结构性改革全面深入推进的背景下，西北地区，如甘肃、内蒙古等地区长期依靠能源及矿产资源消耗驱动增长的动力正在衰退，经济增长规模和速度均持续下滑；相反，西南地区如贵州、重庆、云南等地加快推动生态优势向发展优势转变、加速培育新经济业态等，取得了较好的效果，经济增速较快。

（五）城镇化水平快速提高，城市群成为城镇化的重要载体

在西部大开发过程中，交通和城市基础设施的完善以及产业的发展，吸引了一大批农村人口转移到城市和城镇就业和居住。2017 年，西部地区城镇化水平为 51.4%，虽然低于全国平均水平，但是比 2005 年的 34.5% 提高了 16.9 个百分点，平均每年提高 1.4 个百分点，高于全国提高的幅度。农民从农村走出来进入城市不仅收入成倍提高，摆脱了贫困，而且减轻了农村的压力，减少了对生态环境的影响。当然西部地区并不都是地广人稀，有一些地方人口稠密，城市比较密集，像成渝地区和关中地区，已经形成城市群；未来北部湾地区和新疆天山北坡地区有可能形成新的城市群。

城市群之所以是城镇化的主要载体，是因为在城市群内能够实现大中小城市与小城镇协调发展。由于城市群内交通网络已经形成，给小城市和小城镇带来了发展的机遇，小城市和小城镇的区位劣势在弱化，成本优势在强化。产业链条从大城市向小城市和小城镇延伸，产业就有可能向小城市和小城镇集聚，创造更多的就业岗位，吸纳周边

农村居民就近就业和居住，实现就近城镇化。城市群的基本动能是城市之间的分工与合作，加强城市之间的联系，通过产业的分工增强市场竞争力。

二 西部大开发的政策着力点

党的十九大报告指出，实施区域协调发展战略，加大力度支持革命老区、民族地区、边疆地区、贫困地区加快发展，强化举措推进西部大开发形成新格局。西部地区应顺应新时代新趋势新要求，在巩固提升西部大开发成效的基础上，围绕推动高质量发展和现代化建设的新要求，按照区域协调发展战略的总体部署，抓住新机遇，构建新格局，开创新局面。

（一）全面促进西部大开放，激发西部地区发展活力

随着我国改革开放的深入推进，我国初步构建了沿海、沿江、内陆和沿边全方位多层次对外开放格局，未来内陆地区对外开放的潜力巨大。如果说此前西部大开发战略主要围绕自身发展环境建设完成了阶段性的开发目标，奠定了良好的发展基础和经济条件，那么新时期在全面推进"一带一路"国际合作的大背景下，西部地区应从过去以内部发展环境建设为主逐渐转移到内外兼顾上来，并以更有力的措施推动对外开放，着力汇聚国内外经济要素，盘活西部地区各种资源，激发新的发展活力。围绕新亚欧大陆桥、中蒙俄、中国—中亚—西亚、中国—中南半岛、中巴和孟中印缅六大国际经济合作走廊，推动西部地区连通周边国家的跨地区和跨国家的重大交通等基础设施互联互通建设。以开放促改革，以开放促合作，以开放促发展。

（二）深入推进工业化，夯实西部地区经济发展基础

在全国经济高速增长时期，一方面，在西气东输、西电东送等重大工程带动下，西部的能源及矿产资源、劳动力等跨区域流动到东部沿海等地区，为东部地区工业化发展提供了重要的基础性保障；另一方面，西部地区煤炭、石油、金属矿产等资源的开采及加工，也较好

地推动了西部地区的高速经济增长。但是2008年国际金融危机爆发以来，随着国际消费市场的收缩和世界各经济体均致力于本国经济复苏，国内经济结构进入了深化调整期，东部沿海地区率先从出口导向型、劳动密集型的经济增长模式中走出来，西部地区依靠资源产业支撑快速经济增长的传统模式也走到了尽头。在当前推动高质量发展的新时期，西部地区作为我国产业梯度转移的重要承接地和全国经济结构战略调整的回旋空间，应依托现有产业基础配套条件，积极承接东部沿海及国际优势产业转移，按照供给侧结构性改革的主导方向，促进西部地区能源及矿产资源等就地转化。同时，积极培育壮大新经济，推动西部地区实现更高水平的工业化，并推动服务业发展升级，增强经济发展实力。

（三）优化空间开发格局，促进西部高效集中发展

按照全国主体功能区规划、全国国土规划纲要在空间布局上的战略部署和引导，进一步优化西部地区空间开发格局。应依托重要交通干线、"一带一路"对外大通道，积极构建有利于西部地区发展的新的经济支撑带。建议以陆桥通道西段、长江干流西段、沪昆通道西段、珠江—西江通道西段、包昆通道、呼（和浩特）南（宁）通道、呼包银兰格等若干东西和南北走向的重要交通轴线为骨架打造西部经济支撑带，以川渝、关中、北部湾、天山北坡城市经济带为开放前台，以重点生态功能区、农产品主产区等为绿色屏障，构建多层次、网络化、各具特色、开放型的空间开发格局。积极培育新的经济增长极，引导人口、经济要素向城市群及重要的发展轴带集聚，确保农产品生产、生态保护和资源战略储备安全，实现西部地区人口、产业和城市在空间上的合理布局。以黔中、滇中经济区为重要载体，以区域性中心城市为支点，以县城、特色小镇为基础，以沿边经济带为开放前台，以重点生态功能区、农产品主产区等为绿色屏障，构建多层次、网络化、各具特色、开放型的空间开发格局。积极培育新的经济增长极，引导人口、经济要素向城市群及重要的发展轴带集聚，确保

农产品生产、生态保护和资源战略储备安全，实现西部地区人口、产业和城市在空间上的合理布局。

新时代，西部地区对沿边经济带要格外重视。沿边经济带涉及广西、云南、西藏、新疆、甘肃、内蒙古六个省（自治区）。边疆地区战略地位非常重要，多数又是少数民族地区和贫困地区。沿边经济带虽然沿边境线延伸，但并非只包括边境县乡，而是以沿边地州为基本单元、以地州中心城市为节点的经济带。以地州中心城市为节点，通过中心城市的发展带动边疆地区的发展。我们奉行睦邻友好的外交政策，睦邻、安邻、富邻必须以安边、固边、富边为前提，固边也以富边为前提。富边当然要发展产业。通过发展边疆地区的中心城市，吸引产业聚集，才能实现富裕边疆的目标。由边疆地区的一个个城市构成的沿边经济带既是固边的堡垒，更是开放合作的平台。西部地区的革命老区、少数民族地区、边疆地区、贫困地区等发展基础较为薄弱，应通过优化空间开发格局，举全国之力建设沿边经济带，使边疆地区的人民富裕起来，带动周边国家相邻地区的人民富裕起来。

（四）实施乡村振兴战略，因地制宜促进城乡融合发展

西部地区农村地区发展比较滞后，近年来随着农业转移人口返乡的增多以及农业农村现代化进程的加快，西部地区乡村发展有了较大进步。应充分尊重西部地区高原、山地、盆地等多样性自然条件和少数民族人口多等特殊性，发展特色优势产业，发展特色小镇。一方面，改善当地居民生产生活条件，吸引投资者投资兴业，吸引旅游者观光、休闲、养生；另一方面，促进城乡要素双向自由流动，促进一二三产业融合发展，促进城乡融合发展，实现基本公共服务城乡一体化和均等化。

（五）持续加强对西部特殊困难地区的支持，切实补齐区域协调发展的短板

西部地区是全国区域协调发展的"短板"，西部地区的革命老区、少数民族地区、边疆地区、贫困地区以及新时期转型发展困难地区又

是"短板"中的"短板"。因此，在推进小康社会建设攻坚的基础上，在现代化建设的新征程中，从国家战略层面应继续加强对西部困难地区的支持力度，要继续增加中央财政转移支付。对陕甘宁、左右江、川陕甘等革命老区，应深入推进中央部门及东部地区对口支援合作，培育壮大特色优势产业，形成内生发展动力。对资源枯竭城市、独立工矿区、采煤沉陷区等各类转型困难地区，支持加速产业结构转换，培育新兴接续替代产业，推进转型发展。对少数民族地区和边疆地区，积极探索民族团结和边疆稳定发展新模式，应不分民族，实施相同的政策，实现民族政策区域化。采取更加优惠的政策，吸引外来投资者，促进产业的发展，促进当地居民脱贫致富。

（六）深化推进国内区域合作和国际次区域合作

长期以来，加强东西部合作，包括政府和企业等市场主体层面多层次各领域的合作，是促进西部大开发的重要内容，是缩小东西部差距的重要途径，能够实现东部的资金、技术、人才和管理优势与西部的资源、能源、劳动力及市场优势互补。新时期，应进一步创新完善东西部地区合作机制。一方面，要加快构建对口援助（帮扶、协作）机制，探索构建人口异地转移安置帮扶机制，通过对受援地区富余劳动力的定向技能培训，吸纳人口到发达地区落户，实现受援地区人口持续稳定"走出来"，减少受援地区人口基数，在一定程度上可以缩小区域差距。进一步强化人才对口帮扶机制，重点围绕教育、医疗卫生等基本公共服务领域，通过职务晋升、政治荣誉、经济收入等多种方式鼓励发达地区技术人员"走进去"，帮助受援地区培育技术人才。另一方面，切实发挥市场主体的作用，加强东西部地区企业间合作，积极承接东部地区产业梯度转移，通过创新链引导要素链、产业链实现跨区域、跨城际整合配置，推动东西部地区实现新旧动能有序更替和同步转换。

抓住长江经济带建设和珠江西江经济带建设的机遇，加强上中下游地区的合作。长江经济带建设是"十三五"时期国家推出的区域发展重大战略，目的是统筹东中西、协调南北方，加强上中下游地区的合作，推动东西双向开放，打造中国经济升级版的支撑带。长江经济带涉及西部地区的重庆、四川、贵州、云南四省（市）。四省（市）应与中下游各省市开展密切联系，多层次、宽领域、全方位展开合作。

借助"一带一路"倡议，加强国际次区域合作，加强地缘经济联系。西部地区和多个国家接壤，可在原有经济联系基础上，加强国际次区域合作，如西南地区与东南亚国家、南亚国家的相邻地区开展经济合作，西北地区加强与中亚国家、俄罗斯、蒙古国相邻地区开展经济合作。国际次区域合作是多层次的，既可以与一个国家的一个地区合作，也可以与多个国家的多个地区合作，还可以开展省与省、市与市、县与县的合作。国际次区域合作以国内的区域合作为前提，譬如通过西北地区内部的合作促进与中亚国家开展国际次区域合作，通过西南地区内部的合作促进与南亚国家开展国际次区域合作，通过"泛珠"区域合作促进与东南亚国家开展国际次区域合作等。

第二节　南向开放与西部大开发的互动

一　南向开放对西部大开发的促进与支撑

（一）南向开放巩固了西部大开发的战略成果，拓宽了西部开放格局

在南向开放所覆盖的区域中，已经有一些国际合作，比如中国—中南半岛经济走廊、孟中印缅经济走廊，也有尚未覆盖的区域。通过南向开放的整合和统筹，一方面加强既有国际合作的衔接与协调；另一方面把未覆盖的区域纳入统一规划，形成更完整的区域国际合作版图。我国古代的三大商道在目前的"一带一路"框架下，西北丝绸之路、海上丝绸之路已得到较多的开发，而南方丝绸之路则比较薄弱和分散。为此，南向开放成为国际层面、国家层面和区域层面都能够

进行开发的潜力地带。加强南向开放的建设，"一带一路"在西北向、东向、南向都有部署，将形成完整的"一带一路"开放体系，进一步巩固西部大开发战略的成果。

（二）南向开放提高了西部大开发时期的投资回报率，为西部地区形成良性的投资循环找到了出路

在西部大开发战略中，西部地区进行了大量的基础设施建设。西部地区基础设施建设的成就斐然，令世人瞩目。但随之而来的投资回收压力也会越来越大，除国家投资之外，还有为数不少的银行贷款、建设债券、各类基金，都需要地方政府和交通企业按照借款合同予以偿还。一般来讲，随着交通条件的改善，会带来经济的繁荣，基础设施投资回收不成问题，但是，西部地区地域辽阔，多数地区地广人稀。当然，可以通过提高收费来解决，但提高收费标准会提高企业的经营成本，成本的提高会影响企业的市场竞争力。南向开放拓宽了西南地区的开放格局，增加了地区和国家间的经贸往来，在很大程度上提升了西部大开发中对西南地区的建设投入的回报率。

（三）南向开放拓宽了西部大开发的深度和广度，使得我国西部地区迎来一次更大的转机

随着"一带一路"国际合作的深入推进，以及重大交通、信息等基础设施的完善，西部地区正从长期以来的区位末梢走向对外开放的前台，有望培育形成推动区域发展的新优势、新动能。特别是由于交通条件的改善，东中西部各地区发展的战略空间将发生较大变化，过去的交通闭塞地区可能成为交通要道，过去的边远地区可能成为国际门户。为此，西部地区应抢抓和利用好内外部环境发生深刻变化的新机遇，依托固有的自然生态、人文旅游资源、能源矿产资源、劳动力及土地资源等条件，加快吸引凝聚人才、资金和技术等先进经济要素，形成能够促进新旧动能转换的新优势，确保与东部沿海等发达地区同步转换发展动能，推动形成具有西部特色的高质量发展新态势。

二 西部大开发对南向开放的促进与支撑

（一）西部大开发战略极大地改善了西部基础设施条件，为南向开放的通道建设方面打下了坚实的基础

西部大开发战略从一开始就把基础设施建设取得新突破作为重要目标，2016 年通过的西部大开发"十三五"规划仍然把基础设施建设放在重要位置。可以说，基础设施条件的变化是西部大开发最大的成就。

目前，四川已开通 17 条连接东南亚、南亚国家的航线，航线网络基本覆盖东南亚重要枢纽城市；重庆已开通跨境公路班车，而且 2018 年开通铁海联运常态化班列，从重庆经贵州至广西北部湾，经海运抵达新加坡，全程最短仅需 7 天；云南与老挝、越南分别开通了 19 条和 9 条客货运输线路；中缅原油管道正式投运；中老、中缅光缆传输系统已建成并投入使用。可以说，西部大开发为"一带一路"南向通道建设奠定了坚实的基础，使得西部省份有优势以自身为枢纽进一步辐射南亚、东南亚等地区，为进一步促进西部省份经济发展创造了有利条件。

（二）西部大开发优化了当地投资环境，为南向开放进一步投资做好了准备。

2000—2016 年，西部地区全社会固定资产投资额年均增速高达 22.5%。比全国平均水平高出 2.5 个百分点。"十三五"期间，中央财政性建设资金累计投入西部地区约 4600 亿元，财政转移支付和专项补助累计安排 5000 多亿元，长期建设国债有 1/3 以上用于西部地区。国家投入带动了社会投入，西部地区全社会固定资产投资额年均增长 20%。固定资产投资带动了社会总体经济投资，不仅改善了西部地区的基础设施条件，也提高了西部地区的消费水平、投资水平。从法律法规、地方政策到投资规划和引导，西部地区为吸引投资、投资便利化营造了良好的环境，为南向开放进一步吸引社会投资和完善

投资流程奠定了优良的基础。

（三）西部大开发改善了西部地区人民的生存条件，促进了城镇化与城市的发展，为南向打下了经济基础。

2017 年，西部地区城镇化水平为 51.4%，虽然低于全国平均水平，但是比 2005 年的 34.5% 提高了 16.9 个百分点，平均每年提高 1.4 个百分点，高于全国提高的幅度。农民从农村走出来进入城市不仅收入成倍提高，摆脱了贫困，而且减轻了农村的压力，减少了对生态环境的影响。

城市群是城镇化的主要载体，因为在城市群内能够实现大中小城市与小城镇协调发展。西部地区一些地方人口稠密，城市比较密集，像成渝地区和关中地区，已经形成城市群，未来北部湾地区和新疆天山北坡地区有可能形成新的城市群。

西部大开发促进了西部地区的经济发展，增强了规模成本优势，完善了产业链条。南向开放可以充分利用西部大开发时期积累的人口聚集优势和产业基础，构建更加完整的产业链条，起到沟通内外的枢纽作用。

总体来看，西部大开发战略的实施为南向开放准备了条件，反过来南向开放对于西部来说也是一个巨大的机遇，促进了西部大开发向更深更广的方向发展。

第五章　南向开放与长江经济带发展战略的协同

　　"一带一路"建设与长江经济带发展战略是我国实施新一轮扩大开放、促进区域协调发展的两大国家级倡议、规划，为经济新常态下区域发展提供了全方位的渠道支撑。当前，"一带一路"西向、北向、东向已具备较为成熟的发展模式，急需突破的则是南向。因此，四川、重庆、云南、贵州、广西等省区市纷纷抢抓机遇，提出了融入南向开放的多项政策举措。从国家地理版图上来看，南向开放沿线的多个省市与长江经济带发展战略有较好重叠，具备协同发展的先天优势。再从区域经济发展来看，南向开放与长江经济带发展战略在我国中部、西部内陆省市有机衔接，南向开放依托"南方丝绸之路"对外开放优势，串联起我国中西部内陆、南部沿海省市与南亚、东南亚、泛珠三角地区的开放合作，长江经济带通过黄金水道，贯穿我国东中西部经济发展，形成了流域经济发展的整体性特征，为产业跨地区的优势互补、分工协作、要素配置、动能接续和有序转移提供了巨大的流动空间，二者在经济上的协同，推动着中西部内陆省市在沿江、沿海、沿边上的协同开发与开放。此外，二者在生态建设、产业发展、交通运输等多个方面具备协同发展的利好条件，值得深入研究。为进一步探明南向开放与长江经济带发展战略的协同关系，挖掘其中的潜在价值，我们先来看看长江经济带发展战略的基本情况。

第一节　长江经济带发展战略

一　长江经济带发展的当前状况

在两次推动长江经济带发展座谈会上，习近平总书记都发表了重要讲话，有关部门和沿江 11 省市深入学习贯彻习近平总书记重要讲话精神，贯彻落实党中央和国务院决策部署，在提高思想认识、强化顶层设计、改善生态环境、促进转型发展、推动区域协调等方面取得了阶段性积极成效。

（一）顶层、中层设计基本完成

多年来，在党中央的坚强领导下，有关部门和沿江 11 省市突出规划先导作用，形成了"1 + N"的规划政策体系。"1"是一个总规划，即《长江经济带发展规划纲要》，明确了长江经济带发展的战略定位、主要目标和重点任务，成为当前和今后长江经济带发展工作的基本遵循，这也是推动长江经济带发展的纲领性文件。"N"就是围绕《长江经济带发展规划纲要》落实，制定的一系列专项规划、政策文件和实施方案。依据《长江经济带发展规划纲要》，有关部门制定的岸线保护和开发利用、综合立体交通走廊等 10 个专项规划陆续印发实施，沿江 11 省市《长江经济带发展规划纲要》实施方案基本编制完成，支持政策体系逐步完善。

具体来说，水利部长江水利委员会专门成立了长江经济带发展处，加大对服务长江经济带发展的研究工作力度，编制完成了《长江经济带发展水利专项规划》《长江岸线保护和开发利用总体规划》《长江经济带沿江取水口、排污口和应急水源布局规划》和《长江流域水生态环境保护与修复行动方案及三年行动计划（2018—2020年）》，并不断强化长江大保护跨部门合作，最大限度集聚长江经济带高质量发展整体合力。2017 年，生态环境部、国家发展改革委、水利部联合印发《长江经济带生态环境保护规划》，规划提出水资源优化调配、生态保护与修复、水环境保护与治理、城乡环境综合整治、环境风险防控、环境监测能力建设6大工程18类项目，建立重大项目库，以大工程带动大保护。此外，还涉及森林和湿地生态系统保护与修复、创新驱动产业转型升级、国际黄金旅游带以及长三角、长江中游、成渝三大城市群发展规划等。还有城镇污水垃圾处理、化工污染治理、农业面源污染治理、船舶污染治理以及尾矿库污染治理"4+1"工程指导意见，以及省际协商合作机制、黄金水道环境污染防控治理、加快推进长江船型标准化、加强工业绿色发展、造林绿化等一系列支持政策。2019年12月23日，我国首部流域法律《中华人民共和国长江保护法（草案）》也迎来首次审议，2020年12月26日，第十三届全国人民代表大会常委会第二十四次会议通过《中华人民共和国长江保护法》，自2021年3月1日起施行。

至此，在规划政策方面，以《长江经济带发展规划纲要》为统领，以10个专项规划、11个实施方案及一系列支持政策为支撑的规划政策体系基本形成；在体制机制方面，针对沿江省份利益协调问题，不断创新完善协同发展体制机制，如相关部门会同沿江11省市建立长江经济带"1+3"省际协商合作机制，下游、上游、中游多层次协商合作机制架构逐步形成，为推动长江经济带发展战略全面实施打下了坚实基础。

（二）生态环境保护修护持续改善

长江拥有独特的生态系统，是我国重要的生态宝库。长江水系庞大，水资源总量约占全国河流径流总量的35%，全流域森林覆盖率达40%以上，河湖湿地面积约占全国的20%。长江流域山水林田湖草浑然一体，具有强大的涵养水源、繁育生物、释氧固碳、净化环境功能，是我国重要的生态安全屏障，更是子孙后代生生不息、永续发展的重要支撑。针对长江经济带生态环境保护面临的突出问题，国家通过开展生态环境保护专项行动着力加以解决，同步研究建立监管长效机制，巩固专项行动成果。

以持续改善长江水质为中心，统筹推进水污染治理、水生态修复、水资源保护"三水共治"，开展"共抓大保护"中突出问题专项检查。先后开展沿江非法码头、非法采砂专项整治和"回头看"工作，经过沿江省市和有关部门的共同努力，非法码头得到了初步整治，非法采砂得到了初步监管，长效机制得到了初步构建。开展长江经济带化工污染整治专项行动，通过调查摸底、专项治理、加强监管三个步骤，重点整治化工污染问题。启动长江入河排污口监督检查、饮用水水源地安全检查等专项行动，严控长江水环境污染的关口，切实保障沿江群众饮水安全。此外，还开展了入河排污口整改提升、固体废物大排查、长江干流岸线保护和利用等一系列专项行动，狠抓长江经济带生态环境警示片披露的 163 个生态环境突出问题整改，解决了一批"老大难"问题，长江生态环境质量得到持续改善。

水污染得到有效遏制。长江经济带生态环境保护突出问题整改作为工作的重中之重，截至 2019 年年底，163 个问题已完成整改 129 个，尚未完成整改的 34 个问题与新披露的 152 个问题合并建立台账，也正在推进整改。扎实推进沿江城镇污水垃圾处理、化工污染治理、农业面源污染治理、船舶污染治理以及尾矿库等生态环境污染治理"4 + 1"工程，取得明显成效。截至 2019 年 12 月中旬，长江经济带地级及以上城市污水收集管网长度比 2018 年年底增加 3954 公里；城市和县城生活垃圾日处理能力增加 32252 吨；沿江 11 省市已有 579 座尾矿库完成闭库；截至 2019 年 12 月底，沿江 11 省市搬出和转移禁养区内的水产养殖规模达 178.9 万亩；2019 年 1—11 月，长江经济带港口接收船舶垃圾总量 7.82 万吨，岸电使用量 2.63 亿千瓦时。水生态得到有效修复。2018 年 10 月，国务院办公厅印发《关于加强长江水生生物保护工作的意见》，开展中华鲟、长江鲟人工增殖放流和长江江豚迁地保护行动，长江珍稀濒危物种保护得到强化。率先在长江流域 332 个水生生物保护区实行常年禁捕，非法捕捞执法力度加大。候鸟栖息地、珍稀鱼类重要产卵区、洄游通道等生态修复重建工作进展顺利。着重抓好天然林保护、防护林建设、退耕还林还草、湿地保护和石漠化治理，实施贵州草海、云南大理洱海源头等重要湿地保护和修复工程。长江两岸防护林体系建设造林绿化1318万亩，新建国家湿地公园67处，洞庭湖水质逐步好转为Ⅳ类，鄱阳湖区恢复退化湿地面积276.06公顷，水源涵养功能明显增强。实施三峡等上中游控制性水库及"两湖"支流水库联合调度，保障长江中下游河湖生态用水。深入开展长江干线非法码头、非法采砂专项整治，完成1361座非法码头整改，其中彻底拆除1254座并实现生态复绿；规范提升107座，完善相关手续，实现了合法运营。以上数据显示出长江两岸绿色生态廊道基本建成。

水资源得到有效保护。长江经济带8051个入河排污口登记造册，2673个县级集中式饮用水水源地环境违法问题整治完成。大力实施重大引调水和重点水源工程，通过南水北调东线、中线已累计向华北地区供水234多亿立方米。全面落实最严格水资源管理制度，强化水资源开发利用、用水效率控制红线约束，实现总量强度"双控"。建立健全防洪减灾体系，建成安徽长江崩岸应急治理工程等4个项目，完成13处蓄滞洪区围堤加固工程，长江流域54条主要支流治理有序实施。

生态建设资金得到有效保障。据了解，2019年中央有关部门累计安排约1237亿元支持长江经济带生态环境保护修复。开发性金融、政策性金融精准支持的力度加大。1—11月，国家开发银行、农业发展银行分别发放贷款3621亿元、1529亿元支持长江大保护和绿色发展。

经过这几年的艰苦努力，长江水环境恶化的势头得到遏制，长江水质正在逐渐改善。2019年1—11月，长江经济带优良水质比例达到82.5%，同比上升3.4个百分点，高于全国平均水平6.1个百分点。

（三）经济指标稳步提升

长江经济带经济总量占全国经济总量超过四成，经济中高速增长、总量稳步提升，成为中国经济的重要支撑带。长江经济带集聚了全国42.8%的人口，创造45.2%的国内生产总值和43.7%的进出口总额，在中国经济巨轮中具有"压舱石"的作用。2019年前三季度，沿江11省市地区生产总值达31.46万亿元，同比增长7.1%。

近年来，长江经济带发展质量和效益不断提升。2017年长江经济带地区生产总值同比增长8%。沿线省市经济辐射带动作用明显增强，2017年投资增长11%，增速比全国平均增速高3.8个百分点。2017年中国经济增速最高的十大省市中，长江经济带占了7个；在前十五位中，长江经济带占了10个，而且多数城市的人均GDP超过10万元。2018年长江经济带实现地区生产总值40.3万亿元，增长7.4%，连续3年高于全国平均增速1个百分点左右，占全国比重由2015年的42.3%提升至2018年的44.1%，对全国经济增长的贡献度由2015年的45.3%提升至2018年的46.9%，人均GDP从2015年低于全国平均水平1.2%到2018年高于全国平均水平2.9%。2019年前三季度，沿江11省市地区生产总值达31.46万亿元，同比增长7.1%，高于全国平均增速0.9个百分点，经济总量占全国的44.5%，占比持续提升。

（四）创新驱动发展持续向好

长江经济带自主创新能力持续提高。上海建设全球影响力的科技创新中心步伐加快，安徽、四川、武汉全面创新改革试验扎实推进，湖北、湖南、四川创新型省份加快创建，合芜蚌、重庆和浙东南等国家自主创新示范区建设顺利，上海张江、安徽合肥综合性国家科学中心建设加快推进。2019年，国家发展改革委印发《关于加快推进战略性新兴产业集群建设有关工作的通知》，在沿江11省市重点支持30个战略性新兴产业集群建设。

产业转型升级不断加快。重庆、武汉、合肥、南京、上海等地区的集成电路、平板显示、物联网、云计算、人工智能、大数据等新一代信息技术产业加快发展，武汉光谷在光电子产业发展方面成果明显。第三产业撑起长江经济带"半壁江山",技术先进、附加值高的现代工业体系正在形成。此外,国家正推进沿江的国家新型工业化产业示范基地建设。截至目前,已命名的国家新型工业化产业示范基地有380多家,长江沿线占45%左右。

新型城镇化建设步伐加快。上海、安徽、四川、湖北(武汉)等地新型城镇化综合试点工作有序推进,一批特色小镇、小城镇建设稳步推进、粗具规模。沿江城镇化格局进一步优化,以城市群为主体、大中小城市和小城镇协调发展的城镇格局加快构建,2018年长江经济带常住人口城镇化率达59.5%,比2015年提高了4个百分点。长江三角洲区域一体化发展上升为国家战略,长江中游城市群发展势头强劲,成渝城市群在西部地区的引领带动作用明显提升,"三大城市群"集聚效应和引擎作用明显增强。

(五)开发开放程度不断深化

长江经济带与"一带一路"建设融合共进,向西连接丝绸之路经济带,向东对接21世纪海上丝绸之路,辐射京津冀,勾连广袤内陆和辽阔海洋。在重大发展战略勾勒的宏大蓝图中,长江经济带正以开放创新的新姿态,支撑起中国经济新的增长极。目前,全国已挂牌的18个自贸区中,有7个自贸区(2019年新批复设立2个)位于长江经济带,分别为上海自贸区、浙江自贸区、湖北自贸区、重庆自贸区、四川自贸区、江苏自贸区和云南自贸区。串起七大自贸区,长江经济带正加速形成对外开放的重要平台,在推动"引进来"和"走出去"方面发挥重要作用。

对外开放水平持续提升。推进全方位对外开放,上海自贸区制度创新引领全国,2019年7月27日,国务院印发《中国(上海)自由贸易试验区临港新片区总体方案》,更深层次、更宽领域、更大力度地推进上海自贸区全方位高水平开放。重庆、成都、武汉等内陆开放高地快速崛起,西部地区陆海新通道积极谋划,云南面向南亚、东南亚辐射中心建设稳步推进,陆海内外联动、东西双向互济的全方位开放新格局初步形成。加快推进长江经济带发展与"一带一路"建设协同发展，加快中欧班列统一品牌建设，建立中欧通道铁路运输、口岸通关协调机制，运量快速增长。2019年1—11月，沿江11省市开行中欧班列4685列，同比增长32%，占全国总列数63%。西部陆海新通道为长江上游地区开放发展注入新动能。2019年1—10月，北部湾至重庆、成都、昆明等地的铁海联运班列达1713列，发运集装箱8.57万标箱，超过2018年全年的总和。

（六）综合立体交通走廊建设成效显著

长江素有"黄金水道"之称，是世界上运量最大的内河。近年来，有关部门和沿江11省市多措并举、多管齐下，积极推动长江经济带水运、铁路、公路、航空协调发展，着力推动各种运输方式有机衔接，大力推动与区域外交通互联互通，长江经济带现代化综合立体交通的优势和效益开始显现。

黄金水道功能不断提升。航道区段标准、船舶标准、港口码头管理、通关管理"四个统一"建设有序推进。长江南京以下12.5米深水航道工程试运行一年完成竣工验收，5万吨海船可直达南京；长江中游荆江河段航道整治工程已完工并投入使用，武汉至安庆段航道整治工程开工建设，完工后水深达6米，万吨轮船可达武汉。充分挖掘三峡枢纽现有船闸潜力，世界上最大的3000吨级三峡升船机建成并试通航，3000吨级船舶可常年通达重庆。积极推进三峡枢纽运输制约疏解，三峡水运新通道前期工作稳步推进。2019年6月，三峡枢纽首次开辟集装箱翻坝路线，标志着以"秭归港—白洋港"为核心枢纽的多式联运翻坝体系初步建成。长江沿线港口能力和航运中心作用进一步提升，上海国际航运中心龙头作用进一步发挥，洋山港四期自动化码头投入运营，舟山江海联运服务中心建设加快推进，武汉长江中游、重庆长江上游航运中心建设取得积极进展，长江经济带所有海关已实现通关一体化。船型标准化取得积极进展，武汉至洋山江海直达1140集装箱示范船投入运营。据了解，2019年长江干线年货物通过量 29.3 亿吨，比 2015 年增长 34.4%；长江干线 14 个主要港口疏港铁路已全部开工建设，长江集装箱江海联运运量占总运量的 60%。长江经济带综合立体交通走廊的效益日益显现。

综合交通网络加快完善。铁路建设加快推进，2019 年，长江经济带新开通铁路运营里程数 2684 公里，其中高铁运营里程数 1959 公里，新增高速公路里程 3000 余公里；沿江 11 省市 55 个铁路物流基地全部建成。公路网络进一步完善，沪蓉、沪渝、沪昆、杭瑞等高速公路全线贯通，2018 年高速公路通车里程比 2015 年新增 8000 公里，约 95% 的县级及以上城市通高速公路，44 个高速公路"断头路"项目中 5 个建成通车、21 个开工建设。机场枢纽作用明显提升，实施上海浦东、昆明长水、重庆江北、长沙黄花、武汉天河、贵阳龙洞堡等枢纽机场改扩建，以上海浦东机场、虹桥机场为核心的长三角世界级机场群加快建设，湖北鄂州货运机场开工建设。

多式联运服务实现新提升。大力发展铁水联运，加快长江干线港口铁水联运设施联通，打通铁水联运"最后一公里"。2018 年 7 月，推动长江经济带发展领导小组办公室印发《推动长江干线港口铁水联运设施联通的行动计划》，重点推进长江干线 14 个重点铁水联运设施联通项目，湖南岳阳港城陵矶松阳湖铁路专用线、湖北阳逻港二期工程、四川宜宾港集疏运中心、重庆万州港新田港区进港铁路专用线等 4 个项目已开工建设，其余 10 个项目正在推进前期工作。长江通关一体化改革成效显著，实现口岸、运输方式、商品全覆盖，海关直接放行报关单量达 85% 以上。推进关检直通，关检合作"三个一"已全面推广至所有直属海关和检验检疫部门，上海国际贸易"单一窗口"3.0 版上线运行，区域通关一体化成效显著。

（七）共抓大保护形成强大合力

共抓大保护体制机制逐步健全。制定《关于以问题为导向建立长江经济带共抓大保护工作推动新机制的指导意见》，狠抓长江经济带生态环境突出问题整改。印发《长江经济带发展负面清单指南（试行)》，坚决把最需要管住的岸线、河段、区域管住，坚决把产能严格过剩、污染物排放量大、环境风险突出的产业管住。建立健全国土空间管控机制，划定沿江11省市生态保护红线，面积54.42万平方公里，占长江经济带国土面积25.47%。流域生态补偿机制探索初见成效，云贵川三省就赤水河流域、浙皖两省就新安江流域签署横向生态补偿协议，浙江、安徽、江西等相继建立省内生态补偿机制。三峡集团、中国节能环保集团、国家电网公司等央企和国家开发银行、农业发展银行等金融机构积极参与共抓大保护工作。

强化监督管理推动铁腕治江。针对长江生态环境违法犯罪量大面广的问题，印发《关于进一步加大力度打击污染长江违法犯罪行为的通知》，要求沿江省市始终保持零容忍高压态势，严厉打击污染长江违法犯罪行为。有关部门建立长江经济带生态环境行政执法与刑事司法衔接机制，实现案情通报、案件移交、联合办案、案件咨询等无缝衔接。加快长江保护法立法进程，已列入十三届全国人大常委会立法规划一类项目。

上中下游协同发展有效推进。建立了长江经济带"1+3"省际协商合作机制，"1"即长江经济带11个省市的协商合作机制，并成立了上游、中游、下游3个区域的协商合作机制，由此解决区域间经济协调发展等问题。目前，已在生态环境联防联控、基础设施互联互通、公共服务共建共享等方面取得一批合作成果。长江下游3省1市率先建立"三级运作、统分结合、务实高效"的合作协调机制，长江上游重庆、四川、贵州、云南4省市签署《关于建立长江上游地区省际协商合作机制的协议》，中游江西、湖北、湖南3省签署《关于建立长江中游地区省际协商合作机制的协议》，推动长江经济带发展形成了多层次的协商合作机制架构，并在落实工作部署上取得一定成效。上海、江苏、浙江、安徽3省1市的人大常委会分别通过各自省市的《关于支持和保障长三角地区更高质量一体化发展的决定》，首次在一个区域内各省级人大同步做出支持和保障国家战略实施的重大事项决定，这对完善长江经济带省际协商合作机制，实施更加有效的区域协同一体化发展具有示范引领意义。

总的来看，在以习近平同志为核心的党中央坚强领导下，推动长江经济带发展领导小组办公室会同有关部门和沿江11省市携手共进，认真贯彻落实习近平总书记重要讲话和指示精神，按照领导小组工作部署，扎实推进长江经济带发展各项工作，努力把长江经济带建设成为生态更优美、交通更顺畅、经济更协调、市场更统一、机制更科学的黄金经济带，共同奏响新时代的"长江之歌"。在顶层中层规划设计、生态环境保护修复、转型升级绿色发展、体制机制改革创新等方面取得了积极进展，显现出初步成效，共抓大保护格局已然形成。

二　长江经济带发展的政策着力点

基于长江经济带的四大战略定位、四大重点方面以及目前面临的生态环境形势严峻、区域协调发展力度不强等问题，推动长江经济带发展的政策着力点应瞄准以下七个方面。

（一）着眼于把握长江经济带发展的根本遵循

习近平总书记站在历史和全局的高度，从中华民族长远利益出发，系统谋划了长江经济带发展的全局性、根本性、战略性重大举措，为推动长江经济带发展掌舵领航、把脉定向，立下规矩、划定红线，是新时代深入推动长江经济带高质量发展的理论指导和根本遵循。对此，要重点把握三个关键点。

一是坚持"生态优先、绿色发展"理念，在推动长江经济带高质量发展中居于统领地位。习近平总书记强调，实施长江经济带发展战略要加大力度，必须从中华民族长远利益考虑，把修复长江生态环境摆在压倒性位置，共抓大保护、不搞大开发，努力把长江经济带建设成为生态更优美、交通更顺畅、经济更协调、市场更统一、机制更科学的黄金经济带，探索出一条生态优先、绿色发展新路子。① 近年来，长江流域废污水年排放量已突破 300 亿吨，长江水体恶化已成为流域生态安全和经济社会可持续发展的重要瓶颈，到了非下大决心整治不可的地步。如果继续遭到破坏，不仅会断了子孙后路，而且在我们这一代人就会遭到大自然的报复。因此，推动长江经济带发展必须坚持生态优先、绿色发展理念。

二是坚持"共抓大保护、不搞大开发"战略导向。习近平总书记明确指出，以共抓大保护、不搞大开发为导向推动长江经济带发展②，这是在新的历史起点上推动长江经济带发展的总体要求和基本遵循。"共抓大保护"，现阶段的关键是把握好"共抓"，增强系统思维能力，发挥好协同作用。长江经济带上下游、左右岸、干支流、江湖库是一个有机整体，必须将整个流域作为完整的单元来保护修复，以体现科学性、有效性。无论是水运、发电、防洪、灌溉，还是港口、岸线、产业发展，都要服从并服务于长江生态环境保护修复。"不搞大开发"，不是不要开发，而是要刹住无序开发、破坏式开发和超范围开发，开发必须在资源环境的承载能力之内，必须以保护修复长江生态环境为前提，走生态优先、绿色发展之路，实现科学、绿色、可持续的发展，在全国率先实现高质量发展。如果仍然沿袭老路，经济开发建设的规模强度超出了资源环境的承载能力，大开发就会演变为大破坏。

三是正确把握"五个关系"。习近平总书记强调，新形势下推动长江经济带发展，关键是要正确把握"五个关系"。第一，正确把握整体推进和重点突破的关系，全面做好长江生态环境保护修复工作。推动长江经济带发展，前提是坚持生态优先。要从生态系统整体性和

---

① 《习近平在深入推动长江经济带发展座谈会上强调　改革创新战略统筹规划引导以长江经济带发展推动高质量发展》，《人民日报》2018 年 4 月 27 日。

② 习近平：《决胜全面建成小康社会　夺取新时代中国特色和会议伟大胜利》，人民出版社 2017 年版，第 33 页。

长江流域系统性着眼，统筹山水林田湖草等生态要素，实施好生态修复和环境保护工程。要坚持整体推进，增强各项措施的关联性和耦合性，防止畸重畸轻、单兵突进、顾此失彼。要坚持重点突破，在整体推进的基础上抓主要矛盾和矛盾的主要方面，努力做到全局和局部相配套、治本和治标相结合、渐进和突破相衔接，实现整体推进和重点突破相统一。第二，正确把握生态环境保护和经济发展的关系，探索协同推进生态优先和绿色发展新路子。推动长江经济带绿色发展，关键是要处理好绿水青山和金山银山的关系。这不仅是实现可持续发展的内在要求，而且是推进现代化建设的重大原则。生态环境保护和经济发展不是矛盾对立的关系，而是辩证统一的关系。生态环境保护的成败归根到底取决于经济结构和经济发展方式。要坚持在发展中保护、在保护中发展，不能把生态环境保护和经济发展割裂开来，更不能对立起来。第三，正确把握总体谋划和久久为功的关系，坚定不移将一张蓝图干到底。推动长江经济带发展是一个系统工程，不可能毕其功于一役。要做好顶层设计，以钉钉子精神，脚踏实地抓成效。要深入推进《长江经济带发展规划纲要》贯彻落实，结合实施情况及国内外发展环境新变化，组织开展《规划纲要》中期评估，按照新形势新要求调整完善规划内容。要对实现既定目标制定明确的时间表、路线图，稳扎稳打，分步推进。第四，正确把握破除旧动能和培育新动能的关系，推动长江经济带建设现代化经济体系。发展动力决定发展速度、效能、可持续性。要扎实推进供给侧结构性改革，推动长江经济带发展动力转换，建设现代化经济体系。要以壮士断腕、刮骨疗伤的决心，积极稳妥腾退化解旧动能，破除无效供给，彻底摒弃以投资和要素投入为主导的老路，为新动能发展创造条件、留出空间，实现腾笼换鸟、凤凰涅槃。第五，正确把握自身发展和协同发展的关系，努力将长江经济带打造成为有机融合的高效经济体。长江经济带作为流域经济，涉及水、路、港、岸、产、城等多个方面，要运用系统论的方法，正确把握自身发展和协同发展的关系。长江经济带的各个地区、每个城市在各自发展过程中一定要从整体出发，树立"一盘棋"思想，实现错位发展、协调发展、有机融合，形成整体合力。①

（二）着眼于坚持生态优先、绿色发展，建立健全生态补偿机制

维护生态文明是长江经济带的第一要务。在我国经济由高速增长阶段转向高质量发展阶段过程中，污染防治和环境治理是必须跨越的一道重要关口。应当咬紧牙关，爬过这个坡，迈过这道坎。保持加强生态环境保护建设的定力，不动摇、不松劲、不开口子。一方面要优化资源利用结构，挖掘开放优势发展清洁经济，另一方面要通过加强对生态环境的保护来保证和提升生态环境质量。深入探索以流域为单元、以水资源保护为重点、统筹各类生态系统的生态整体保护与综合管理模式。具体来说，要在推进生态环境系统性保护修复上下功夫，要继续狠抓生态环境突出问题整改，全面排查生态环境问题及风险隐患，采取有力措施，逐项开展整改。要强化治本之策，将问题整改与推进生态环境污染治理"4＋1"工程和实施长江保护修复攻坚战行动计划紧密结合起来，实现问题整改和生态修复保护共促互补。

生态补偿也是实现生态环境改善和区域之间共赢的重要措施。可将生态补偿和区域协调发展结合起来统筹考虑，针对水土资源、生态环境等的污染、破坏和保护等问题，在区域内部和区域之间建立对受保护生态系统的经济和政策补偿机制。例如设立相应的补偿措施来弥补上游对保护生态环境所做出的努力，补偿形式可采取国家财政转移支付、专项补偿补贴、低息贷款、建立流域基金、排污权转让等方式。

（三）着眼于加快构筑综合立体交通走廊

在加快建设综合交通运输体系上下功夫，深入推进黄金水道建设，加快推进沿江高铁、枢纽机场、长江干线港口铁水联运、省际待

---

① 《习近平在深入推动长江经济带发展座谈会上强调 改革创新战略统筹规划引导以长江经济带发展推动高质量发展》，《人民日报》2018 年 4 月 27 日。

贯通公路等一批综合交通走廊骨干项目建设，进一步做好三峡枢纽水运新通道建设前期工作。积极发展多式联运，提高综合交通网络化、智能化、现代化水平。重点任务包括：提升黄金水道功能，稳步推动航道区段标准、船舶标准、港口码头管理、通关管理"四个统一"建设；完善综合运输网络，加快沿江铁路、省际待贯通高速公路、支线机场等重大基础设施项目建设；加快发展铁水、公水、空铁联运，着力解决各种运输方式之间的衔接问题，优化与中欧班列、水水中转和水铁联运等运输模式的高效衔接。

按照习近平总书记关于长江经济带综合交通运输体系的重要指示精神和 2019 年政府工作报告的要求，交通运输部专门出台了《贯彻落实习近平总书记重要指示精神 强化长江经济带综合交通运输体系建设工作方案》（以下简称《方案》），立足整体设计，充分发挥铁路、公路、水路、民航等自身优势和组合优势，力争通过 3 年左右的时间，在推动形成基础设施网络衔接一体、运输服务提质增效、技术创新深化应用、绿色安全水平稳步提高的长江综合交通运输体系方面取得明显进展。《方案》还明确了加快综合交通基础设施体系建设、着力提高综合交通运输的效益、强化科技与人才支撑、大力推进绿色交通发展、加强安全监管和应急体系建设五个方面的主要任务，抓紧解决综合交通运输面临的突出短板问题，加快推进武汉至安庆、宜昌至昌门溪、长江口南槽等重点航道项目建设，推进沿江高铁等重点项目前期工作，集中力量攻克国家高速公路省际待贯通路段建设，加快机场和临空经济区建设，为下一步全面推动形成长江经济带综合交通运输体系奠定基础。

（四）着眼于创新推动转型升级，打造创新增长极

推动长江经济带高质量发展应大力实施创新驱动发展战略，加快推进产业转型升级，推动绿色发展，深化对外开放。利用长江经济带、京津冀协同发展等国家宏观区域战略实施的机遇，充分发挥已高度发育的市场体系优势、技术创新优势，按照要素禀赋和主体功能区定位，依靠企业的创新意识和创新能力，发挥创新对于经济增长的重

大作用，积极引导具有发展潜力的大中型企业转型升级。重点需要做好：提高自主创新能力，加快上海具有全球影响力的科技创新中心和张江、合肥综合性国家科学中心建设等；推动产业转型绿色发展，优化沿江产业特别是重化工产业布局，打造世界级先进制造业集群，构建和完善长江经济带创新生态链；推进新型城镇化，推动沿江城市群和城市群内部各城镇错位发展；实施全方位对外开放，提高自由贸易试验区建设质量，加强与"一带一路"建设的融合。

大力吸引科技型企业等具备较强创新意识和能力的企业进入，制定相关优惠政策，让创新型企业落地、生根，借此培育长江经济带经济增长的新动能。发挥政府投入引导作用，鼓励企业、高等学校、科研院所、社会组织、个人等有序参与人才资源开发和人才引进，大力引进急需紧缺人才，加强区际人才交流，聚天下英才而用之。

（五）着眼于深化改革，加快构建共抓大保护的体制机制

从"T"字形战略出发，长江经济带和沿海地区同为国土开发的一级轴线，应将两条轴线放在同等重要的位置考虑。从国家政策层面和体制机制建设方面，切实确立长江经济带一级轴线的战略地位。

推动长江经济带高质量发展应认真落实"中央统筹、省负总责、市县抓落实"的管理体制，加强统筹协调，压实主体责任，进一步完善综合管控机制、水环境质量监测预警机制、省际协商合作机制和法制保障体系，形成共抓大保护合力。以建立生态环境保护硬约束机制为重点，加强规划管控，强化监测预警，深化省际协商合作，加快长江保护立法，推进生态环境协同治理，夯实共抓大保护的体制基础。重点任务包括：建立规划综合管控机制和负面清单管理制度；建立健全生态补偿机制，激发沿江生态保护动力；完善省际协商合作机制；完善长江环境污染联防联控机制和预警应急体系；强化水环境质量监测预警机制；加快长江保护法立法进程，实现保护长江生态环境有法可依。

（六）着眼于全面协调，实现整体繁荣

建设长江经济带多层次的区域协调平台，以协商和对话的形式推

动部门和区域之间的合作。一方面，可在现有协调形式的基础上，扩大参与的城市，分别建立整个长江经济带、上中下游地区内部及之间多层次的省部协调和区域协调平台，推动建立平等、自愿、互利原则下的多方协商机制，保障地方共同且有差异地承担长江经济带的生态环境保护、基础设施建设等公共性治理事务。另一方面，可建立保障相应协商成果能够落实的机制，重视发挥行业协会等专业组织的中介作用，发挥公众参与和监督的作用。

在充分发挥市场经济作用的前提下，以政府政策为引导，促进要素更加自由顺畅地流动，加速产业在长江经济带上中下游间转移的步伐，实现产业边际利润最大化，促进区域经济协调发展。结合主体功能区定位，优化产业布局，发挥产业的集聚优势，推动区域产业合理分工，最终实现长江下游地区工业发展要紧紧围绕"长三角地区的龙头作用"的区域总体战略，带动和帮助中游和上游地区发展；长江中游地区工业发展要依托现有基础，提升产业层次，推进工业化和城镇化协调发展；长江上游地区工业发展要同时紧紧围绕"西部大开发"战略，支持资源优势转化为产业优势，大力发展特色产业，加强清洁能源、优势矿产资源开发及加工。

国家可成立专门的规划与管理机构，负责协调上中下游之间的资源共享、环境风险共担的政策办法。其原因在于，对长江经济带面临的跨省份跨区域的重大事项，必须由中央政府出面来推动，或委托一个专门机构，赋予相应的权力，统筹协调上述问题，而这也是国外流域开发和管理的成功经验之一。

推动长江经济带发展领导小组办公室应进一步发挥好统筹协调、督促检查、调研评估等职责作用，强化各有关方面的协同联动。有关部门应按照职责分工，协同配合、主动作为，加强对地方的指导。沿江省市要切实履行主体责任，强化对市县的指导督导，确保各项工作落实到位。要在加大投资力度、加强宣传培训、严肃纪律问责等方面重点着力，切实推动解决重点难点问题，抓好各项工作落实到位。

（七）着眼于加大推动长江经济带发展的工作力度

习近平总书记在深入推动长江经济带发展座谈会上的讲话中指出，党的十九大对推动长江经济带发展作出了总体部署，中央经济工作会议作出了安排。要按照这些部署和安排，坚定信心，勇于担当，抓铁有痕、踏石留印，把工作抓实抓好。

第一，加强组织领导。各级党委和政府领导同志特别是党政一把手要增强"四个意识"，落实领导责任制，决不允许搞上有政策、下有对策，更不能搞选择性执行。这是对是否同党中央保持高度一致的重大考验。推动长江经济带发展领导小组要统一指导长江经济带发展战略实施，统筹协调跨地区跨部门重大事项，督促检查重要工作落实情况，对重点任务和重大政策要铆实责任、传导压力、强化考核。各有关部门要履职尽责、主动对表、积极作为，及时帮助地方解决工作中遇到的问题。沿江 11 省市党委和政府要加强领导，充实工作专班，压实责任、改进作风，确保工作落实到位。

第二，调动各方力量。"人心齐，泰山移。"推动长江经济带发展不仅仅是沿江各地党委和政府的责任，也是全社会的共同事业，要加快形成全社会共同参与的共抓大保护、不搞大开发格局，更加有效地动员和凝聚各方面力量。要强化上中下游互动协作，下游地区不仅要出钱出技术，更要推动绿色产业合作，推动下游地区人才、资金、技术向中上游地区流动。要鼓励支持各类企业、社会组织参与长江经济带发展，加大人力、物力、财力等方面投入。三峡集团要发挥好应有作用，积极参与长江经济带生态修复和环境保护建设。

第三，强化体制机制。要落实中央统筹、省负总责、市县抓落实的管理体制。中央层面要做好顶层设计，主要是管两头，一头是在政策、资金等方面为地方创造条件，另一头是加强全流域、跨区域的战略性事务统筹协调和督促检查。省的层面主要是做到承上启下，把党中央大政方针和决策部署转化为实施方案，加强指导和督导，推动工作开展。市县层面主要是因地制宜，推动工作落地生根。

第四，激发内生动力。要加强对有关部门、沿江省市、相关企业领导干部的专题培训，提高坚持生态优先、绿色发展的思想认识，形成共抓大保护、不搞大开发的行动自觉。要落实政府主体责任，强化企业责任，按照谁污染、谁治理的原则，把生态环境破坏的外部成本内部化，激励和倒逼企业自发推动转型升级。要做好宣传舆论引导工作，营造崇尚生态文明的良好氛围。要发挥广大人民群众积极性、主动性、创造性，共同守护好母亲河。①

坚定信念，笃定前行，才能打好推动长江经济带发展这场攻坚战、持久战。综合来看，长江经济带整体发展目标应是建设成为绿色发展示范区、生态建设示范区、区域协调发展示范区、沿海沿江沿边统筹开放示范区。当前，长江经济带发展势如破竹，尽管面临着一些问题，但我们已积累了长江大保护丰富的经验，在各方共同努力、统筹协调下，定能破除阻碍，疏通长江经济带发展的快车道，通过长江经济带高质量发展的长效机制建设，实现生态和发展互济共融、齐头并进，在建设"生态长江""绿色长江""安全长江"的基调下，建设"科学开发、绿色发展、可持续增长的长江"，合力把长江经济带建成生态更优美、交通更发达、经济更健康、市场更统一、区域更协调、开放更广阔、机制更科学的黄金经济带。

第二节　南向开放与长江经济带发展的互动

国家实行区域协调发展，既强调区域内部协调发展，又强调区域间的协调发展。就长江经济带发展战略与南向开放，地理区域上的自然耦合是二者协调发展的先天优势，二者一内一外，互为补充，共同推动着内陆沿江省市的开发开放。同时，二者呈"T"字形交叉，辐

---

① 习近平：《在深入推动长江经济带发展座谈会上的讲话》，《求是》2019 年第 17 期。

射范围极大扩大，对区域周边经济发展要素流动颇有裨益。此外，二者在生态建设、交通运输、产业发展等多个方面可实现协调互动，互惠互利，共同促进经济高质量发展。接下来，我们具体分析。

一　南向开放对长江经济带发展的促进与支撑

当前，推动长江经济带发展已经进入了一个新的历史机遇期，南向开放对长江经济带发展的促进与支撑主要体现在生态环境、综合运输体系、现代产业体系、内陆开发开放、区域协调、文化传承六个方面。

（一）有利于推动长江经济带生态建设，筑牢上游生态屏障

习近平总书记强调，要把长江经济带建设成为我国生态文明建设的先行示范带、创新驱动带、协调发展带。[①] 当前和今后相当长一个时期，要把修复长江生态环境摆在压倒性位置，共抓大保护，不搞大开发。四川、重庆等省市是长江经济带天然的上游生态屏障核心区，处在南向开放和长江经济带的联结点上，在国家生态文明建设中发挥着重要作用。

万里长江在四川交汇，留下最长的印迹，也使得四川成为长江上游重要的生态屏障和水源涵养地。近年来，四川实施"四向拓展，全域开放"立体全面开放格局，并突出南向建设与长江经济带战略的融合发展，在生态建设上，扎实推进节能减排、污染防治、国土绿化，生态环境保护领域法规体系亦日臻完善，长江上游最大一片天然林资源得到休养生息。2019 年 1—11 月，四川省 87 个国考断面水质优良率达到 97.7%，无劣 V 类水质断面，10 个出川断面全部达到国家考核要求，水质改善幅度位于全国前列。

南向通道的提出与发展，离不开中新（重庆）战略性合作、多式联运规范发展、中欧班列规模化运营的时代背景支撑。重庆是山水之

---

① 《习近平在推动长江经济带发展座谈会上强调　走生态优先绿色发展之路　让中华民族母亲河永葆生机活力》，《人民日报》2016 年 1 月 8 日。

城，又处于三峡库区上游，生态安全事关全国大局。推动长江经济带发展座谈会召开 4 年来，重庆紧扣南向通道和长江水道，把生态文明建设作为可持续发展的内在要求，开展"蓝天、碧水、宁静、绿地、田园"五大环保行动，加强生态系统保护和修复，加快生态环境协同保护治理，扎实推进节能减排，大力发展绿色低碳循环经济，完善生态文明制度体系，环境保护和生态建设取得显著成效。2019 年，重庆市纳入国家考核的 42 个断面水质优良比例达到 97.6%，同比提高7.1 个百分点，城市集中式饮用水水源地水质达标率为 100%，长江干流重庆段水质为优。

（二）有助于发挥长江黄金水道优势，推进交通基础设施互联互通

《长江经济带发展规划纲要》强调以长江黄金水道为依托，发挥上海、武汉、重庆的核心作用，以沿江主要城镇为节点，构建沿江绿色发展轴。"一带一路"南向开放与长江黄金水道呈"T"字形交错，有助于统筹推进长江沿线铁路、公路、水运、航空交通运输发展，发挥铁水联运、江海联运、铁空联运等多式联运优势，构建起多种运输方式有效衔接的优化布局、相互衔接的交通网络体系；有助于构建横向、纵向高速铁路网络，推进国家"八纵八横"高速铁路网目标早日建成；有助于加快长江上游干线和骨架支流航道治理，推进现代化港口集群和长江上游航运中心建设步伐；有助于完善省际高速公路、城市快速路、农村公路网络布局，实现通车里程、公路等级、通达（覆盖）范围的全面提升；有助于发挥长江经济带国际航空港快运优势，放大空港枢纽优势，加速国际空港商圈形成。铁、水、公、空四维并进，将加快长江经济带综合立体交通走廊建设步伐，对推动长江经济带绿色发展具有重要意义。

具体来说，外联方面，重点依托长江黄金水道、渝新欧铁路大通道、重庆—昆明—东盟铁路大通道和国际航空通道，"蓉欧＋"东盟国际铁海联运班列、川—桂—港（马）南向铁路通道等，构建向西直

达欧洲、向南连接东南亚和南亚、向东直抵太平洋的国际大通道，实现"一带一路"和长江经济带的对外贯通融合。内畅方面，进一步畅通各省市内部交通联系、完善各功能区域间、城乡间交通网络、建好农村"四好路"。互通方面，加快集疏运体系建设，推动各类运输方式的无缝衔接，努力提升综合交通枢纽整体效能。

基础设施互联互通，有利于资源要素流通更加顺畅、资源要素利用更加集约、资源要素配置与各功能区域定位更加契合，有利于强化各功能区域间有机联系、相互支撑，推进城镇、产业等优化布局，实现联动发展、协调发展、融合发展。

（三）有助于强化长江经济带改革引领、创新驱动，构建多极支撑的现代产业体系

推动长江经济带发展必须把发展现代产业体系作为重要支撑，构建现代产业体系必须把创新作为第一动力。总的来说，当前，长江经济带产业呈梯度分布，下游地区已步入城市群发展的高级阶段，区域内部协调分工体系相对完整，加工工业、轻工业比重较高，技术和资金密集度较高；中游工业发展水平大幅提高，原料工业和重加工工业较为突出；上游拥有丰富的矿产资源，工业结构以采掘业为特色，但中上游城市之间同质竞争特征较为突出，依然处于发展的初级阶段。长江经济带上中下游不同类型产业梯度势差明显，已经具备了产业转移的基础条件，中西部地区也正在加快成为我国未来工业的重要承载空间。

南向开放加快了长江经济带改革引领、创新驱动前进脚步。数据显示，在国务院批准的14个国家自主创新示范区中，位于长江经济带的就有武汉东湖高新、上海张江、苏南、长株潭、成都高新区和杭州高新区6个，国家发改委和科技部批复的创新型城市/城区在长江经济带中的10个省市都有分布，同时支持上海建设具有全球有影响力的科技创新中心，这都有助于长江经济带进一步形成创新驱动发展的空间格局。南向通道建成后，内陆省市与南部沿海城市的交流日益

密切，沿海城市先进的发展经验、改革理念、创新思维对内陆地区改革发展、创新驱动发挥着越加重要的推动作用。

南向开放对长江经济带构建多极支撑的现代产业体系具有积极意义，中西部产业发展"腾笼换鸟"势不可当。从内部产业发展来看，南部沿海产业，如智能制造、机械加工、电子信息等，已逐渐向内陆地区转移，四川省宜宾市临港经济开发区就承接了大量来自沿海地区的产业，致力于打造科技创新城。从外向经济来看，南向通道有助于长江经济带各省市通过建立飞地产业园区，主动承接粤港澳地区的产业溢出和产业转移，同时，引导国有投资平台和企业主动参与缅甸、老挝、泰国等国家的重要港口和园区建设，加快对外经济发展。

（四）有助于促进长江经济带内外联动、合作共赢，打造内陆开放高地

长江经济带开发开放程度不断深化。以自贸区建设为例，2019年，国家新批准的6个自贸区中有2个在长江经济带，至此，长江经济带11省市已有7个建立了自贸区。再看南向开放，重庆自贸区、四川自贸区、云南自贸区和广西自贸区都在南向通道上，仅贵州省尚未建立自贸区。由此也可看出国家对南向开放以及长江经济带开放发展的大力支持，以及两大规划各自对外开发开放的有利条件。

从我国自贸区建设进程也不难看出，内陆开放的力度不断加大，在南向开放的推动下，长江沿线城市向南，可深化与珠三角的合作，进一步拓展与港澳特区的合作，发挥香港"超级联系人"优势，南向融入"21世纪海上丝绸之路"。以四川为例，川港合作从地震援建、民间交流逐渐提升到地方政府间全方位和机制化合作，2018年，四川—香港投资与贸易合作交流会举行，川港合作项目签约仪式是重要环节，29个项目现场签约，涉及现代物流、食品饮料、装备制造等多个领域。"川港青年交流计划——巴蜀文化之旅"启动仪式及"2018香港青年巴蜀文化之旅"授旗仪式也在现场进行。进一步南向，长江沿线城市与东盟、南亚和大洋洲国家都保持着良好的经贸合

作关系，南向通道将促进合作有关各方在人文、生态、教育、产业等多方面的合作交流，推动外贸经济高质量发展。

同时，开发开放涉及两个层面，一个是"引进来"，这是开放的初级方式，长江下游省市已经分享了"引进来"的红利，中上游城市因身处内陆，不具备沿海沿边优势，仅仅依靠沿江开放不足以支撑起自身的开放战略，"引进来"举措实施成效在一定程度上低于下游省市。中上游城市，特别是上游城市，通过南向开放，就可打通一条路径相对最短的沿边开放通道，再结合长江黄金水道对接东部沿海，进一步实现沿海、沿边、沿江的多重开放体系，对吸引外资、开办合资企业具有积极意义。另一个是"走出去"，这是我国对外开放新阶段的重大举措，也标志着我国对外开放发展到了一个新层次。实施"走出去"战略，就是要鼓励和支持有条件的企业到境外投资办厂，带动国内出口或合作开发资源。南向通道衔接我国中西部和东盟两个极具经济增长潜力的区域，为促进长江经济带中上游地区发展和"走出去"提供了更大的平台载体。

（五）有助于加强长江经济带上中下游全面统筹协调，实现一体化均衡发展

习近平总书记在武汉主持召开深入推动长江经济带发展座谈会时强调，长江经济带不是一个个独立单元，要树立一盘棋思想。[①] 要坚持整体思维、系统思维，做好总体谋划。长江经济带作为流域经济，涉及水、路、港、岸、产、城和生物、湿地、环境等多个方面，是一个整体，必须运用系统论的方法，全面把握、统筹谋划。只有增强系统思维，统筹各地改革发展、各项区际政策、各领域建设、各种资源要素，使沿江各省市协同作用更明显，才能促进长江经济带实现上中下游协同发展、东中西部互动合作。只有增强发展的统筹度和整体性、协调性、可持续性，提高要素配置效率，才能把长江经济带建设

---

① 《为了一江清水浩荡东流——习近平总书记调研深入推动长江经济带发展并主持召开座谈会纪实》，《人民日报》2018 年 4 月 28 日。

成为生态更优美、交通更顺畅、经济更协调、市场更统一、机制更科学的黄金经济带。

当前，长江经济带流域经济发展不平衡现象较为突出，下游经济实力强，发展程度高，带动劲头足，中游接力，上游则次之。对于下游，2019 年 12 月 1 日，党中央、国务院印发《长江三角洲区域一体化发展规划纲要》，长三角一体化上升为国家战略，这一举措将带动整个长江经济带一体化发展的步伐。对于中游，《长江中游城市群发展规划》早在 2015 年 3 月就获国务院批复，已经取得了显著成效，特别是武汉城市圈、环长株潭城市群、环鄱阳湖城市群为主体形成的特大型城市群的发展。对于上游，一方面，国家在城市群带动上作了部署，2020 年年初召开的中央财经委员会第六次会议提出大力推动成渝地区双城经济圈建设，推进成渝地区统筹发展，促进产业、人口及各类生产要素合理流动和高效集聚，强化重庆和成都的中心城市带动作用，使成渝地区成为具有全国影响力的重要经济中心、科技创新中心、改革开放新高地、高品质生活宜居地，助推高质量发展。另一方面，需要开发开放，即通过南向开放加以促进和支撑，让云南、贵州等省份融入长江上游的协调发展，形成长江上游高质量发展的重要增长极。这样，上中下游三大区域齐头并进，就可形成一个全面统筹、协调发展的局面，长江经济带一体化均衡发展的步伐也将迈得更加坚实。这里需要特别指出的是，南向开放通过长江水道向东衔接 21 世纪海上丝绸之路，还可进一步串联起上中下游的协调发展，特别是在港口建设、对外开放、航道运输等方面。

（六）有助于加强文脉传承，焕发长江文化新魅力

习近平总书记强调，要保护传承弘扬长江文化①。长江沿线国家历史文化名城众多，集聚了巴蜀文化、荆楚文化、吴越文化三大古文化，文化底蕴浓厚、挖掘潜力巨大、传承任务艰巨。推动长江经济带

---

① 《习近平在全面推动长江经济带发展座谈会上强调　贯彻落实党的十九届五中全会精神　推动长江经济带高质量发展》，《人民日报》2020 年 11 月 16 日。

发展，一定要保护和传承好历史文化，把历史文脉有机融入城乡风貌中，让长江文化绵延相传。近年来，长江沿线各省市持续强化历史文化保护的刚性，增强文物、遗迹、非物质文化遗产以及古村落、古镇等保护力度，坚决防止借改造之名搞大拆大建、拆真建假。加强文化整理和研究，注重历史文化的挖掘与弘扬，把历史文脉有机融入城乡风貌中，让历史文脉绵延相承。探索历史文化遗产的合理利用、活态利用，将保护历史文化与发展特色旅游、推进脱贫攻坚等有机结合，积极开展传统风貌街区保护修缮利用、特色小镇建设等工作。下一步，我们需要将长江文化传承好，一方面，通过长江黄金水道，加强流域非物质文化遗产挖掘，重点涉及神话传说、音乐歌舞、戏剧曲艺、竞技赛巧、美术雕刻、陶瓷漆器、医药保健、民俗节庆八大领域；另一方面，则是通过南向通道、21 世纪海上丝绸之路等，弘扬长江文化魅力，让更多国际友人认识、感受长江文化历史积淀，焕发长江文化新魅力。

二　长江经济带发展对南向开放的促进与支撑

物理学上力的作用是相互的，那么，长江经济带发展对南向开放又有哪些促进与支撑呢？研究分析发现，重点在以下几个方面。

（一）有利于推动南向新通道建设，构建南向综合运输大通道

南向通道与最早起源于重庆的中欧班列铁路运输和长江水运实现对接，接南连北，承东启西，构建起西部地区对外通道新格局，形成"一带一路"经西部地区的完整环线，成为极具战略意义的陆海贸易新通道。如今，南向通道已经初步展现了它独特的优势，但我们仍要看到，它仍处于市场培育期，主要依靠地方政府和民间企业推进通道建设，力度受限、进度稍慢。

长江经济带发展是当前国家区域发展战略主阵地之一，可与南向开放抱团取暖，协同发展，这有利于实现南向开放的顶层设计，进而提升定位、强化顶层推动。可考虑由国家相关部委牵头，组建南向开

放规划的领导机构与规划研究团队，研究制定具有高度可行性、可操作性的《"一带一路"南向开放规划》，并把规划上报国务院批复。同时，加大建设力度，像支持中欧班列发展一样，广泛开展南向通道沿线国家海关国际合作，促进沿线国家监管部门"信息互换、监管互认、执法互助"，提升通道贸易便利；顺应沿边地区水果、冻品、木材等贸易需求，进一步加快边境公路口岸开放，加大沿边沿海物流节点卡口、监管设施智能化、标准化建设应用；统筹推进口岸与属地海关间执法合作，提升全国海关通关一体化效能。进一步打通南向这一西部陆海新通道，实现南向沿边开放与长江经济带沿江沿海开放的无缝衔接。

进一步来说，强化交通互联互通，夯实南向开放基础构建南向综合运输大通道。以畅通南向进出通道为重点，在充分发挥既有线路运输能力基础上，进一步完善路网体系，优化通道结构，铁路建设应摆在突出位置，在开行蓉欧班列、成都—宜宾—钦州班列及铁海联运的同时，打造成都—宜宾—西昌—攀枝花—瑞丽—缅甸皎漂的江铁海联运通道，近期可先行打通宜宾—西昌—攀枝花重载铁路。全面提升综合交通枢纽服务功能，大力推进国际航空枢纽、国际铁路枢纽建设。强化集疏运基础条件。完善综合交通枢纽集疏运体系，打通连通枢纽的"最后一公里"，完善现代集散转运设施，促进各种运输方式高效衔接。

（二）有利于促进区域协调发展，构建全面开放新格局

南向通道是我国广大西部地区通往东南亚乃至全世界一条重要的陆海贸易路径，实现了"丝绸之路经济带"与"21世纪海上丝绸之路"的南向海洋对接，并通过中欧班列实现了"丝绸之路经济带"南北大通道之间的有效黏合，可有效激活我国广大中西部地区的后发优势。

长江经济带天然地串联起我国东中西部的发展，与南向通道并驾齐驱，促进了区域经济的协调发展，特别是长江上游与南向通道衔接

区域的协调发展。同时，长江向东对接长三角一体化发展战略，实现东向出海；向南对接粤港澳大湾区，进一步地实现对南亚、东南亚、中南半岛经济地区的开放；向西，开放引领新一轮的西部大开发，带动甘肃、青海、新疆、宁夏等省区的进一步开发开放，特别是在清洁能源合作方面，积极推进与中亚地区的合作，探索建立长效的合作机制，支持国内大型企业有关单位到阿拉伯国家及中亚、南亚、东南亚、非洲等地区进行油气天然气的合作；向北，对接中蒙俄经济走廊，实现与陆上丝绸之路对接，拓展欧洲市场的开放。综合来看，长江经济带发展有利于实现南向通道区域协调发展，有利于构建陆海内外联动、东西双向互济的开发开放新格局。

　　具体来说，长江经济带发展将有利于扩大区域协同合作，优化南向开放布局、深化省际交流合作。推广运用"高层带动、部门联动、社会参与、市场运作"合作模式，可夯实川桂渝滇黔等省（区、市）合作基础，在更大范围、更宽领域、更深层次上加强交流合作。有利于新加坡与粤港澳大湾区合作。深化泛珠区域合作，提升内陆省市—广东合作机制，借鉴复制广东自贸试验区成功经验，深化在东中西部扶贫协作、优势产业、科技创新、文化旅游、社会事业等领域合作，主动承接珠三角地区产业转移，助推内陆经济高质量发展。进一步发挥好"内地与香港关于建立更紧密经贸关系的安排"（CEPA）机制作用，加强现代金融、国际贸易、文化创意、旅游等领域合作，鼓励内陆企业赴港上市融资，参与国际并购和开展国际化经营，推动内地与香港合作互利迈上新台阶。借助澳门作为世界旅游休闲中心、中国与葡语国家商贸合作服务平台的特殊作用，建立内地与澳门合作机制，加强与澳门及葡语国家在商贸物流、文化旅游、生态环保、生物医药等领域合作。扩大与东南亚、南亚国家经贸合作。积极搭建南向经贸产能合作对话平台，主动参与中国—东盟框架合作，有序与东南亚、南亚国家开展经贸人文科技交流，加快融入南向自由贸易网络，助力中国—东盟自贸区升级版建设。

（三）有利于壮大特色优势产业，加速南向开放外向型产业发展

我国深入实施以市场为导向的资源优势转化战略。在大力实施"中国制造2025"的大背景下，长江经济带发展有利于南向通道各省市承接国内外产业转移，并在转型中升级，进而壮大特色优势产业。

四川省的做法是：在推动畅通南向通道深化南向开放的合作中，深度融入全球产业链、价值链和供应链，全面提升四川在国内外产业分工中的地位，支持各市（州）积极申报、建设国家级外贸转型升级基地，形成具有区域国际影响力的外向型产业平台。大力发展茶叶、果蔬、林竹和中药材等优势特色农业，扩大高原生态农产品、亚热带特色农产品等出口，加快特色农业基地和农产品出口标准化基地建设，带动农业技术推广应用和农产品出口。着力壮大电子信息、汽车制造、食品饮料等特色优势产业，培育发展新一代信息技术、新能源、新材料、高端装备、节能环保等战略性新兴产业，延伸产业链、提升价值链、优化供应链，形成产业竞争新优势。构建开放安全的服务贸易体系，鼓励开展双边服务贸易合作，深化金融服务、文化旅游、医疗康养等领域交流合作，鼓励发展研发设计、检验检测、信息服务等领域服务贸易与服务外包，加快数字经济发展和技术转移出口，打造国际化现代服务业高地。同时还从提升"四川造"品牌影响力、扩大南向国际产能合作、推动产业合作园区建设等方面作了具体部署。

（四）有利于开拓南亚、东南亚市场，推动外向型经济发展

南向开放很重要的一个方面是推动国内企业"走出去"，在长江经济带发展的推动下，南向通道沿线省市，可进一步借助长江黄金水道、21世纪海上丝绸之路，实现与东南沿海省市的对接，这些省市包括南部沿海省份与南亚、东南亚国家或地区的经贸往来由来已久，基础扎实，有利于带动南向通道沿线省市企业开拓南亚东南亚市场，推动外向型经济发展。

近几年，南向通道沿线省市主动服务和融入"一带一路"建设、

长江经济带发展，建设面向南亚东南亚辐射中心已经有了具体实践，在很大程度上发挥了外经外贸在带动创业就业、促进农民增收、增加财政收入、拉动经济增长方面的突出作用。下一步，国内有条件的企业要继续利用好国内外"两种资源、两个市场"，立足当地和南向通道、放眼全球，以更加开阔的视野和胸怀实施"走出去"战略，真正把南向沿线省市打造成为面向南亚东南亚的果蔬产业辐射中心；企业间还要有抱团发展、团队作战的合作精神，通过战略统筹、共享发展，打造外经外贸企业发展的"航空母舰"；更要强化制度建设、培育团队人才，不断提高企业自身管理水平，把企业做大做强、做成"百年老店"。各级政府要找准主攻方向、突出工作重点，主动作为，刷新对外开放的"南向速度"。要培育载体建设平台，积极搭建国际化专业开放平台，打造面向全国、辐射南亚东南亚及港澳地区的区域性国际农产品交易中心，积极抢抓"互联网＋"发展机遇，搭建好电子商务平台，不断扩大线上线下的销售规模和市场。要紧盯市场抓产业，进一步发挥地域特色优势，围绕本地特色产业，打造面向南亚东南亚的辐射中心。要优化服务抓落实，支持好外经外贸企业拓展国际市场，帮助企业解决好融资难、融资贵等困难和问题，增强企业发展信心和动力。

（五）有利于推动中外文化交流，强化人文合作

南向开放规划的历史溯源是南方丝绸之路。南方丝绸之路是我国古代西南地区一条纵贯川滇两省，连接缅、印，通往东南亚、西亚以及欧洲各国古老的国际通道。它和西北丝绸之路、海上丝绸之路同为我国古代对外交通贸易和文化交流的主要通道。远在四千年前，四川盆地就存在着几条从南方通向沿海，通向今缅甸、越南、印度地区的通道。目前，我国推进南向开放，是在古代南方丝绸之路的基础之上，涵盖经济联系密切的附近区域，形成南向开放的地理范围。

在南方丝绸之路经济线、地理线上，孕育了古印度和中国两大文明，文化交流亦亘古有之，最为人们熟知的是佛教文化的交流。21

世纪以来，中国与南亚、东南亚的经济合作越加密切，文化交流的方式、种类也不断增加。比如中国—南亚博览会、南亚东南亚国家商品展、中国—南亚东南亚智库论坛、澜湄合作等交流层出不穷。依托长江经济带，这些南向开放的文化交流逐步走进内陆的长江上游地区，加深云贵川文化与南亚东南亚文化的碰撞，有利于产生更多经济合作的果实，这在留学生基地建设、飞地产业园区建设等方面尤为重要。随着长江经济带发展和南向开放的不断深入，中国与南亚、东南亚地区的人文合作也将更上一层楼，进一步地有望构建文化角度的"人类命运共同体"。

第六章　南向开放与海南自贸港 建设的协同

第一节　海南自贸港建设

一　海南自贸港建设的当前状况

2017 年 10 月 18 日，习近平总书记在党的十九大上提出要赋予自由贸易试验区更大改革自主权，探索建设自由贸易港。2018 年 4 月 13 日，习近平总书记在庆祝海南建省办经济特区 30 周年大会上（以下简称 "413" 重要讲话）宣布，党中央决定支持海南全岛建设自由贸易试验区，支持海南逐步探索、稳步推进中国特色自由贸易港建设，分步骤、分阶段建立自由贸易港政策和制度体系。[①] 2018 年 4 月 14 日，中共中央、国务院正式对外发布《关于支持海南全面深化改革开放的指导意见》（以下简称《指导意见》），明确了海南自贸港全面深化改革开放试验区、国家生态文明试验区、国际旅游消费中心和国家重大战略服务保障区的战略定位。这一系列政策的密集出台，表明国家对海南探索建设自贸港寄予厚望。海南探索建设自贸港不仅是我国深化改革开放、扩大对外开放、积极推动经济全球化的重要举措，而且对我国经济结构调整、促进经济增长、更加积极主动地参与全球贸易具有重大意义。

[①]　习近平：《在庆祝海南建省办经济特区 30 周年大会上的讲话》，《人民日报》2018 年 4 月 14 日。

自 2018 年以来，海南省坚决贯彻落实习总书记"413"重要讲话和《指导意见》相关部署，分步骤、分阶段推进海南全岛自贸试验区建设，研究提出自贸港政策和制度体系，取得了一系列阶段性的发展成果，为海南自贸港建设打下了坚实的基础，全面深化改革实现了良好开局。

第一，试点任务扎实落地。2018 年 10 月 16 日，国务院发布了《中国（海南）自由贸易试验区总体方案》（以下简称《总体方案》）。《总体方案》明确了海南自贸港所需承担的试点任务，即在充分吸收现有自贸试验区试点内容的基础上，进一步增加包括医疗卫生、文化旅游、生态绿色发展等在内的具有海南特色的试点内容。目前，所确定的试点任务中有 97% 的任务已经顺利完成。

第二，制度创新成果不断涌现。制度创新是海南自贸区建设的重点任务，也是未来建设海南自贸港的核心所在。从 2019 年开始，海南省先后发布了包括商事登记"全省通办"制度、全国首创设立"候鸟人才"工作站、无税不申报、大数据集成创设旅游消费价格指数指标体系在内的 6 批共 71 项制度创新案例，同时还建立了政府系统制度创新项目库。这些制度创新案例涉及范围广、实用价值高，具有较大的复制和借鉴意义。

第三，营商环境持续优化。2018 年 12 月，海南省通过对标世界银行标准，制定和落实了《海南省优化营商环境行动计划（2018—2019）》（以下简称《行动计划》）。《行动计划》包括开办企业、获得施工许可、财产登记、获得信贷和改善融资环境、跨境贸易、保护投资者等 11 个方面，共 40 项改革措施。此外，海南在实行全国统一的市场准入负面清单的同时还出台了海南省产业准入禁止限制目录。国际贸易"单一窗口"标准版 15 项功能全部落地运用，并纳入离岛免税等特色应用，进口、出口通关时间均压缩一半以上。海南还制定实施了更加开放的注册会计师、律师条例，完成了清理拖欠民营企业中小企业账款年度任务。这些举措对海南进一步打造法制化、国际化、便利化的营商环境，加快建设与国际投资和贸易规则相衔接的制度体系，以更高水平的开放推动海南自贸区、自贸港建设起到了巨大的推动作用。

第四，招商引智任务加速推进。一方面，海南大力开展招商引资活动。2018 年 5 月 20 日，海南开展了"2018 中国（海南）自由贸易试验区（港）百日大招商（项目）活动"（以下简称"百日大招商"）。"百日大招商"以旅游业、现代服务业、高新技术产业为主导进行招商，加速了市场主体的集聚。截至 2018 年 12 月底，海南已签署各类招商协议 230 个，海南认定总部企业 30 家，引进外资企业 167 家，同比增长 91.95%，实际利用外资同比增长 107.27%。另一方面，海南加大人才引进力度。自 2018 年 5 月海南省政府发布《百万人才进海南行动计划（2018—2025 年)》以来，海南重点用人单位共引进人才 8.3 万余人、同比增长 4.2 倍，其中，有 7700 多名国际人才来海南工作，同比增长 52%。海南通过招商引资引进了大量先进设备，从而可以吸引更多优秀人才进驻。而优秀人才的进驻，又可以带动先进设备的不断引进，二者之间形成了一个良性循环。

二 海南自贸港建设的政策着力点

党中央在《指导意见》中明确了海南担负新使命建设的具体时间表："到 2025 年自由贸易港制度初步建立，营商环境达到国内一流水平；到 2035 年，自由贸易港的制度体系和运作模式更加成熟，营商环境跻身全球前列。"2020 年作为海南自贸港建设的开局之年，备受世界瞩目，其重要性不言而喻。因此，为了更好地完成党中央的战略部署，海南需要利用政策突破来提高海南自贸港建设的竞争优势，把高水平开放的制度优势转化为高质量发展的有效动能。

（一）创新税收制度，构建更加完整的自贸港税收政策体系

海南自贸港的制度性优势，是由"境内关外"管理属性以及与之相关的"无税之地"经济属性所带来的。因此，海南自贸港需要在

税收政策上"大胆试、大胆闯、自主改",构建特殊的、优惠的税收政策体系,打造税收制度的最优平台。一是对自贸港一线货物实行全部免税。在自贸港一线,除了货物所有人主动申请通关缴税或者申请保税状态,其他货物都不应产生税收负担。二是对自贸港的加工制造货物、离岸业务及特定对象给予税收优惠。例如,对于二线出港进境货物,即海南销向其他省份的货物,给予税收优惠。对海南自贸港离岸业务的企业所得税减按15%征收,对海南自贸港适用一批特定税收优惠政策,包括对特定地区优惠、特定企业优惠、特定用途优惠,等等。三是创新"保税功能 + 服务"税收政策拓展保税功能,和各种现代服务业结合起来,推进自贸港产业向价值链高端拓展。四是创新"互联网 + 征纳"税收政策应用各种新科技,全面建成互联网办税平台,搭建自贸港便利化征纳环境;五是创新征管模式和税收业态。推进税收征管改革,建设诚信规范的现代化税收治理体系。六是构建反避税的配套机制。针对国际上自贸港普遍面临的避税问题,加大税收风险防控力度。

(二)深化竞争中立制度,营造更加公平的市场环境

竞争中立的原则是尊重公平的市场环境的体现,也是未来新一轮贸易投资制定的基本制度。竞争中立制度是对接国际最高开放程度的规则,代表着国际范围内认可的标准话语权。竞争中立作为一种有效提高市场资源配置效率的机制,也是我国创造公平的竞争环境的必然之路。一是基于竞争性国有企业和公益性国有企业的基本分类,坚持中国特色的竞争中立规则。对于竞争性的国有企业来说,可以考虑在自贸试验区范围内逐步取消其在资本市场具有政府背书的特殊优惠待遇,提高其自主竞争的能力。对于承担社会责任、担负公共服务职能的公益性国有企业来说,鉴于其在社会层面承担社会责任,不能用一视同仁的方式对待其在经济领域的竞争能力,可以参照国际经贸规则的通行做法予以适当补贴。二是配套设立高标准的信息披露制度,提升市场信息的透明度。"竞争中立"的主要作用在于市场经济条件下

追求自由而公平的竞争，实现资源的有效配置。但是考虑到市场经济自身存在的缺陷性，提高市场信息透明度，对标国际标准的贸易规则成为自贸港建设的重要诉求。因此，建议海南在探索自贸港建设的过程中实施高标准的信息披露制度，对于部分承担社会性责任的国有企业，可以独立披露和公示其获得的相关政府补贴。三是建立竞争中立配套的监管制度。在自贸港内实施高标准的信息披露制度需要相应的监管制度相匹配，并辅以相应的申诉制度作为后盾。中立的市场环境需要监督和维护，尤其是企业在具体运作过程中遇到不公平待遇，或者企业信息公布过程中遇到困难，配套的申诉机制和机动的政策调整可以完善竞争中立的市场环境。

（三）创新贸易业态，寻求新的贸易增长模式

近年来，数字贸易快速发展，成为具有代表性的贸易新业态、新模式。因此，海南应在数字贸易的规则制订和业态发展方面加大突破力度。一是在海岛范围内，考虑分线管理国际互联网接入，加大互联网的开放力度，尤其是适当放开互联网中心的数据业务的开放程度。在特定领域和专业服务方面，探索建立跨境信息数据传输规则，实现特定领域数据资源的跨境流动和交易；探索开放在线专业服务、健康服务等数字贸易领域的跨境交付，并建立与之相配套的事中事后监管制度。二是分层次放开部分数据跨境流动，实施"白名单"制度，探索建立跨境数据流动的分级制度。如将政府、企业、商业以及个人的数据流动进行分类，并对其安全等级进行评估，可以分为禁止、限制和自由流动类数据，使之能安全地、有条件、有秩序地跨境流动。例如在区内放开学术、研发等相关网站的访问限制，并逐步扩大访问领域。对于可能涉及安全性的跨境数据流动，采用"申报—评估—批准"的方式，保证跨境数据安全有序流动。三是在保障网络安全基本要求的基础上，赋予海南自贸港探索建立与跨境数据流动的部分自主权相配套的数字贸易监管自主权。尤其是在商业领域的跨境支付类数字贸易的发展，可以借助跨境远程医疗、跨境在线教育作为试点突

破，探索分级监管模式。

（四）创新法律制度，形成海南自贸港法

制度设计和制度创新是海南建设中国特色自贸港的根本所在，其中，法律制度的创新不容忽视。我们不仅要以法律制度为依托，还要以法律制度创新来推动海南自贸港建设。创新法律制度并形成海南自贸港法主要具有三大作用，一是为营造健康的营商环境保驾护航；二是通过发挥法律制度创新优势，促进社会经济发展，同时还可以巩固海南自贸港的改革成果；三是可以提升海南自贸港的法制化建设水平，争取早日达到国际一流水平。另外需要特别注意的是，海南自贸港在创新法律制度时，要处理好中央立法权和地方立法权、政府管制和市场自治、公法责任和私法责任、国家政策和国家法律等方面的关系，同时，采取合适的法律创新路径，例如，以法治实现为目标，以制度激励社会公众参与公共治理和完善社会纠纷解决机制等，最终实现海南自贸港建设的良性发展。

（五）创新金融制度，建设中国特色海南自贸港金融中心

现代服务业是海南自港建设的重点领域，金融是现代服务业的重要组成部分。对标全球主要自贸港可以发现，海南自贸港金融建设存在明显差距，许多方面无先例可循，也无成功经验可供借鉴，正面临着巨大的挑战。但金融业开放是自贸港开放的重要内容，是自贸港开放程度的直接体现，相对容易通过打造"制度高地"来形成"资金洼地"，吸引和集聚全球资金和资源，形成具有中国特色的海南自贸港金融中心。一是进行外汇管理改革，真正实现"一线放开"。中国人民银行 2019 年工作会议明确提出："探索自贸区、自贸港外汇管理改革先行先试。"海南应当率先进行外汇管理改革试点，对标全球主要自贸港的外汇管理实践，通过"一线放开"实现资金的自由流动。二是在海南推进人民币资本项目可兑换。人民币是海南自贸港内的法定货币，各类经济活动均以人民币支付。海南应以自由贸易账户为基础，推进人民币资本项目可兑换。三是加快建立离岸市场的金融法律

体系。海南要成为一个具有在岸和离岸双重性质的市场，在法律体系方面，既要坚持现有的以成文法为基础的大陆法律体系，又可探索在基于中国的成文法系基础上建立适用于离岸业务的、为国际金融机构和客户所熟悉的、以判例法为基础的英美法律体系，实现两者的融合与互补。同时，要研究司法判决或仲裁裁决执行的国际协作问题。这是中国特色自由贸易港制度安排在金融领域的探索任务，也是海南自贸港市场化、国际化、法治化的应有之义，应当纳入目前正在开展的海南自贸港立法研究中。四是放松准入门槛，降低税负水平，建立与内地市场的投资通道，吸引外资金融机构进驻。外资金融机构的进驻是自贸港开放程度的重要体现，也是金融市场开放服务开放型经济并形成良性互动的重要一环。五是打造新的金融交易平台。海南新的交易平台的建设，要体现特色化、差异化，实现与现有平台的错位发展、协同发展。应以符合海南产业发展方向的大宗商品为主，基于海南的特色和资源，围绕种业、医疗、教育、体育、电信、互联网、文化、维修、航运等重点领域，建立知识产权交易平台、国际种子交易平台、国际航运交易平台等。

第二节　南向开放与海南自贸港建设的互动

从国际层面来看，2008 年国际金融危机后，贸易保护主义不断抬头，逆全球化趋势盛行。从国内层面来看，党的十八大以来，我国经济进入"L"形发展阶段，经济转型升级迫在眉睫。"一带一路"倡议与海南自贸港战略正是根据国际国内形势变化与时俱进提出来的新的改革开放举措，二者的核心都是为了促进我国经济的可持续发展，从而构建出更高水平的开放型经济体系。一方面，南向开放的主要区域是我国的西部地区，主要包括四川、云南、贵州、广西、西藏、重庆六个省（自治区、直辖市），对加强我国与南亚、东南亚和西亚沿线国家经济合作具有重要作用。另一方面，党中央在《指导意见》和《总体方案》中都明确提出要把海南打造成为我国面向太平洋和印度洋的重要对外开放门户，成为"21 世纪海上丝绸之路"的重要节点。

一　南向开放对海南自贸港建设的促进与支撑

南向开放自提出以来，国家便采取各种措施将其落到实处。其中，海南自贸港的建设就是其中的一个具体举措。因此，探讨南向开放是如何助推海南自贸港建设，是检验南向开放实际价值的重要试金石。

（一）有助于加大对海南自贸港的开发开发力度

南向开放覆盖了南亚和东南亚国家将近 23 亿人口，形成了一个巨大的市场。一方面，通过南向开放，可以推动我国与南亚、东南亚国家的区域合作和国际经济交流，从而形成更有效、更长期的贸易关系。另一方面，通过对沿线国家进行基础建设投资，可以优化沿线国家的营商环境，从而带动贸易发展。这两个方面均为海南自贸港建设营造出了一个优良的外部环境，从而助推海南自贸港建设。

（二）有助于提高海南自贸港的国际影响力

南向开放的实施可以扩大我国对南亚、东南亚国家的影响力，而海南自贸港由于拥有靠近东亚与东南亚之间的国际深水航道，因此，其与南亚、东南亚国家的贸易往来也十分密切。南向开放的实施不仅能带动西部地区与海南整个区域的联动发展，对提升海南自贸港在东南亚国家的经济地位乃至国际影响力也可以起到至关重要的作用。

（三）有助于为海南自贸港引入先进技术、经验、资金以及高素质人才

海南省在探索建设海南自贸港的过程中，高水平的科技研发人员以及资金问题是阻碍其建设的一个重要短板。海南省内的高等院校和科研机构相对全国而言较少，而且现有的人才培养方式依旧是重理论轻实践的方式，与建设自贸港的高要求极其不匹配，这直接导致高素

质人才的作用无法得到充分发挥。当下，企业通过自主创新参与国际竞争从而实现企业的长远战略目标都需要高精尖依赖人才，海南自贸港的建设更是如此。而南向开放使中国企业"走出去"参与国际竞争的同时，也促使国外先进的技术以及人才等资源"引进来"。海南自贸港作为全球最大的自贸港，享受国家政策的倾斜，因此，这些由南向开放"引进来"的资源会优先供给海南自贸港，从而解决海南自贸港目前所面临的国际人才、先进技术、资金匮乏等一系列问题。

（四）有助于提升海南自贸港的基础设施建设水平

30 多年来，海南经济发展迅速，但与沿海省份的差距不仅没有缩小，反而还出现了扩大的局面。虽然海南省十分注重基础设施的建设与完善，尤其是斥巨资大力构建交通基础设施，基本实现一体化的运输网络，但是相比国内成熟的自贸区，海南的交通基础设施建设仍然存在差距。海南自贸港的建成势必会给岛内交通运输带来很大压力，而运输能力不足又会限制自贸港的快速发展。因此，通过南向开放倒逼海南自贸港创新改革，提升岛内基础设施水平，扎实推进自贸港建设。

（五）有助于促进海南自贸港企业的转型升级

虽然中央明确海南自贸港应以发展现代服务业为重点，但是与国内其他省份一样，海南省目前仍旧存在许多传统产业。这些产业或者面临产能严重过剩问题，或者面临产业转型升级问题，这都是海南建设自贸港亟须解决的重大关键问题。因此，通过南向开放，不仅能促进海南自贸港企业的转型升级，还能带动海南自贸港的经济发展。

二　海南自贸港建设对南向开放的促进与支撑

习近平主席在"413"重要讲话中要求海南要利用建设自由贸易港的契机，加强同"一带一路"沿线国家和地区开展多层次、多领域的务实合作，建设"21 世纪海上丝绸之路"的文化、教育、农业、旅游等交流平台，在建设"21 世纪海上丝绸之路"重要节点上迈出更加坚实的步伐。此外，国务院在《指导意见》和《总体方案》中都明确要求海南深度融入"一带一路"建设，加强与"一带一路"沿线国家的国际合作。海南连接南海贸易通道，拥有得天独厚的地理位置和优良的深水港，不仅是"一带一路"倡议的重要支点，也是我国走向南海、走向亚太，在更大范围发挥其辐射作用的新的开放载体。因此，海南自贸港建设对南向开放也具有重要的促进与支撑作用。

（一）有助于聚集南向开放中所需的各类生产要素

海南作为我国面向太平洋和印度洋的重要门户，曾经是"海上丝绸之路"从国内到东南亚的商贸要塞，如今依托政策支持，成为"一带一路"的国内最南端的支点，因此，海南不仅需要发挥桥梁作用，也要发挥开放的入口作用。海南通过建设自贸港，可以充分发挥其独特的区位优势、政策优势，加快人才、资金等各类生产要素的聚集，为实施南向开放提供坚强的软硬件支撑。由于海南自贸港建设与南向开放在诸多产业和要素调节中将会产生巨大的产业、金融和区域创新的机遇，因此，我们不仅可以把海南自贸港发展成为南向开放上要素聚集、有较强经济辐射和联动作用的关键节点，还可以使其发挥优化南向开放中沿线国家资源配置的作用，成为南向开放的助推剂。

（二）有助于积累南向开放贯彻落实的发展经验

习近平总书记指出，海南是我国最大的经济特区，地理位置独特，拥有全国最好的生态环境，同时又是相对独立的地理单元，具有成为全国改革开放试验田的独特优势。因此，海南作为唯一全域推行自贸区并探索建设自贸港的独立单元，通过在全岛范围内对自贸港试点政策进行"先行先试"，建成投资贸易便利、法制环境规范、金融服务完善、监管安全高效、辐射联动作用突出的高水平自贸港，一方面，可以为我国南向开放的落实积累丰富经验；另一方面，也可以成为向世界展现我国新一轮改革开放和南向开放发展成果的重要窗口。

（三）有助于打造南向开放的国家平台

海南自贸港因实施了非常自由的贸易政策，对世界各国产生了极大的吸引力。因此，利用海南自贸港的号召力，搭建类似博鳌亚洲论坛等国际平台的方式，高水准打造若干对外交流基地，营造出非正式、舒适、和谐的氛围，从而增进我国与南向开放沿线国家和地区的交流合作。此外，除了提供国家平台支撑，海南自贸港的建设还为南向开放实施过程中"陆海联动，东西互济，连点成线，发展成带"的核心要点提供了重要的基础平台支撑。

（四）有助于南向开放项目的落地

建设海南自贸港可以推动一大批重大项目走出国门，从而服务南向开放建设。例如，一批南繁杂交水稻企业相继在南向开放中的沿线国家建立海外科研育种基地，并到印度、巴基斯坦、菲律宾等南亚和东南亚国家扩种水稻约 9000 万亩。通过利用"南繁硅谷"的种业研发优势，到更多"一带一路"沿线国家扩种优质水稻，帮助"一带一路"沿线落后地区解决基本的温饱问题。这些举措有助于提升沿线国家居民的生活水平，促进它们的经济发展，从而改善沿线国家的营商环境，为南向开放项目的落地奠定坚实的基础。

（五）有助于打造南向开放的新贸易业态模式

习近平总书记在"413"重要讲话中要求海南自贸港不能以发展转口贸易和加工制造为重点，因此，海南自贸港可以利用国家赋予的政策优势，抢占数字贸易、服务贸易的发展先机，抢先布局与南向开放中的沿线国家开展数字经济合作、服务贸易合作，连接沿线国家采购商、供应商、中间服务商以及聚集信息流、物流、资金流，形成一条跨境的数字贸易产业链，从而把南向开放中沿线国家的贸易链条连接起来，打造南向开放的新贸易业态模式。

（六）有助于与以东盟为主的南向开放沿线国家的互联互通

近年来，海南致力于全岛交通枢纽网络化建设，陆路、海运、空运交通建设都在积极有序地推进，并基本呈现出一体化的态势，基本实现"三小时城市圈"。2018 年,海南开通至文莱斯里巴加湾市的直飞航线,至此,海南已实现与东盟国家直飞航线全覆盖,海南与泛南海地区三小时空中飞行圈基本成型。目前,海南国际航线共有 74 条,到 2020 年可开通 100 条国际航线。海南还重点打造以海口、洋浦港为核心的面向两大洲和两大洋的具有国际航运和物流中心功能的枢纽港。此外,海南以南海为纽带,重点发展同东盟国家的经贸合作。通过打造"泛南海经济合作圈",形成了"21 世纪海上丝绸之路"建设的重要抓手,加强了同东盟国家在港口建设、运输物流、邮轮旅游等方面的合作,而"海南—东盟"班轮航线的开通,不仅有助于海南参与国际贸易陆海新通道建设,更有助于打通我国西部地区经海南直航东南亚的道路,促进海上的互联互通。另外,在人文交流领域,海南与许多东南亚国家地缘相近、人文相亲,这对海南扩大"朋友圈"起到了重要作用。目前,海南国际友城数量共有 57 个,其中省级友城 33 个,岛屿友城近半,其中大部分友城地处南向开放所覆盖的沿线大部分东盟国家。海南自贸港在这两方面所做出的努力,对我国实现与以东盟为主的南向开放沿线国家的互联互通起到了巨大的推动作用。另外,海南自贸港还可以通过落实"智慧海南"总体布局,加快国际海底光缆、通信出入口等项目建设,设立离岸数据试验区,从而建成"一带一路"国际通信枢纽。

综上所述,南向开放与海南自贸港建设虽然是两大不同的国家政策方针,具有不同的属性,但是作为新时代的重要举措,二者已经形成了相互促进、相互作用、相互影响的动态的对接关系。南向开放为纲,海南自贸港建设为目,"纲举而目张",两者之间优势互补,互利共赢,既扩大了我国对外开放的广度,又加强了对外交流的深度。南向开放为海南自贸港建设提供方向,海南自贸港建设丰富了南向开放的内涵和外延。这种相生相伴、相辅相成的关系贯穿于海南自贸港建设和南向开放的各个维度之中。

第七章　南向开放的国家定位提炼

南向开放是在古代南方丝绸之路的基础之上，涵盖经济联系密切的附近区域，形成南向开放的地理范围。原南方丝绸之路是古代中国西南地区纵贯川滇两省，连接缅、印，通往东南亚、西亚以及欧洲各国的古老国际通道，它和西北丝绸之路、海上丝绸之路同为中国古代对外交通贸易和文化交流的主要通道。"一带一路"倡议的提出赋予了这些通道新时代的使命和建设方向。南向开放无论是在"一带一路"体系中，还是国家整体层面上都占据着重要的地位。

第一节　南向开放在"一带一路"中的地位

囊括西北五省（区）、西南四省（市），东牟亚太经济圈，西系欧洲经济圈的新丝绸之路经济带衔接从中国沿海港口过南海到印度洋，延伸至欧洲和南太平洋的 21 世纪海上丝绸之路，共同形成一个海上、陆地的"一带一路"闭环，勾勒出完整的"一带一路"图景。南向开放的"南方丝绸之路"是北接"西北丝绸之路"，南连"21世纪海上丝绸之路"的重要区域。"一带一路"区域内的协同发展对"一带一路"整体的部署和推进都有着非常重要的意义。

"一带一路"西北向开放与南向开放各地不仅地域相连，而且在经济发展、生态环境保护等方面有着共同的努力方向。"一带一路"西北向开放拥有区位优势、后发优势、贸易和产业结构的互补性优势，但也在产业结构、交通运载能力和金融支持能力方面受到限制。在"一带一路"框架下，南向开放与西北向开放在发展方向、产业和贸易发展上有所分工，在基础设施建设和政策等方面进行联动，共同开发文化产业和特色产品，并加快西北、西南地区跨界河流重点河段整治和科学规划建设西南地区跨流域、跨区域调水工程。南向开放与西北向开放各省市间还将继续展开口岸通关、沿线旅游开发、农林企业及基地产销对接和人才培训与交流等方面的合作。两个方向开展分工合作，相辅相成，相互促进，有利于实现西部地区的跨越式发展，并进一步提升"一带一路"南向和西北向的开放水平。

要想实现 21 世纪海上丝绸之路的目标，需要南向开放发挥纽带作用；南向开放的进一步发展与复兴也离不开海上丝绸之路的支撑。"一带一路"东向开放在对外开放中起着先锋带动作用，是国内建设丝绸之路经济带的支撑点。"一带一路"东向开放有着区位优势、基础设施和产业的优势以及政策上的优势，但是东中西部之间的政策协调是一个难点，同时也是"一带一路"得以发挥作用的关键点。南向开放和东向开放的协同具体体现在产业的分工与协作、交通运输、商贸往来的合作。东部地区在建设和发展方面起着拉动西南部地区建设和向外开放的作用。而西南部地区的产业承接则为东部沿海地区的产业升级腾出空间。南向开放的能源进口通道可以规避现有海上通道的风险、降低运输成本。而海上丝绸之路可以为中国西南地区和西北地区及中亚内陆国家提供最近的出海口。由此在海运河运等交通运输、商贸往来等方面可以开展合作，发挥协同效应。

总而言之，西北丝绸之路、海上丝绸之路已得到较多的开发，而南方丝绸之路则比较薄弱和分散。南向开放是尚待进一步开发的潜力地带，因而应当加强南向开放的建设，加强南向开放同西北开放、东向开放的产业间协同、交通通道协同、制度、技术和人才的协同、贸易物流协同、文化协同，促进资金融通，打造一条内连中国西北地区和西南地区，外连东南亚和中亚的南北大通道，让南向开放成为 21

世纪海上丝绸之路与西北丝绸之路经济带有机衔接的纽带，从而形成完整的"一带一路"开放体系。

第二节 南向开放在国家发展层面的地位

一 以点带面全面开花：南向开放与国家战略

党的十八大以来，在以习近平总书记为核心的党中央坚强领导下，我国深入实施区域协调发展战略，京津冀协同发展、长江经济带发展、长江三角洲区域一体化发展、粤港澳大湾区建设、黄河流域生态保护和高质量发展、推进海南全面深化改革开放等重大国家战略相继推出。长江经济带发展、黄河流域生态保护和高质量发展，探索协同推进生态优先和绿色发展的新路子；京津冀协同发展、粤港澳大湾区建设、长三角一体化发展，三大城市群，打造引领高质量发展的重要动力源。

改革开放以来，我国坚持对外开放的基本国策，统筹国内国际两个大局，形成全方位、多层次、宽领域的全面开放新格局。党的十九大报告指出，"经过长期努力，中国特色社会主义进入了新时代"。新时代的开放发展面临的国际国内形势有了更大的变化，更多的机遇和风险相伴而生，而总体上发展机遇多于风险挑战。新兴市场国家和发展中国家崛起、新一轮科技革命和产业革命正在重构全球创新版图、世界经济呈现复苏趋势、我国在世界经济和全球治理中的分量迅速上升等。与此同时，国际贸易保护主义抬头、世界经济还没有找到从复苏走向繁荣的新引擎、新兴市场国家和发展中国家在世界经济与科技等方面的竞争优势尚未形成。因此以习近平总书记为核心的党中央为适应当前经济全球化新趋势、准确判断国际形势新变化、深刻把握国内改革发展新要求作出了要推动形成全面开放新格局，就要"以'一带一路'建设为重点，坚持引进来和走出去并重，遵循共商共建共享原则，加强创新能力开放合作，形成陆海内外联动、东西双向互济的开放格局"① 的决策部署。

中国对外开放格局的形成历经三个地缘层次，即由经济特区和沿海地区，至内陆地区，再至西部地区。南向开放覆盖了我国西部广大地区，是丝绸之路经济带和 21 世纪海上丝绸之路南北交融地带，也是西部大开发、长江经济带建设等重大国家战略的交叉点。

二　互联互通相得益彰：南向开放与三大区域协同发展战略

西部地区在我国区域格局中占据着极其重要的地位，但发展长期落后于东部地区。2000 年西部大开发战略实施以来，我国西部地区经济发展，居民物质生活条件都有了极大的改善。2010 年以来，西部大开发战略不断深入，力图转变单向的扶持发展方式，在不同阶段，选择重点地区、重点领域培育增长极，通过发挥增长极的聚集和扩散效应，增强西部自我发展能力，带动区域经济协调发展。"一带一路"再一次将我国西部作为重点发展区域，为我国西部大开发战略带来了新一轮的机遇。南向开放与西部大开发战略协调发展具体来说就是以基础设施互联互通为基础，以产能合作和人文交流为支撑，中国西部基础设施建设及发展规划与丝绸之路经济带建设及发展规划相对接。中国东盟互联互通、中国与中亚互联互通、产能合作与产业发展对接等，也都反映了南向开放与西部大开发战略的协同。南向开放和新时期的西部大开发战略将共同助力西部地区的发展，从而有利于缩短我国地区发展的差异。同时，南方丝绸之路民族多样，边境线漫长。西部大开发与南向开放协调发展还有利于巩固、加强民族大团结、巩固边防、促进社会稳定。我国东、中、西部地的经济存在很高的关联度。北煤南运、西气东输、西电东送、南菜北运等都表明了我国区域经济的互补性。西部大开发战略和南向开放协同发展将有利于西部地区继续为全国经济发展提供基础原材料和动力的支持。

---

① 习近平：《决胜全面建成小康社会　夺取新时代中国特色社会主义伟大胜利》，人民出版社 2017 年版，第 34—35 页。

长江经济带"一轴、两翼、三极、多点"的发展新格局，描绘出了南方丝绸之路与长江黄金水道、长江经济文化带在新时代协同发展的图景。长江经济带是南向开放在空间范围上的延伸。南方丝绸之路与长江黄金水道及其形成的长江经济文化带，自古就有着内在的联系，并构成一个有机的整体，是历史上连通中国西部南北、进而连通中国东西部的一条极为重要的大通道。南向开放占据国际商贸通道的独特地理位置优势，长江经济带则拥有我国制造基地与动力源头的比较优势，因而可以让长三角城市群、长江中游城市群和成渝城市群发挥国内国际贸易的枢纽节点作用，从而连接起"一带一路"的南向开放内陆腹地与我国的东部地区和东部大洋，以促进产品的生产和国内、国际贸易的流动。另外，可以整合南向开放与长江经济带的经济优势，实现错位发展。借力长江经济带三大主体的产业分工与合作发展体系，实现沿线地区经济要素与资源配置的多向互动、互通，推进南向开放的国际化和多元化发展。长江经济带是南向开放实现其快速、稳定和长远发展的重要依托，它拓展了南向开放的国内发展空间。南向开放则为长江经济带的发展提供了对外开放的通道。实现南向开放与长江经济带的协同，有利于我国东部、中部、西部统筹发展，实现我国资源和产能的有效配置与合理布局，促进内陆与沿海的全面开放，进一步实现我国对内对外开发的新发展。

南向开放与海南自贸港建设则形成了互为促进、互为支撑的关系。国家领导人的讲话和中央政府的文件中都明确要求海南深度融入"一带一路"建设，加强同"一带一路"沿线国家和地区开展多层次、多领域的务实合作，建设 21 世纪海上丝绸之路的文化、教育、农业、旅游等交流平台，服务于国家的重大战略。南向开放和海南自由贸易港建设的协同主要体现在提高对外开放水平、资源共享、加强基础设施建设和关键节点的建设，以及开展投资贸易合作等方面。南向开放和海南自由贸易港建设都有各自的优势和不足。南向开放需要寻找出海通道的支撑点，以寻求更大的对外开放空间，同时可以利用海南自贸港依托博鳌亚洲论坛建立的一系列对外交往的平台，加强同东盟各国的联系，通过交流增强互信。而海南自由贸易港则面临着与"一带一路"沿线国家对外经济合作水平不高的窘境。南向开放建设可以在周边为海南自贸港建设创造良好的营商环境，是为海南与南亚、东南亚密切合作的桥梁，也有助于提高海南自贸港的国际影响力。南向开放和海南自贸港都寻求积极主动融入"一带一路"的网络，以寻找区域发展的内生动力。二者的协同将有助于先进的人才和技术的聚集和引进，提高基础设施水平，提供建设经验，共同助力国家战略的布局与实施。因此，两个区域应当坚持互联互通，寻求协同发展，各自发挥优势，加强在交通基础设施建设、投资贸易合作、人才交流、旅游开发等方面的合作，避免将两者的机遇集中区变为发展盲区。

三　总结：南向开放的国家地位

（一）南向开放是"一带一路"完整体系不可或缺的一部分

"一带一路"是"丝绸之路经济带"和"21世纪海上丝绸之路"的简称。"丝绸之路经济带"由西北五省（区）的"西北丝绸之路"和西南四省（市）的"南方丝绸之路"组成。南向开放是"一带一路"体系的不可或缺的组成部分和薄弱环节。南方丝绸之路自古便是中国西部人员人才流动、商品流通和文化信息流动的通道，它通过连接"一带一路"和长江黄河经济文化带，把中国的大西南、西北以至中部、东部、南部地区连成一片，促进了整个西部以至更广大地区的开发和辐射地区经济、政治、文化全方位的发展。对于形成陆海内外联动，东西双向互济的对外开放格局，具有至关重要的意义。南向开放的重要性不言而喻，但是在当下"一带一路"完整体系中，南向开放的进展仍然较为缓慢。因此，南向建设应当成为"一带一路"今后建设的重点。

（二）南向开放是国家重点区域发展交会区

南向开放与西部大开发战略、长江经济带发展战略和海南自由贸易港建设等国家重大区域发展战略分享平台、共享利益，有着方向一致的建设目标，是国家发展机遇的集中地带。南向开放是西部大开发战略的深化，也是长江经济带上游地区经济发展新高地，同时和海南自由贸易优势互补，连接国内与国外两个市场，承担着国家循环经济发展示范区、国家重要的生态屏障、战略性新兴产业培育、内陆地区对外开放等功能。

（三）南向开放是我国西南开放的门户和重要通道

南向开放是西部内陆向西向南通向国外最近的陆上通道。南向开放促进沿线国家建立互信机制，实现中国与"一带一路"沿线国家的相互依托，从而有利于维护中国周边的安全。南向开放一直致力于公路、铁路、航空、水运等交通基础设施建设，努力建设成为我国西南开放的门户和快捷、便利的国际大通道，助力西部地区统筹利用国际国内两个市场、两种资源，形成横贯东中西、联结南北方的对外经济走廊，进一步释放开发开放和创新创造活力。

（四）南向开放区域既是战略后方又是未来经济增长热点集中区

南向开放区域自然资源富集、人力资源丰富、文化旅游资源繁多，是我国东部发展原材料和动力基地。同时，南向开放正逐渐提高自身开放前沿的地位，通过产业化的方式培育和形成新的经济增长点。通过加快经济区和城镇群建设的步伐，形成新的经济增长极；通过战略性新兴产业的培育促进产业结构调整和升级，进而使得"丝绸之路经济带"国内段沿线地区由"经济凹地"变为"经济高地"，从而实现我国东中西部经济的平衡发展。我国广大的西部地区就可以通过南向开放从开放的末梢变成开放的前沿，成为我国经济新的增长极。

第二部分

南向开放的国内覆盖
省市协同研究

第一章　府际协同的域外理论视野

第一节　理解和解释省市协同的理论视角

南向开放的国内覆盖省市之间的协同问题,可以理解为不同辖区政府之间的竞争、合作、协调和冲突解决等方面的问题。对于这个复杂问题,可以从不同理论视角加以刻画、理解和解释,并为我们监测、评估和改善省市协同提供了理论基础。结合相关文献,本部分从如下理论视角出发,对每种理论视角及其对南向开放的国内覆盖省市之间的协同进行理解和解释。最后,我们对这些理论进行总结,并提出研究思路。这些理论视角包括府际关系理论、协同治理理论、多层治理理论、城市群理论、制度性集体行动理论、平台理论等理论。

一　府际关系理论

府际关系或政府间关系（intergovernmental relationship）是指辖区政府之间的各种互动关系,主要包括横向和纵向两个维度。组织结构包括垂直和横向的专业化（specialization）和协调（coordination）问题,协调问题不仅涉及正式的制度结构和组织程序,也包括非正式的价值观和文化规范。[1] 横向专业化指不同的议题和政策领域是如何区

①　Egeberg，M.，"How bureaucratic structure matters：An organizational perspective"，in B. G. Peters & J. Pierre（eds.），*The SAGE Handbook of Public Administration*，London：Sage Publications，2012.

分和相互关联的，而纵向专业化指不同层级的政府之间如何划分职能。无论是横向还是纵向的协调，都可以分为科层制（hierarchical）和学院制（collegial）两种。科层制协调指自上而下的命令来协调，在政府部门中这种协调较多，特别是垂直协调。而学院制协调指谈判、协商或投票等机制实现，如委员会、跨部门团队、任务小组、项目小组等网络型协调。①

如果从纵横两个角度对政府间的协调进行考察，我们能够将其分为四种形态（如图 2－1－1 所示）。② 在第一种情况下，协调以垂直协调为主，而很少有水平协调。这是分工明确和职责到位的情况下的协调，各个部门各司其职，对本部门下属的部门进行协调。在第二种情况下，协调主要反映在水平层面，而垂直层面的协调则较少。这意味着一级地方政府对其直属的职能部门进行协调，往往是要求其各司其职并相互协调。在第三种情况下，协调是较为复杂的，既包括横向的也包括纵向的，意味着对多级政府的多个部门进行协调。本书所关注的南向开放可以归于此类，因为中央、省、市、县等各级政府都参与其中，而协调的问题也跨越经济、交通、外贸等众多部门，属于典型的双高协调。在第四种情况下，协调是松散和脆弱的，各个行动者各自为政，缺乏有力的纵向或横向协调。当然，这种协调并不意味着完全没有发生或奏效，而是说它可能主要采用了学院制的松散协调方式。

就本书关注的南向开放的国内覆盖省市协同问题，可以从纵向和横向两个维度加以考察。在纵向维度，中央和地方政府之间既有自上而下的委托和控制，也有自上而下的试点和推动。尽管中国采取中央集权的单一制，但是地方政府有很大的财政分权和行政自由度，并使

---

① Christensen，T.，& Ma，L.，"Coordination Structures and Mechanisms for Crisis Management in China: Challenges of Complexity"，*Public Organization Review*，2020，20（1）.

② Christensen，T.，& Ma，L.，"Coordination Structures and Mechanisms for Crisis Management in China: Challenges of Complexity"，*Public Organization Review*，2020，20（1）.

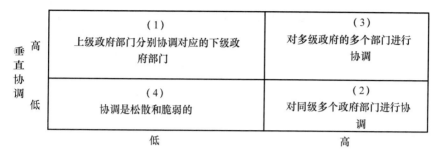

图 2 - 1 - 1　横向与纵向协调的分析框架

资料来源：Christensen & Ma（2020）。

"引导创变"这样的发展模式成为可能。[1] 中央政府通常采取目标责任考核这样的刚性手段控制和激励地方政府。[2] 与此相关的研究主要集中在生态环境领域，特别是涉及跨域的空气污染和水污染防治。比如，有研究显示地方政府会在河流下游的省界布局重污染企业，中央政府的考核方式改变后，则会推动其集中精力治理水污染。[3]

在横向维度，主要是地方政府之间的经济竞争与政策学习。此外，中国采取的干部管理制度为辖区政府之间的政治竞争注入了强力动力。[4] 但是，政治竞争的零和博弈特征使部分地方政府缺乏利益共享机制，"相互拆台"和"以邻为壑"往往成为其行为选择。[5] 比如，

① Ang, Y. Y., *How China Escaped the Poverty Trap*, Ithaca, NY：Cornell University Press，2017.

② Gao, J., "Hitting the Target But Missing the Point：The Rise of Non-Mission-Based Targets in Performance Measurement of Chinese Local Governments", *Administration & Society*, 42（1suppl），2010.

③ Kahn, M. E., Li, P., & Zhao, D., "Water Pollution Progress at Borders：The Role of Changes in China's Political Promotion Incentives", *American Economic Journal：Economic Policy*, 2015，7（4）.

④ Rothstein, B., "The Chinese Paradox of High Growth and Low Quality of Government：The Cadre Organization Meets Max Weber", *Governance*, 2014，28（4）.

⑤ 周雪光：《中国国家治理的制度逻辑——一个组织学研究》，生活·读书·新知三联书店 2017 年版。

研究显示部分地方官员展开的晋升竞争使他们更关注核心区的发展，而在省区交界地带投资不足，导致这些本应蓬勃发展的地区经济发展滞后。①

府际关系理论试图探究辖区政府之间的各种关系及其变化背后的原因，并对这些关系可能产生的结果进行探究。比如，在地方政府之间会出现恶性竞争，但是也会出现正向模仿和学习，而且二者会以各种形式同时存在。府际关系理论认为，这些不同关系及其所表现出来的行为背后，都有值得探究的动机和激励。只有理解了这些隐藏在行为背后的动机和激励，才有助于我们去解释府际关系及其变化。比如，地方领导干部的仕途考虑会影响其处理府际关系的策略，进而可能会影响其同上级和同级政府的关系。

二　协同治理理论

对于南向通道的国内覆盖省市之间的协同问题，较为相关的就是协同治理（collaborative governance）理论。② 同合作（cooperation）或协调（coordination）相比，协同意味着一个更高阶的集体行动。可以说，它同合作或协调在交互深度、一体化程度、承诺、复杂性等方面都存在根本差异。协同意味着换位思考、化学反应和调色板，需要深层次的复杂交互，才有可能实现其预定目标。③

协同受到许多因素的影响和左右，而成功的协同要想实现，就需要包括如下因素：较强的相互依赖性、迫切需要资源共享和风险共担、资源稀缺、过去的协同经历、优势互补的资源分布状况、复杂议题。一旦协同能够实现并成功，则会产生值得期待的结果和影响。比

---

① 周黎安、陶婧：《官员晋升竞争与边界效应：以省区交界地带的经济发展为例》，《金融研究》2011 年第 3 期。

② Jing, Y. (Ed.) *The Road to Collaborative Governance in China*, New York: Palgrave Macmillan, 2015.

③ Thomson, A. M., & Perry, J. L., "Collaboration Processes: Inside the Black Box", *Public Administration Review*, 2006, 66 (s1).

如，参与协同的组织都可以实现各自的目标和共同的目标，组织之间的工具性交易可能会转变为带有社会纽带的情感性关系，组织对资源的利用效率会提升，组织还可以解决集体行动问题可能遇到的承诺、制度供给和监督等问题。[①]

协同涉及许多过程，包括协商、承诺、评估、实施等，因此是一个复杂的黑箱。组织之间为了达成协同，会进行正式的协商和非正式的沟通，如此反复进行多轮互动。组织会通过一系列行动来进行协同，并持续不断地对协同过程特别是彼此互惠的情况进行评估和完善。

合作或协同是一个复杂过程，我们可以这样加以定义："协同是这样的一个过程，即自主行动者通过正式与非正式的协商而相互作用，共同制定规则和结构来治理他们之间的关系，并提出方案来解决或决定使他们走到一起的问题；这是一个涉及共同规范和互惠交互的过程。"因此，协同包括至少五个维度：治理（governance）、行政（administration）、组织自主性（organizational autonomy）、互惠（mutu-ality）和规范（norms）（Thomson 和 Perry，2006）。具体来说，这五个维度是理解协同的关键因素。

（一）治理：协同各方是相互独立和没有等级关系的，这意味着要创设能够治理他们之间关系的规则和结构，否则就会成为一盘散沙。协同就是集体行动，需要解决集体行动面临的搭便车等问题，因此监督和惩戒就在所难免。将协同各方集结在一起，能够朝着一个共同的目标迈进，责任共担而不是相互卸责，才能说实现了协同。

（二）行政：协同看似松散，实则也像组织一样要能够有效运转。因此，协同也需要类似于组织内部管理一样的正式结构，这包括明确协同各方的职责和权力边界，厘清协同的目标和分工，进行重复有效的沟通。协同是各方的平等合作，但是仍然需要类似于自上而下的组

---

① Thomson, A. M., & Perry, J. L., "Collaboration Processes: Inside the Black Box", *Public Administration Review*, 2006, 66（s1）.

织管理一样的安排，而不完全是放任自流。

（三）自主：协同是自利的行动者之间的自愿集体行动，这使其面临自主和问责之间的两难。一方面，协同各方要服务于共同的目标；另一方面，协同各方又在追求各自的目标。在确保自主的基础上追求共同目标，这是协同所不可避免的，也是协同取胜的关键所在。

（四）互利：协同意味着组织之间相互依赖和优势互补，可以进行信息共享并实现互利共赢。协同之所以会发生，就在于单个组织不能独立完成某个目标，而不得不吸引其他组织共同参与。因此，互利意味着组织通过协同能够实现独立无法实现的目标，并且这一过程相对来说是经济的。

（五）信任和互惠：协同意味着各方之间的多次重复博弈，而不是"一锤子买卖"。协同会使各方都对彼此有类似的期待，并使他们能够形成对彼此的默契。这对于增进彼此的了解、信任并增强社会资本，都有很强的促进作用。这会使协同各方更加注重长期可持续发展，并会为了协同而暂时牺牲利益。

三　多层治理理论

南向通道意味着纵向和横向的多层互动，包括中央政府和省市县地方政府。南向开放既有各级政府的推动，也有各类企业和非营利组织的参与，甚至投资交通和物流基础设施的大型企业在打破省份藩篱方面发挥更大的作用。多层治理指嵌入在多个行政层级的政府和非政府组织之间持续地协商、谈判和集体行动的过程，而这恰恰是南向开放国内覆盖省市之间协同的关键特征。所以，对于南向开放国内覆盖省份之间的协同来说，多层治理（multi-level governance，MLG）理论可以有很大的解释空间。① 更为重要的是，多层治理理论意味着将科

---

① Ongaro, E., Gong, T., Jing, Y., "Toward Multi-Level Governance in China? Coping with complex public affairs across jurisdictions and organizations", *Public Policy and Administration*, 2019, 34（2）.

层制与协同治理进行结合，既考虑到协同各方是自主和彼此独立的，也认识到他们有可能又从属于更大的科层结构。

多层治理也可以说是多中心治理（polycentric），即参与治理的各方是相对自治的。多层治理可以发生在许多层面，并触及超国家与国家、国家与社会的关系。比如，欧盟与其成员国之间在某些议题上的协调，就可以视为多层治理问题。有学者指出，多中心治理是一个动态三维概念，对于欧洲现代国家而言涉及三个方面的区分：中心与边缘、国家与社会、国内与国际。每个维度又涉及三个分析层次：政治动员、决策、整体重构。①

多层治理理论认为，来自不同层次的主体参与治理某个问题，而这个问题也同样会牵涉到多个层级。如何处理这些主体之间的关系，会受到很多正式和非正式因素的影响。比如，国家与社会的关系会使政府和民众发挥不同的作用，这也会决定多中心治理能否出现并发挥作用。

四　城市群理论

在南向开放的推进过程中，虽然是中央和省级政府在发挥协调作用，但是进行实质性合作的则是市县两级政府，特别是城市在其中扮演至关重要的角色。南向开放的国内覆盖省市之间的协同，集中反映在区域内的城市之间的功能互嵌、产业链对接和公共服务合作等方面。因此，城市之间的互动关系就成为理解南向开放的国内覆盖省市之间协同的关键维度，而城市群理论对于我们理解这个问题大有裨益。

城市群（urban agglomeration）指地理邻近的城市之间因为经济社会发展而形成分工合作关系，而城市政府之间也由此形成合作、协调和协同关系，从而使城市集聚成为一个超城市体系。中国著名的城市

---

① Piattoni, S., "Multi-level Governance: a Historical and Conceptual Analysis", *Journal of European Integration*, 2009, 31 (2).

群包括长三角地区、珠三角地区、京津冀地区、成渝城市群等，这些城市群囊括了中国主要的经济活动和人口，是经济增长的引擎和社会发展的动力。在南向开放国内覆盖的省市中，也包括成渝城市群、川南经济区、北部湾经济区等城市群和经济区域，因此城市群理论对于我们理解这些省市如何协同至关重要。

得益于城市群内部的分工合作，人口在不同城市之间流动，产业链在不同城市布局并联系在一起，每个城市既是城市群不可或缺的一分子，也从城市群的壮大和发展中受益。从城市群的微观基础而言，三种机制至关重要，即共享、匹配和学习。[①]

（一）共享：城市群意味着成员城市之间不是重复建设和恶性竞争，而是能够优势互补和各取所需。城市能够共享收益和共担风险，这使城市群可以一荣俱荣，但也会一损俱损。特别是城市群的中心城市往往为其他成员城市提供了可以共享的基础设施，使这些城市不必各自去建设。

（二）匹配：城市群之所以能够出现并勃兴，同城市相互不同却能够有效匹配有关。特别是在人口流动和产业链组织方面，不同城市扮演不同角色并发挥不同作用，使城市之间实现了最佳匹配。比如，周边城市为中心城市提供劳动力、廉价住房和自然资源，而中心城市为周边城市提供知识和消费空间。又如，数十家乃至上百家企业分散在不同的城市，但是通过城市群内部产业链整合而被组织起来。匹配意味着城市群使城市及其市民和企业不必舍近求远，而可以近水楼台先得月。

（三）学习：城市本身之所以会存在，同其提供的各类学习机会和资源不无关系。城市群使知识的生产、扩散和积累都能够更为高效地发生，并推动城市内部和城市之间的各种学习。分布在城市群内部的企业之间相互学习技术、管理和营销等方面的知识，并反过来加速

---

① Duranton, G. and Puga, D., "Micro-Foundations of Urban Agglomeration Economies", in J. V. Henderson & J. -F. Thisse (Eds.), *Handbook of Regional and Urban Economics* (Vol. 4): Elsevier, 2004, pp. 2063 – 2117.

产业链升级。劳动力和人才在城市群的流动，也推动了知识的传播和扩散。相对于匹配和共享而言，学习机制在城市群的探讨中较少，却是知识经济时代最应该关注的方向。

五 制度性集体行动理论

制度经济学主要关注交易成本和契约风险，探讨交易成本和契约风险的降低可以提升地方政府之间的合作。地方政府之间的协同可以视为基于契约的交易，而这可以使用制度经济学的理论加以研究，包括交易成本理论、委托代理理论、不完全契约理论等。

制度性集体行动理论（institutional collective action，ICA）是基于集体行动理论、交易成本理论和制度分析与发展框架等和制度经济学相关的理论而发展起来的一套分析框架，用于解释地方政府合作中的集体行动困境：碎片化治理中政府间决策彼此关联和协同的问题。在制度性集体行动理论框架下，根据合作过程中权威的嵌入程度与合作议题和参与方的复杂性两个维度划分了十二种解决地方政府集体行动困境的合作机制（如图2-1-2），而在具体实际中合作面临的交易成本和契约风险决定了合作机制和合作问题之间如何匹配。[1]

该框架认为，问题的本质属性、行动者的偏好、既存的制度安排会影响合作面临的契约风险，进而影响参与合作的政府对预期收益和成本的感知和合作机制的选择。[2] 我们可以使用制度性集体行动理论去解释跨地区的合作行为，例如，有研究发现合作有正式、非正式和强加共三种模式，而上级参与、合作者数量和差别可以解释合作模式。[3]

---

① Feiock, R., "The Institutional Collective Action Framework", *Policy Studies Journal*, 2013, 41（3）.

② Kim, S. Y., et al., "Updating the Institutional Collective Action Framework." *Policy Studies Journal*, 2020.

③ Yi, H. Suo, L., Shen, R., Zhang, J., Ramaswami, A. Feiock, R. C., "Regional Governance and Institutional Collective Action for Environmental Sustainability", *Public Administration Review*, 2018, 78（4）.

复杂事项/ 集体决策	多元自组织 系统	政府 委员会	区域管理 机构	外部强制权力/合并
多边合作	自愿形成的 工作组	多边政府 间协议/合作 伙伴关系	多目标的 区域管理	强制型/ 管理型网络
单一事项/ 双边合作	非正式网络	合同契约	单一目标的 区域管理	强制区域管理/ 强制协议
	嵌入性	合同	委托权力	强制权威

图 2-1-2　制度性集体行动困境的整合机制

资料来源：Feiock（2013）。

　　南向开放的省市协同会面临许多挑战，包括不确定性、资产专用性、信息不对称和契约不完全性等问题。[①]"一带一路"南向开放可以理解为一种多层级和多主体的集体行动，而制度性集体行动理论可以解释其形成机理和运作机制。在缺乏更高层级政府统筹的情况下，省市政府如何解决集体行动问题，就成为特别值得关注的问题。比如，省市协同会有很大的不确定性和资产专用性，而这会使交易成本提高并影响协同绩效。一些省市对"一带一路"的期望较高，因为可以从中获得巨大的收益；而另一些省市则持观望态度，因为担心无法获得同等的收益。从委托代理理论的角度来看，协同各方之间存在较强的信息不对称。与此同时，协同所依赖的契约是不完全的，难以做到尽善尽美和周全考虑，并使监督难度加大。

---

　　① Xiong, W., Chen, B., Wang, H., Zhu, D., "Transaction Hazards and Governance Mechanisms in Public-Private Partnerships: A Comparative Study of Two Cases", *Public Performance & Management Review*, 2019, 42（6）.

六　平台理论

南向开放的推动离不开各级政府和其他组织共同建立的各类制度框架和合作机制，而这些都可以视为治理平台（platform）。平台指"为了实现特定治理目标而策略性使用其架构来撬动、催化和利用分布式社会行动的制度"①。平台的概念是伴随着新一代互联网的兴起而日益流行的，特别是电子商务、共享经济等的出现，使平台型企业发挥的作用越来越大。平台企业为交易各方提供了技术基础和规则体系，大大降低了交易成本，使交易更容易在陌生人和组织之间发生。

最近的研究认为，平台与三个相关概念存在值得关注的区别，这包括网络（network）、元治理（meta-governance）、编排（orches-tration）。平台之所以能够发挥如此之大的作用，就在于其内部和外部的架构所掌握的资源和具备的能力。② 就外部而言，平台有四种架构（architecture），包括参与架构（participation architecture）、升级架构（scalable architecture）、中介架构（intermediation architec-ture）、动员架构（mobilization architecture）。就内部而言，平台的功能实现了模块化（modularity），包括模块和基础设施资源（modular architectures and infrastructural resources）、可重构性（reconfigurabili-ty）、可升级性（scalability）、适应性（adaptation）和定制化（cus-tomization）。

不同平台之间存在较大差异，而这同平台所具备的"杠杆"有关。平台能够调用的杠杆包括引致杠杆（generativity）、架构杠杆（architectural leverage）、交互杠杆（interaction leverage）、生产杠杆（production leverage）和创新杠杆（innovation leverage）。有研究指出，

---

① Ansell, C., Miura, S., "Can the Power of Platforms be Harnessed for Governance?", *Public Administration*, 2020, 98 (1).

② Ansell, C., Miura, S., "Can the Power of Platforms be Harnessed for Governance?", *Public Administration*, 2020, 98 (1).

可以根据生产和创新两个维度来划分四种治理平台，包括交互平台（interaction platform）、生产平台（production platform）、开放创新平台（open innovation platform）、共创（co-creation platform）。①

对公共治理而言，平台可以实现四种重要作用，包括互联（connecting）、升级（scaling）、中介（intermediating）和动员（mobilizing）（Ansell 和 Miura，2020）。通过平台可以使公共治理能力大为提升，不仅是公民可以依托平台来参与公共事务，政府部门也应积极利用平台来提升公共治理水平。比如，公众请愿可以通过平台来实现，而这比单个人的投诉能够发挥更大的作用。平台使集体行动更容易发生，并用于解决民众共同关注的公共问题，而不仅仅是个人通过行为来解决私人问题。对于南向开放而言，要想能够实现协同治理、多层治理，就需要打造一个这样的公共治理平台，使其能够通过各种杠杆来发挥上述作用。

第二节 理论综述与评析

为了对南向开放的国内覆盖省市之间的协同问题进行研究，我们在本章系统梳理了 6 个理论，包括府际关系理论、协同治理理论、多层治理理论、城市群理论、制度性集体行动理论和平台理论。这些理论从不同视角和侧面对地方政府之间的协同问题进行刻画和解释，为我们理解和解释南向开放的国内覆盖省市之间的协同问题提供了启迪。

府际关系理论使我们认识到辖区政府之间的关系是多样性的，包括竞争、合作、协调等；府际关系既有垂直的，也有水平的。与此同时，府际关系是动态的和复杂的，我们需要对其进行深入的分析。

---

① Ansell, C., Miura, S., "Can the Power of Platforms be Harnessed for Governance?", *Public Administration*, 2020, 98 (1).

协同治理理论认为，协同不同于协调和合作，属于更高水平的互动关系。它是一个多维概念，包括治理、行政、自主、互利、互惠和信任等维度。协同治理意味着协同需要治理，而治理可以使协同更容易发生并成功。

多层治理理论或多中心治理理论认为，来自不同层级的行动者为了解决共同的问题，可以坐到一起并实现共同目标。多层治理和协同治理一样，都认为参与各方即便是来自不同层级，也都有相对自治的权限。尊重他们的自治并推动他们的合作，才能实现多层治理。

城市群理论认为，城市之间因为共享、匹配和学习而走到一起，并通过这些机制而形成共同体。城市群是实质性落实南向开放的，也是协同发生的"最后一公里"，因此需要高度关注。

制度性集体行动理论认为，地方政府之间能否合作并取得成功，取决于交易成本、契约风险等因素。这些因素都同制度经济学有关，也为我们改进协同效果提供了方向。

平台理论认为，公共治理平台可以通过其所具备的各种资源来降低交易成本，从而使供需双方能够更好更快地匹配。平台本身也需要治理，这既同平台的规则和技术基础有关，也同参与者的监督和问责有关，更同监管者所发挥的作用有关。

可以说，这些理论之间仍然有可以梳理的共性所在，而它们为我们理解和解释南向开放的国内覆盖省市之间的协同提供了理论基础。这些理论源自不同的学科（经济学、政治学、社会学等），并针对不同的层次（超国家、国家、城市、共同体等），所基于的前提预设和发展的理论框架也不尽相同。与此同时，对于协同如何发生、变化和改进，这些理论也会提出不同的见解。但是，对于我们理解南向开放的国内覆盖省市之间的协同而言，它们都提供了理论养分，也是我们在进行理论化的过程中所不可或缺的。

第二章　地方政府合作研究的中国场景

第一节　引言

全球化、工业化和信息化进程带来了行政边界模糊化和公共问题的复杂化，使得原来韦伯式的行政体系设计捉襟见肘，公共行政体系呈现出了跨边界的合作动态变化[①]经济市场化下的竞争加剧、区域公共问题的凸显、组织间协作的涌现是地方政府合作研究缘起的重要动因[②]。关于地方政府合作的研究已经发展成为一个相对独立的研究领域，经历了传统区域主义、多中心主义和新区域主义的迭代[③]，涌现出一批丰富的学术概念和理论：整体政府（Holistic Government）、网络治理（Governing by Network）、协同政府（Joined-up Government）、协作性公共管理（Collaborative Public Management）、无缝隙政府（Seamless Government）、协作型政府（Collaborative Government）和协作治理（Collaborative Governance）。[④]

近年来，伴随着京津冀协同发展、长江经济带发展、粤港澳大湾区建设等政府间合作实践的发展，国内地方政府合作研究的范畴和层

---

① 刘亚平、刘琳琳：《中国区域政府合作的困境与展望》，《学术研究》2010 年第 12 期。

② 陈瑞莲等：《区域治理研究：国际比较的视角》，中央编译出版社 2013 年版。

③ 叶林：《新区域主义的兴起与发展：一个综述》，《公共行政评论》2010 年第 3 期。

④ 吕志奎：《通向包容性公共管理：西方合作治理研究述评》，《公共行政评论》2017 年第 2 期。

次也不断提升：一方面，研究领域不断拓展，涵盖流域治理①、环境保护②、污染治理③、科技创新④、经济发展⑤、公共卫生⑥、公共服务⑦等众多政策领域；另一方面，研究方法逐渐成熟，既有规范研究，又有实证研究；而且，理论视角逐步完善，从国外理论和概念的引介过渡到本土经验的检验和概念的提出，从缺乏理论对话的对策研究过渡到理论导向的实证研究。

　　地方政府合作是一个复杂的概念，合作关系的多样和合作目标的多元使得我们很难对其进行清晰的界定。例如，现有文献呈现出多种不同的概念面向，有研究认为政府合作是一种关系结构，地方政府合作是基于共同问题的两个或者多个政府达成合作安排的关系结构。⑧也有学者从行政权视角界定政府间合作，认为地方政府合作是没有领导与被领导关系的地方政府间合作，这一概念的外延涵盖了平级地方政府之间的横向合作和不同辖区的非平级地方政府之间的斜向合作。⑨

　　此外，治理语境的出现为政府间合作提供了新的启迪，有学者认为政府间合作是政府为解决"抗解问题"以实现公共价值而共同执

　　①　张紧跟、唐玉亮：《流域治理中的政府间环境协作机制研究——以小东江治理为例》，《公共管理学报》2007 年第 3 期。

　　②　宋妍、陈赛、张明：《地方政府异质性与区域环境合作治理——基于中国式分权的演化博弈分析》，《中国管理科学》2020 年第 1 期。

　　③　赵志华、吴建南：《大气污染协同治理能促进污染物减排吗？——基于城市的三重差分研究》，《管理评论》2020 年第 1 期。

　　④　锁利铭、张朱峰：《科技创新、府际协议与合作区地方政府间合作——基于成都平原经济区的案例研究》，《上海交通大学学报》（哲学社会科学版）2016 年第 4 期。

　　⑤　陈剩勇、马斌：《区域间政府合作：区域经济一体化的路径选择》，《政治学研究》2004 年第 1 期。

　　⑥　锁利铭：《制度性集体行动框架下的卫生防疫区域治理：理论、经验与对策》，《学海》2020 年第 2 期。

　　⑦　蔡岚：《缓解地方政府合作困境的合作治理框架构想——以长株潭公交一体化为例》，《公共管理学报》2010 年第 4 期。

　　⑧　［美］菲利普·J. 库珀：《二十一世纪的公共行政：挑战与改革》，王巧玲、李文钊译，中国人民大学出版社 2006 年版。

　　⑨　杨龙、彭彦强：《理解中国地方政府合作——行政管辖权让渡的视角》，《政治学研究》2009 年第 4 期；彭彦强：《中国地方政府合作研究——基于行政权力分析的视角》，中央编译出版社 2013 年版。

行某些任务和管理活动的过程；还有学者指出，政府间合作"是一种由多个地方政府和非政府部门的利益相关者直接参与协商的、正式的、旨在制订解决区域公共问题的政策或管理区域公共事务的制度安排"。① 这一概念将非政府部门的利益相关者纳入地方政府合作的范畴，但是认为地方政府在合作论坛发起、合作共识达成等方面发挥主导作用，其概念界定与西方公私伙伴关系更为贴近。

　　面对合作实践的发展和理论视点的多元，为推动地方政府合作研究朝向一个科学和成熟的水准，有必要系统梳理这一研究领域的逻辑进路和研究图景。实际上，一些研究已经在这一方面进行了出色的工作，例如，通过较为系统地评述西方合作治理的有关文献，研究覆盖了合作治理的概念、合作治理的理论框架、合作形成的影响因素、合作治理的影响等议题，② 其中不乏关于政府间合作的经典文献。也有从研究背景、合作机制、研究不足等方面评述西方关于政府间合作的研究文献。③ 而关于中国场景中的政府间合作研究，一些学者采用文献计量的方法，从时间、区域、领域、学者、方法、学科等维度对现有中文文献进行了系统的评估，④ 或是集中对某一理论视角下的政府间合作研究进行整体回顾。⑤

　　有鉴于此，本书为避免重复前人的劳动，将文献回顾的主题界定为中国场景下的地方政府合作，对涉及这一主题的中英文文献进行系统考

　　① 蔡岚：《缓解地方政府合作困境的合作治理框架构想——以长株潭公交一体化为例》，《公共管理学报》2010 年第 4 期。
　　② 申剑敏、朱春奎：《跨域治理的概念谱系与研究模型》，《北京行政学院学报》2015 年第 4 期；蔡长昆：《合作治理研究述评》，《公共管理与政策评论》2017 年第 1 期；苟欢：《合作治理：社会治理变革的新探索——中国"合作治理"研究（2000—2016）文献综述》，《公共管理与政策评论》2017 年第 1 期；刘兴成：《区域合作治理：重塑府际关系的新趋向——基于近年来国内相关文献的研究述评》，《学习论坛》2020 年第 2 期。
　　③ 郑文强、刘滢：《政府间合作研究的评述》，《公共行政评论》2014 年第 6 期。
　　④ 汪伟全、郑容坤：《地方政府合作研究的特征述评与未来展望——基于 CSSCI（2003—2017）文献计量分析》，《上海行政学院学报》2019 年第 4 期。
　　⑤ 锁利铭、阚艳秋、涂易梅：《从"府际合作"走向"制度性集体行动"：协作性区域治理的研究述评》，《公共管理与政策评论》2018 年第 3 期。

察，重点聚焦于解释地方政府合作的理论视点间的逻辑关系，以及现有文献对地方政府合作构成要素的研究进展。如前所述，地方政府合作是一个复杂的概念，不同的学派、方法、理论和路径下，地方政府合作可能会呈现出不同的形式和结构。因此，本书无意对地方政府合作给出一个所谓清晰或是系统的概念界定。但是，为了便于分析，本书将研究范畴界定为政府间的合作，排除了政府组织内部的部门合作、政府和社会主体的合作、政府和市场主体的合作。对于广义的合作治理，仅仅涉及一些能够为地方政府合作提供理论解释和概念启发的文献。

本书的主要任务是对现有的关于中国地方政府合作的文献进行全面评估并试图发现它们之间的联系和区别，尤其是针对一些矛盾和模糊的议题，提出解决的方向。具体工作涉及以下三个方面：第一，探究关于中国地方政府合作研究所涉及的理论视角以及彼此间的区别和联系是什么；第二，考察关于中国地方政府合作研究涵盖的研究议题以及进展到何种程度；第三，分析关于中国地方政府合作研究还有哪些研究的不足和可拓展的空间。

第二节　地方政府合作的研究路径

对于地方政府合作的研究，国外文献呈现出了多视角的研究视域：政府间竞争、政府间关系、资源依赖理论、政府间管理、协作性公共管理、网络理论等。也有研究将其总结为契约主义、公民主义、社会建构、网络治理、公共价值等途径。[1] 可以预见，不同的理论视角具有不同的前提假设和逻辑推演。社会科学研究中对经验性实践的描述和解释取决于采用何种隐喻[2]，没有一种单一的视角能够对地方政府合作给出全面的图景，但是不同的观察视角能够侧写出不同的价值。

---

① 吕志奎：《通向包容性公共管理：西方合作治理研究述评》，《公共行政评论》2017年第2期。

② Morgan, G., *Images of organization*, Beverly Hill：Sage，1986.

　　不可否认，近年来关于中国地方政府合作的研究已经产生了大量的经验性研究，这些研究生产了认识地方政府合作的大量信息，但很大一部分缺乏理论关照，所以对于一个研究领域的发展而言，其贡献是有限的。欣喜的是，也有一部分研究明确了研究路径，总体上可以划分为制度、权力、治理三种不同的研究路径（见表 2-2-1），实际上，这三种不同的研究路径是对地方政府合作不同面向的切割。地方政府合作研究的制度路径关注地方政府合作的制度层面，制度背景、制度设计、制度困境和制度运行都是这一路径的关注点，尤其擅长将地方政府合作与宏观的制度因素相联系；地方政府合作研究的权力路径关注地方政府合作主体间的权力结构和过程；地方政府合作研究的治理路径则关注地方政府合作的相关行动者及其互动的过程。

表 2-2-1　　　　　　　　地方政府合作的研究路径

研究路径	制度路径	权力路径	治理路径
关键要素	制度	权力	互动
解释机制	规则、规范、信念	科层、权威	互惠、信任、网络
分析层次	宏观	中观	微观
理论观点	强调制度对合作的激励和约束	强调合作关系背后的权力基础	强调行动者间的互动对合作的构建
局限性	忽视非正式要素和行动者能动性	忽视地方政府合作的自发性和自主性	忽视纵向权威对合作的影响
解决方案	制度设计和制度创新	政府职能转变和权力让渡	共同参与和共同目标

资料来源：笔者自制。

一　地方政府合作的制度路径

　　这一路径关注地方政府合作的制度层面，将地方政府合作置于制度背景中来考察，强调制度对合作的激励和约束作用[①]，关注地方政

---

① 锁利铭：《我国地方政府区域合作模型研究——基于制度分析视角》，《经济体制改革》2014 年第 2 期。

府合作中制度结构的构建和制度在实践中如何运作，以及由此产生的困境和问题。依据制度分析的逻辑，地方政府的合作是作为行动者的地方政府依据规则、规范和认知等制度要素选择的结果。在这一路径下展开的研究，最为常见的是结合中国的制度背景，甄别地方政府合作中面临的困境和问题。例如，依据压力型体制和官员晋升激励的制度因素，有研究解释了中国地方政府不合作的原因在于，地方官员的政治逻辑主导了地方经济竞争的方式和内容，使得地方官员拒绝双赢的合作而倾向于"损人利己"的竞争。[①]

除了解释合作难以实现的困境外，也有学者分析了地方政府在合作进程中出现的具体困境，例如，制度构建中面临的利益博弈、协调机制形式化、合作组织松散化、碎片化现象等困境[②]，以及技术、经济和环境壁垒。[③] 并且，试图从制度创新的层面对解决这些困境提出解决方案。[④]

此外，一部分研究试图对地方政府合作进行应然式的制度设计，这部分研究多为理性主义和实用主义导向下的规范研究，试图通过演绎的逻辑构建地方政府合作制度的理想类型。例如，有学者提出从合作关系、政策协调机制、合作主体、绩效评估体系四个方面构建区域合作机制。[⑤] 近年来，制度性集体行动（ICA）框架被国内学者引入地方政府合作的分析中，认为作为理性化个体的地方政府合作行为的

---

① 周黎安：《晋升博弈中政府官员的激励与合作——兼论我国地方保护主义和重复建设问题长期存在的原因》，《经济研究》2004 年第 6 期。

② 蔡岚：《我国地方政府间合作困境研究述评》，《学术研究》2009 年第 9 期；汪伟全：《空气污染的跨域合作治理研究——以北京地区为例》，《公共管理学报》2014 年第 1 期。

③ 臧雷振、翟晓荣：《区域协同治理壁垒的类型学分析及其影响——以京津冀为例》，《天津行政学院学报》2018 年第 5 期。

④ 陈瑞莲：《论区域公共管理的制度创新》，《中山大学学报》（社会科学版）2005 年第 5 期；陈瑞莲、刘亚平：《泛珠三角区域政府的合作与创新》，《学术研究》2007 年第 1 期；张紧跟：《区域公共管理制度创新分析：以珠江三角洲为例》，《政治学研究》2010 年第 3 期。

⑤ 臧乃康：《多中心理论与长三角区域公共治理合作机制》，《中国行政管理》2006 年第 5 期。

选择是制度性因素决定的交易成本和契约风险共同决定的。基于这一分析框架，这一类研究对中国地方政府合作的关系类型、合作组织、合作动机、合作机制等核心议题进行了较为系统的探讨。对制度路径的批评认为，这一路径的地方政府合作研究虽然能够对合作的正式制度安排进行较为深入的分析，但是忽视了合作中的非正式关系和结构等要素，也缺乏对合作制度形成过程的动态的研究。

二　地方政府合作的权力路径

权力路径的地方政府合作研究，围绕地方政府合作中的权力配置和权力结构，分析地方政府过程中的权力运行结果和权力隶属关系。这一路径的逻辑进路与传统的政府间关系研究相一致，都关注政府间纵向和横向上的集权和分权问题。秉持这一研究路径的学者认为，当下流行的"组织间网络"和"伙伴关系"等概念，缺乏对地方政府合作之权力基础的关注。[1] 有学者从行政管辖权让渡的视角理解中国地方政府的合作，认为地方政府合作的核心在于通过让渡行政管辖权形成一种区域公共管理权力，实现跨行政区的公共事务治理。[2] 依据这一理论进路，学者们对地方政府合作的行政管辖权进行了事务性划分：经济要素在辖区间流动的行政管辖权、产业结构调整和发展规划的行政管辖权、跨界公共问题治理和区域公共物品的提供权。[3]

无独有偶，"复合行政"作为一个分析中国地方政府合作的本土性概念，指的是跨行政区、跨层级的相互交叠、嵌套的提供公共服务和促进区域一体化的多中心、自主治理的合作机制。该理论也认为要突破刚性的行政区划的限制，实现区域一体化，关键抓手在于政府职

---

[1]　彭彦强：《中国地方政府合作研究——基于行政权力分析的视角》，中央编译出版社 2013 年版。

[2]　杨龙、彭彦强：《理解中国地方政府合作——行政管辖权让渡的视角》，《政治学研究》2009 年第 4 期。

[3]　崔晶、孙伟：《区域大气污染协同治理视角下的府际事权划分问题研究》，《中国行政管理》2014 年第 9 期。

能的调整，而非行政区划的升格、合并和兼并。① 本质上，"复合行政"提出的政府职能转变，所触及的也是地方政府的行政管辖权。

在提出分析性概念的基础上，有学者基于行政权力的分析视角提出了系统的分析框架和理论假设，并通过经验分析进行验证，认为地方政府间行政权力的自愿性协调是地方政府合作的本质和基础，通过行政权力实现对资源的控制和跨区域配置是地方政府合作的实现方式，地方政府行政权力的协调程度决定了政府间的合作程度。② 也有研究揭示了跨域治理背后权力的运行逻辑，认为政府权力通过扩散、收紧、交换、渗透四种权力流动机制，实现合作中权力的横向、纵向和外向流动。③ 权力路径的学者认为，制度缺失和分权化改革为我国地方政府合作的形成提供了空间④，中国独特的政府体制创造了地方政府的相对自主性，是政府间实现权力互动的前提。⑤ 对于这一路径的批评，与制度路径类似，因为聚焦于地方政府合作的权力向量，所以关注的是合作的正式区划设置和权力配置，容易忽视合作过程中的其他变量，诸如互惠、信任等，而且权力视角的合作认知往往更像政府间的协调而非合作。

三　地方政府合作的治理路径

治理是"自组织和组织间的行动网络"⑥，是一种劝说"不情愿的伙伴"去合作的活动，从而创造行动的能力和整合实现集体目标的

---

① 王健、鲍静、刘小康、王佃利：《"复合行政"的提出——解决当代中国区域经济一体化与行政区划冲突的新思路》，《中国行政管理》2004 年第 3 期。

② 彭彦强：《中国地方政府合作研究——基于行政权力分析的视角》，中央编译出版社 2013 年版。

③ 郝郁青、李靖：《政府跨域合作治理中权力流动的解释路径——基于甘肃省水利厅文本数据的内容分析》，《兰州学刊》2019 年第 12 期。

④ 杨龙、郑春勇：《地方政府间合作组织的权能定位》，《学术界》2011 年第 10 期。

⑤ 李芝兰：《跨越零和：思考当代中国的中央地方关系》，《华中师范大学学报》（人文社会科学版）2004 年第 6 期。

⑥ Rhodes, R. A. W., *Understanding Governance: Policy Networks, Governance, Reflexivity and Accountability*, Buckingham: Open University Press, 1997.

资源。① 由此可见，"行动"是治理语境中的词眼。治理路径下的地方政府合作指向多个地方政府间的互动关系，通过协商和谈判的方式实现共同目标的行动。这一路径通过地方政府合作的外部环境、内部过程和运行机制等要素来解释合作的生成和运行，而贯穿其中的是多个主体间的参与和互动。

目前，国内从区域协同治理、协作性公共管理以及网络治理等理论视域考察地方政府合作的研究，大多采取了治理路径的前提假设和分析逻辑。一些学者提出了"区域公共管理"的概念，认为区域公共管理与行政区管理在价值导向、治理主体、治理层次和权力向度上不同，主张区域性行政、多元化主体、多中心治理和共享管辖权，②而且主张合作的机制并不是单一的，而是科层、市场、网络等机制的混合。③ 主张协同治理的学者则强调了相互信任、集体行动、达成共识、合法性构建、责任分担等要素在地方政府合作中的重要性，以及地方政府间协同行动力形成的程序和制度等背景因素。④

网络治理是治理路径的一个重要分支，近年来基于网络治理的理论和方法的地方政府合作研究在国内方兴未艾。网络治理关注地方政府合作网络构建中的对象选择、属性结构和关系形态，认为行动者的网络决策和行动会导致网络结构的改变。对网络结构和行动者的关注，可以联结地方政府合作形成的宏观和微观结构，有利于弥补制度路径和权力路径关注正式结构和宏观因素的局限。例如，一些研究利用社会网络分析的量化指标对具体领域的地方政府协同网络进行整体

---

① Stoker, R. P., *Reluctant partners*：*Implementing federal policy*，Pittsburg：Pittsburg University Press，1991.

② 金太军：《从行政区行政到区域公共管理——政府治理形态嬗变的博弈分析》，《中国社会科学》2007 年第 6 期。

③ 杨爱平、陈瑞莲：《从"行政区行政"到"区域公共管理"——政府治理形态嬗变的一种比较分析》，《江西社会科学》2004 年第 11 期。

④ 柳建文：《区域组织间关系与区域间协同治理：我国区域协调发展的新路径》，《政治学研究》2017 年第 6 期；赵新峰、袁宗威：《京津冀区域大气污染协同治理的困境及路径选择》，《城市发展研究》2019 年第 5 期。

评估，从微观层面揭示了政府间合作网络内部的结构差异。① 网络治理视角的采用也在网络的形成路径、网络的历时演变、不同网络结构的差异等方面表现出了较强的微观穿透力和复杂解释力。②

第三节　地方政府合作的核心议题

无论采取什么研究路径，理论视角的切入都是为了更好地理解地方政府合作。理解地方政府合作的关键在于：对地方政府合作的结构、过程、机制、结果，以及对地方政府合作如何形成和持续的影响因素进行描述和解释。如前所述，制度、权力、治理三种研究路径对地方政府合作现象的解释各有侧重，前提假设和分析逻辑也有差异。但是，为了回答上述问题，合作的结构、合作的主体、合作的机制和合作的结果等成为了这一领域无法回避的问题。

一　合作的结构

治理的结构体现出权威系统的形式和特征。③ 合作的结构影响着合作的进程和结果，合作的结构可以由合作目标、合作规模、权力配置等指标予以测量。④ 在现有文献中，合作的结构呈现为关系结构、合作类型、合作模式等概念，但是我们认为这些概念本质上阐述的还

---

① Chen, B., Suo, L., & Ma, J., "A Network Approach to Interprovincial Agreements: A Study of Pan Pearl River Delta in China", *State and Local Government Review*, 2015, 47 (3); 崔晶：《京津冀都市圈地方政府协作治理的社会网络分析》，《公共管理与政策评论》2015年第3期。

② 马捷、锁利铭：《城市间环境治理合作：行动、网络及其演变——基于长三角30个城市的府际协议数据分析》，《中国行政管理》2019年第9期；马捷、锁利铭、陈斌：《从合作区到区域合作网络：结构、路径与演进——来自"9+2"合作区191项府际协议的网络分析》，《中国软科学》2014年第12期。

③ Jreisat, J., "Governance: Issues in Concept and Practice", in Donald C. Menzel & Harvey L. White (Eds.), *The State of Public Administration: Issues, Challenges and Opportunities*, New York, US: M. E. Sharpe, 2011, pp. 424 –438.

④ 申剑敏：《跨域治理视角下的地方政府合作：基于长三角的经验研究》，上海人民出版社2016年版。

是合作的结构问题,只是观察的角度和划分的标准有所区别。

目前的研究主要集中在两个方面:对某一个领域的合作结构进行整体剖析和对合作结构进行类型学划分。在对具体领域的政府间合作结构研究方面,既有对合作网络的内部结构进行截面分析的,例如,有学者分析"9 + 2"泛珠三角合作区政府间政策合作网络结构的状态和形成机理,提出了三元网络结构和弱关系结构的观点;[①] 也有研究发现区域经济发展中地方政府合作呈现出"核心—边缘"结构;[②] 亦有研究关注合作结构的历时演变,例如从治理的方式、范围、主体等维度分析我国大气污染政府间协作治理从联防联控到综合施策的模式转变。[③]

此外,对地方政府合作结构问题的关注衍生了大量合作类型学的研究。有学者依据环境动荡程度和个体协作程度将地方政府协作模式划分为动荡环境下的外部协作模式、常规环境下的外部协作模式、动荡环境下的内部协作模式和常规环境下的内部协作模式四种类型。[④] 也有依据地方政府合作中的结构要素与动力机制[⑤],科层、网络和契约三种治理机制的组合[⑥],以及合作的整合程度、问题紧迫性、合作的内容[⑦]等维度,对地方政府合作的结构和类型进行划分。

总体来说,对地方政府合作结构这一议题的国内研究已经产生了

---

① 锁利铭、马捷、李丹:《"核心—边缘"视角下区域合作治理的逻辑》,《贵州社会科学》2014 年第 1 期。

② 锁利铭、马捷、李丹:《"核心—边缘"视角下区域合作治理的逻辑》,《贵州社会科学》2014 年第 1 期。

③ 李瑞昌:《从联防联控到综合施策:大气污染政府间协作治理模式演进》,《江苏行政学院学报》2018 年第 3 期。

④ 于鹏、李宇环:《地方政府协作治理模式:基于战略问题的类型学分析》,《行政论坛》2016 年第 4 期。

⑤ 陈升、王京雷、代欣玲:《基于"结构—动力"视角的合作治理模式比较——以小城镇建设为案例》,《公共管理学报》2020 年第 2 期。

⑥ 范永茂、殷玉敏:《跨界环境问题的合作治理模式选择——理论讨论和三个案例》,《公共管理学报》2016 年第 2 期。

⑦ 杨宏山、周昕宇:《区域协同治理的多元情境与模式选择——以区域性水污染防治为例》,《治理现代化研究》2019 年第 5 期。

大量文献。但是，对于合作结构的类型划分标准，大部分研究缺乏对
所选维度的论证，而集中于某一具体领域的划分也限制了研究结果的
外部效度。另外，缺乏对不同的合作结构与情境因素之间如何适配，
以及不同的合作结构对合作效果的影响的研究。

二　合作的机制

合作机制是地方政府合作的内核，是合作过程中地方政府行动的
动态过程，又是合作组织运行和合作规则生效的过程。[①] 从合作形态
的不同阶段来看，合作机制划分为静态机制和动态机制。其中，静态
机制是合作发起的条件，而动态机制则决定了合作的持续性，二者分
别解决了"合作如何发生"和"合作如何持续"的问题。[②] 从合作机
制的制度化程度来看，可以划分为正式合作机制和非正式合作机制。
其中，正式的合作机制制度化程度较高，地方政府间的合作具有正式
的会议制度、组织章程和合作规则。相对来说，非正式的合作机制是
较为弹性的制度安排，表现为对话式的交谈、磋商和互访。二者间的
区别在于，合作是否签署了具有约束力和权威性的官方文本文件。[③]
更为普遍的是合作机制的功能性划分，即根据合作机制在地方政府合
作结构和过程中发挥的功能进行划分，例如利益整合机制、冲突解决
机制、合作动力机制、关系协调机制等。也有研究指出，功能完备的
合作机制应该包括谈判、执行、监督三个动态的环节。[④]

大致而言，现阶段关于地方政府合作机制的研究主要分为三类。

第一类是研究整体合作机制的构建，例如，有学者从法制体系、
关系协调和职能转变三个方面探讨了地方政府跨区域环境治理合作机

---

①　潘小娟等：《地方政府合作研究》，人民出版社 2016 年版。

②　郑文强、刘滢：《政府间合作研究的评述》，《公共行政评论》2014 年第 6 期。

③　锁利铭：《地方政府间正式与非正式协作机制的形成与演变》，《地方治理研究》
2018 年第 1 期。

④　潘小娟等：《地方政府合作研究》，人民出版社 2016 年版。

制的构建。[1]

第二类是对某一种合作机制的系统分析，例如有研究指出要突破目前的行政区责任机制，从"责任共担、明确划分、成本分担"三个方面构建政府间合作治理的责任分担机制。[2] 还有研究则就如何提升政府间合作的持续性，探讨了政府间合作的动力机制。例如，从合作动机、合作迫切感和合作环境三个方面构建由引力、压力、推力共同构成的政府间合作动力机制，揭示了地方政府间合作的动力来源和作用机制。[3] 有学者则更进一步对地方政府合作的动力机制类型进行了划分：大行政单位主导模式、中央政府诱导模式和互利模式。[4]

第三类是对具体合作机制形式的分析，例如有研究从功能定位、演化过程、召开形式、区域范围、议题领域、成员构成等维度，对府际联席会议这一政府间合作机制进行了具体剖析[5]。

总体上，关于合作机制方面的研究以规范研究为主，旨在甄别概念维度和构建分析框架，缺少实证的检验。对于不同的合作机制之间是否存在互补、支持、竞争等逻辑关系，合作机制的实际运作和效果，以及在不同情境下哪一种合作机制更有利于提升地方政府合作效能等问题，目前还缺乏关注。

三 合作的主体

地方政府合作的一个重要特征在于从单一主体的行政转变为多个主体的共同行政。行动者在合作中承担不同的角色和责任，拥有不同

---

[1] 杨妍、孙涛：《跨区域环境治理与地方政府合作机制研究》，《中国行政管理》2009年第1期。

[2] 姜玲、乔亚丽：《区域大气污染合作治理政府间责任分担机制研究——以京津冀地区为例》，《中国行政管理》2016年第6期。

[3] 龙朝双、王小增：《我国地方政府间合作动力机制研究》，《中国行政管理》2007年第6期。

[4] 杨龙：《地方政府合作的动力、过程与机制》，《中国行政管理》2008年第7期。

[5] 锁利铭、廖臻：《京津冀协同发展中的府际联席会机制研究》，《行政论坛》2019年第3期。

的动机、能力和策略，这些行动者由参与合作的不同组织和个体组成，即作为个体的地方政府和地方政府让渡行政管辖权而组成的合作组织。① 现有研究对合作组织的权能定位和类型进行了研究，例如有学者指出合作组织在权能定位上普遍存在管辖权力有限、组织成员不稳定、合作活动不连续、多重领导关系等问题。② 有学者则借鉴国外学者对共享型网络（SG）、领导型网络（NLO）和行政型网络（NAO）的网络结构形态划分，依据组织规模、资源获取和运行特征的结构要素，以及信任程度、成员异质性和网络能力的初始条件，将我国地方政府合作的网络组织结构形态划分为牵头类、联席类和支持类。③

更多的研究则围绕作为行动者的地方政府个体，在合作中的动机、行为和偏好等行动者属性和特征展开。制度性集体行动分析框架对地方政府在合作中的动机进行了区分：追寻集体性收益或是选择性收益。④ 有研究认为，地方政府合作中的决策偏好是关于是否签订和执行府际契约的心理动机和行为倾向，并根据合作收益的大小和实现合作收益的难度两个维度，将地方政府的决策偏好区分为积极响应型、随波逐流型、好强恶弱型和被动迎合型四个类型。⑤ 一些研究则分析地方政府在合作中的行为逻辑，例如在对泛珠三角地区政府合作的研究中，有学者根据地方政府合作关系中的外向度和内向度将其在合作中的角色区分为积极寻求合作者、区域合作活跃者、区域合作不活跃者和区域合作权威者，而且发现地方政府在合作中倾向于异质性

---

① 申剑敏：《跨域治理视角下的地方政府合作：基于长三角的经验研究》，上海人民出版社 2016 年版。

② 杨龙、郑春勇：《地方政府间合作组织的权能定位》，《学术界》2011 年第 10 期。

③ 锁利铭、阚艳秋：《大气污染政府间协同治理组织的结构要素与网络特征》，《北京行政学院学报》2019 年第 4 期。

④ 锁利铭：《城市群地方政府协作治理网络：动机、约束与变迁》，《地方治理研究》2017 年第 2 期。

⑤ 杨爱平、黄泰文：《区域府际契约执行中地方政府的决策偏好分析——以珠三角一体化为例》，《天津行政学院学报》2014 年第 4 期。

合作和高风险合作。① 更进一步，有学者通过合作意愿和风险两个指标构建了地方政府双边合作倾向的分析模型，发现地方政府的合作意愿是合作形成的主导因素，而高意愿、低风险的合作关系最容易达成。② 也有研究从执行动力、协调难度和作用机制三个维度对地方政府的互动行为进行测度，发现了政府主体的不同诉求、结构复杂程度和内部权力关系对地方政府行为逻辑的影响。③

四　合作的结果

一个完整的合作过程应当涵盖对合作结果的评估环节，合作的结果包括中间成果、直接影响和持续性三个方面，其中中间成果是合作过程中的阶段性成果，而直接影响则是合作对共同目标的实现程度，合作的可持续性则涉及更高层次的公共价值的创造。④ 这一界定与西方学者对合作有效性的定义相似，认为合作治理的有效性体现为合作能力、政策绩效和公共责任三个方面⑤。也有学者对合作的结果进行了更为理性化的定义，认为合作的结果直接体现为合作给地方政府带来的收益。⑥ 现有文献对地方政府合作结果的研究相对匮乏，既缺乏系统的测量指标体系，也缺乏规范的实证研究。

在研究合作结果的有限文献中，一些研究仅仅是根据合作结果的具体维度对合作效果进行初步的评估，例如，根据府际协议的数量、

---

① 锁利铭、李雪、阚艳秋、马捷：《"意愿—风险"模型下地方政府间合作倾向研究——以泛珠三角为例》，《公共行政评论》2018 年第 5 期。

② 锁利铭、李雪、阚艳秋、马捷：《"意愿—风险"模型下地方政府间合作倾向研究——以泛珠三角为例》，《公共行政评论》2018 年第 5 期。

③ 叶林、杨宇泽、邱梦真：《跨域治理中的政府行为及其互动机制研究——基于广佛地铁建设和水污染治理的案例比较》，《理论探讨》2020 年第 2 期。

④ 申剑敏：《跨域治理视角下的地方政府合作：基于长三角的经验研究》，上海人民出版社 2016 年版。

⑤ Weber, E. P., & Khademian, A. M., "Wicked Problems, Knowledge Challenges, and Collaborative Capacity Builders in Network Settings", *Pnblic Administration Review*, 2008, 68 (2).

⑥ 潘小娟等：《地方政府合作研究》，人民出版社 2016 年版。

合作持续时间、合作内容和规模的拓展等。① 有研究借鉴问题基模，阐述了大气污染政府间协同治理在目标绩效、过程绩效、结果运用绩效三个方面存在的绩效增长困境，有利于阐明政府间合作绩效的构成维度。② 有学者则试图构建评价地方政府横向合作的指标体系，设置了政策制度、目标协调、利益协调、信息沟通和社会文化五个一级指标，以及相应的二级指标和三级指标。③ 此外，有学者借助社会—生态系统可持续性分析框架，研究府际合作机制的可持续性，发现不同的合作机制具有不同的可持续性。④ 此外，没有研究关注合作效果对合作结构和过程的反馈作用，虽然有研究指出合作结果会重新塑造合作的条件和过程。⑤

第四节　地方政府合作的影响因素

如果说地方政府合作的结构、机制、主体和结果回答的是"地方政府合作是什么，谁参与，如何参与和效果如何"的问题，那么地方政府合作的影响因素则解释了"地方政府为什么合作和地方政府合作为什么会产生效果"的问题。对于地方政府合作的影响因素，现有文献中存在合作发起的初始条件和合作运行的过程因素的划分，但是地方政府合作作为一个动态过程，无论是初始条件还是过程因素，都作

---

① 申剑敏：《跨域治理视角下的地方政府合作：基于长三角的经验研究》，上海人民出版社 2016 年版。

② 罗文剑、陈丽娟：《大气污染政府间协同治理的绩效改进："成长上限"的视角》，《学习与实践》2018 年第 11 期。

③ 王福龙：《区域协调发展中地方政府间横向合作的评价指标体系构建》，《行政管理改革》2019 年第 10 期。

④ 石晋昕、杨宏山：《府际合作机制的可持续性探究：以京津冀区域大气污染防治为例》，《改革》2019 年第 9 期。

⑤ Emerson, K., Nabatchi, T., Balogh, S., "An Integrative Framework for Collaborative Governance", *Journal of Public Administration Research and Theory*, 2011, 22 (1).

用于合作的整个周期。① 也就是说，这些影响因素可能会作用于合作治理的不同阶段和不同构成要素。在具体的研究中，应该从研究问题出发，把握不同变量之间的关系，例如影响因素可能既会影响合作的结构，又会影响合作的主体，因为二者同时存在于一个整体的合作过程中。

表 2-2-2　　　　　　　　　　地方政府合作的影响因素

文献	合作领域	影响因素
Chen 等，2019	泛珠三角合作区双边关系	地理邻近性，经济地位对等，政治地位不对称，政治制度安排（一国两制），领导干部跨省交流，政策问题的紧急度契合
孟庆国等，2019	京津冀大气污染治理	制度环境：政治与政策驱动，发展型地方主义；治理资源：配置性资源（知识、人力、资金），权威性资源（治理权威，非人格化程序）
杨志云、毛寿龙，2017	京津冀协同发展	制度环境：棘手政策问题和相互依赖，权力、知识和资源的对称性，发展型地方主义与政治竞标赛；激励机制：组织机制、考核、收益分享；约束机制：政治驱动、府际契约、承诺
潘小娟等，2016	城际公交、水污染治理、警务协作	情境因素：行动者间认同，规划和政策，利益相关者，合作收益可测量和可分割；合作需求：资源与要素匹配，共同利益认知，明确的收益/成本；行动者：政策企业家，上级政府
申剑敏，2016	长三角城市合作、世博会合作、社会信用体系	总体环境：环境不确定性，制度环境，组织互赖性；合作历史：既有合作经历和合作结构；直接推动者：关键角色和组织，如召集人和领导者

资料来源：笔者根据表 2-2-2 中相关文献编制。

---

① Emerson, K., Nabatchi, T., Balogh, S., "An Integrative Framework for Collaborative Governance", *Journal of Public Administration Research and Theory*, 2011, 22 (1).

从这些较为系统的分析中国地方政府合作影响因素的文献中（见表2-2-2），可以看出，不同的文献虽然关注不同的合作领域或是关注不同的合作要素，但是在地方政府合作的影响因素上呈现出较大的相似性。总体上，可以划分为制度因素、过程因素和主体因素三类。其中，制度因素包括诸如政治制度安排、规划和政策、发展型地方主义、合作历史等宏观层面的因素，过程因素包括合作过程内部的共同利益认知、资源和要素匹配、内部程序和权威等中观层面因素，主体因素则涵盖了上级推动、政策企业家、地理位置、经济地位等主体属性和特征的微观因素。

一些文献主要聚焦于探讨某一个具体的因素如何影响地方政府合作，例如政策问题类型、焦点事件、合作风险等。[1] 然而，大部分研究只是提出分析框架或是证明某些因素与某个合作构成要素间的相关性，缺乏对影响因素如何发挥作用的机制探讨。此外，不同的影响因素所处的层次不同，因此影响因素之间存在交互作用。例如，既有合作结构可能会影响地方政府的合作行为，现有文献也缺少跨层次的分析。

第五节　地方政府合作研究的展望与挑战

至此，本章依据地方政府合作的研究路径、核心议题和影响因素，对现有文献中关于中国地方政府合作的研究进行了较为系统的回顾。研究发现，对地方政府合作的研究，目前国内主要存在制度、权力和治理三条研究路径。三者的理论预设和理论聚焦各有不同，制度路径关注制度对地方政府合作的约束和激励，权力路径关注地方政府合作过程中权力的配置和让渡，而治理路径关注地方政府合作主体间

---

① 陈晓运：《跨域治理何以可能：焦点事件、注意力分配与超常规执行》，《深圳大学学报》（人文社会科学版）2019年第3期；锁利铭、李雪：《区域治理研究中"商品（服务）特征"的应用与影响》，《天津社会科学》2018年第6期。

的互动关系网络；就研究议题而言，现有文献覆盖了地方政府合作的内部和外部要素。

本章系统刻画了合作结构、合作机制、合作主体以及合作结果四个方面的研究图景和研究不足，但对于国外理论和经验介绍和合作困境方面的文献，本章未详尽梳理。一方面，已有学者进行过梳理；另一方面，无论是合作困境还是国外理论和经验的总结和归纳，对于这一领域发展的理论贡献有限。对于影响地方政府合作的因素涉及制度环境、过程要素和主体因素三个层面，但是现有文献在这一方面缺乏规范的实证研究。

除了现有文献提及的竞争与合作的关系、合作绩效研究不足以外①，笔者认为，中国地方政府合作研究仍然在以下三个方面存在拓展的空间。

首先，需要关注地方政府合作面临的问题属性。"棘手问题"（wicked problem）的出现是合作治理兴起的重要背景，但是并不是所有的"棘手问题"都是同质化的。现有研究已经指出，合作问题的属性是影响政府间合作效果的前提条件，合作事务的资产专用性和测量困难性等属性会影响合作的可能性、合作机制的选择和合作结构的形成②。此外，合作问题或事务的模糊性、不确定性以及正负外部性等属性也会对地方政府合作产生影响。显然，合作问题或事务的模糊性和不确定性会影响地方政府间的相互依赖性和约束性。

我们知道，"搭便车"是地方政府合作中需要规避的重要问题，但是对于合作问题或事项的正负外部性而言，"搭便车"的逻辑是不一样的。对于区域协调发展、科技创新等推动经济发展的合作事项和环境保护、污染治理等加重地方政府负担的合作事项，地方政府的合作行为逻辑是不同的。对于前者，地方政府是"逐利"的积极参与

---

① 蔡长昆：《合作治理研究述评》，《公共管理与政策评论》2017 年第 1 期。
② 锁利铭、李雪：《区域治理研究中"商品（服务）特征"的应用与影响》，《天津社会科学》2018 年第 6 期。

的强治理；对于后者，地方政府是"避责"的消极参与的弱治理。然而，现有文献普遍聚焦于某一个领域，往往将合作问题或事项的属性当作一个常量。为此，未来的研究需要拓宽研究的视野，将其作为一个变量纳入研究。

其次，需要加强地方政府合作的动态过程研究。现有研究多为结构性、功能性的静态分析，而对于地方政府合作结构的形成和演变的分析，也多是甄别影响因素，或是对不同时段的网络结构特征差异的识别。这些研究无法回答地方政府合作中为什么一些精心设计的制度安排会流于形式，也无法回答地方政府合作何以持续的问题，因为少有研究采用行动者视角探究地方政府合作的发起和内部互动过程。地方政府合作是一个兼具复杂性和包容性的现象，借助动态过程导向的研究，可以发现政府间合作发起和合作困境生成的复杂因果关系。动态过程导向的研究可以帮助我们发现正式合作结构背后，诸如社会资本、关系网络等非正式因素在政府间合作中发挥的作用，也可以更好地解释政府间合作持续运行的动力机制。

最后，需要完善地方政府合作的纵向作用机制研究。上级推动已经被一些研究证明是地方政府合作的重要推力[1]，但是也有研究提出了异议，认为上级政府的纵向嵌入会阻碍地方政府合作内生动力的生成。[2] 但是，这些研究要么是规范性的理论探讨，要么是对上级政府的嵌入进行具体形式的枚举，无法解决上述分歧。不同于美国等西方国家联邦制下的多元主义，我国地方政府权力需要上级政府授权，"职责同构"和"干部考核"的压力使得地方政府与上级政府"亦步亦趋"。所以，研究中国的地方政府合作无法摆脱科层制的"影子"。目前，西方对于合作治理的机制是网络，还是科层、市场、网络的混

---

[1]　文宏、林彬：《国家战略嵌入地方发展：对竞争型府际合作的解释》，《公共行政评论》2020 年第 2 期。

[2]　武俊伟、孙柏瑛：《我国跨域治理研究：生成逻辑、机制及路径》，《行政论坛》2019 年第 1 期；朱成燕：《内源式政府间合作机制的构建与区域治理》，《学习与实践》2016 年第 8 期。

合尚存争议①，对地方政府合作纵向作用机制的研究，不仅有利于更好发挥上级政府的协调作用，也有利于化解上述争议。

除了弥补研究议题的不足以外，要提高中国地方政府合作研究的水准，在研究的质量层面仍需克服三个相互勾连的挑战。

首先，研究如何平衡理论驱动和经验驱动的问题。我们注意到，现有文献基本上是从理论出发，而且是从域外理论出发，其中的悖论在于，除了复合行政、行政管辖权让渡等少数本土概念以外，在中国特色鲜明的制度背景下，几乎没有产生扎根经验的本土理论，这限制了本土研究与西方理论对话的能力和水平。

其次，研究层次需要从描述性逐渐转向解释性。现有描述性研究已经生产了与政府间合作相关的大量变量，下一步的研究重心应当提升方法论水平，从增加新的变量转向如何构建变量间的结构体系。这是因为专注于具体合作领域的描述性研究缺少比较分析和理论提炼，存在"自说自话"的风险。例如，制度、权力和治理三种研究途径之间如何实现对话和整合？

最后，国内提出分析地方政府合作理论框架的少量文献，基本是对西方理论框架进行变量增减，未能提出富有解释力的理论框架，导致这些框架总是"昙花一现"，缺少学术接力，不利于知识积累。不可否认，近年来，制度性集体行动、网络治理等西方理论的引进，大大提升了中国地方政府合作研究的理论水平，但是这些理论如何与中国场景适配仍然是一个问题。

---

① Pierre, J., Peters, B. G., *Governance*, *Politics and the State*, New York, US: Palgrave Macmillan, 2000.

第三章 南向开放的背景扫描与
政策梳理

第一节 背景介绍

南向开放是"一带一路"倡议的重要组成部分。2019 年 8 月,国家发展改革委印发《西部陆海新通道总体规划》,标示着南向开放正式融入西部陆海新通道建设(以下简称"陆海新通道")中。该规划指出,"西部陆海新通道位于我国西部地区腹地,北接丝绸之路经济带,南连 21 世纪海上丝绸之路,协同衔接长江经济带,在区域协调发展格局中具有重要战略地位",是新时期我国深化陆海双向开放、推进西部大开发形成新格局的重要举措。

西部陆海新通道建设涉及西部地区重庆、广西、贵州、甘肃、青海、新疆、云南、宁夏、陕西、四川、内蒙古、西藏 12 个省(区、市),以及海南省,共计 13 个省份。陆海新通道建设以区域间的基础设施建设、产业合作、商贸物流为核心合作领域,以区域基础设施联通和区域经济融合为驱动力,推动西部地区形成区域协调发展和对外开放新格局。因此,面向南向开放的陆海新通道建设呈现出跨省域、跨层次、跨领域的区域治理特征。

总体来看,除海南省以外,2019 年西部地区生产总值约 20.5 万亿元,增长 6.7%。截至 2018 年年底,区域土地面积约为 678.2 万平方公里,占全国总面积的 70.6%;人口约为 3.8 亿人,占全国总人口的27.2%。西部地区地域辽阔，除四川、重庆和陕西部分地区外，绝大部分地区属于经济欠发达和发展滞后地区。同时，中国西部边境线漫长，与缅甸、老挝、越南、蒙古国、俄罗斯、塔吉克斯坦、哈萨克斯坦、吉尔吉斯斯坦、巴基斯坦、阿富汗、不丹、尼泊尔、印度13个国家接壤，陆地边境线长达1.8万余公里，约占全国陆地边境线的91%；与东南亚许多国家隔海相望，有大陆海岸线1595公里，约占全国海岸线的1/11。商务部数据显示，2019年1—6月，西部地区实际使用外资349.6亿元，同比增长21.2%。

具体来看，就地理区位而言，13个省份基本上处于我国西部内陆地区，仅有广西、海南具有沿海优势，海上联通东南亚地区；而新疆、西藏、内蒙古、云南则具有沿边优势，陆上联通西亚、南亚、北亚、东南亚地区。从经济规模上看，四川经济体量最大，重庆、陕西、云南次之，其余省份经济体量相对较小。从产业结构上看，西部地区产业结构布局不合理，经济发展的内生动力不足，第一产业和第二产业占比偏大，居于产业链末端；从资源禀赋上看，西部地区矿产资源、旅游资源和农牧资源丰富，但是区域内部差异较大，资源分布不均。

综上，陆海新通道建设所涉及的13个省（区、市），相互依赖性和相互竞争性并存，经济社会发展总体滞后性和内部差异性共存。上升为国家战略的陆海新通道建设，一方面为西部地区各省份的发展创造了机遇，另一方面也为各个省份完成国家战略设定的区域目标形成了约束。当前，陆海通道建设仍然存在"交通运输瓶颈制约、物流成本偏高、竞争能力不强、缺乏有效产业支撑、通关便利化有待提升"[①] 等突出问题。需要指出的是，这些问题并不是凭借单一省份的力量可以解决的，涉及不同省（区、市）之间政策规划、制度机制、基础设施的联通和联动。面向南向开放的陆海新通道建设要真正实现

[①] 国家发展改革委：国家发展改革委关于印发《西部陆海新通道总体规划》的通知，ht-tps：//www.ndrc.gov.cn/fggz/zcssfz/zcgh/201908/t20190815_1145787.html。

"陆海内外联动、东西双向互济",亟须跨越固有行政区域阻碍、经济发展程度差异、体制机制障碍,实现跨区域的合作。

长期以来,地方政府间的竞争被认为是促进我国经济发展的关键因素,但是,伴随着区域间发展不平衡加剧和区域间公共问题涌现,以竞争为导向的激励策略已经不能够适应发展的新局面。因此,在"一带一路"南向开放中引导地方政府从"竞争中合作"走向"合作中竞争",成为战略成功实现的必然要求。

本章将全景式扫描南向开放的区域现状和政策背景,进而揭示区域合作的条件和进展,为探究区域合作的机制和规律奠定基础。

第二节 "一带一路"南向路径的政策演进

地理位置相邻带来的相互依赖性,整体发展滞后带来的共同发展偏好,国家战略带来的外在驱动,使得区域间的合作必要而且可能。陆海新通道建设凝聚了西部 13 个省(区、市)的合作建设共识,是西部内陆地区积极融入国家"一带一路"建设,联手构建面向东盟的贸易大通道的南向开放尝试。但是,区域间合作的达成不是一蹴而就的,南向开放的区域间合作呈现出规模由小到大、由省级拓展到地级市、由地方战略上升到国家层面、由局部竞争到整体合作的整体演进路径。

2013 年 9 月,习近平总书记在对哈萨克斯坦进行国事访问时,首次提出"丝绸之路经济带"的概念,即"一带"。2013 年 10 月,习近平总书记在印度尼西亚国会发表演讲时,提到与东盟国家共同建设 21 世纪"海上丝绸之路",即"一路"。"一带"加"一路","一带一路"的倡议正式形成。

2015 年 3 月 28 日,国家发展改革委、外交部、商务部联合发布了《推动共建丝绸之路经济带和 21 世纪海上丝绸之路的愿景与行动》,明确"一带一路"建设的合作重点包括五大支柱——政策沟通、设施联通、贸易畅通、资金融通和民心相通，明确了中国各地方在"一带一路"建设中的比较优势和开放态势，指出要发挥广西、云南等沿海沿边地区面向南亚、东南亚的区位优势和重庆、成都等内陆城市分别作为西部开发开放重要支撑和内陆开放型经济高地在区域互动合作和产业集聚发展中的作用。同年，《标准联通"一带一路"行动计划（2015—2017）》发布，旨在专项规划、基础设施、产业合作、能源资源等领域形成深化标准化互利合作和推动标准互认，为降低"一带一路"建设的制度性成本提供标准化支撑。

2016 年 8 月 17 日，习近平总书记在推进"一带一路"建设工作座谈会上指出，"加强'一带一路'建设同京津冀协同发展、长江经济带发展等国家战略的对接，同西部开发、东北振兴、中部崛起、东部率先发展、沿边开发开放的结合，带动形成全方位开放、东中西部联动发展的局面"。① 至此，"一带一路"与我国区域发展战略呈现出相互衔接和相互融合的发展趋势。

此后，2017 年 12 月，《标准联通共建"一带一路"行动计划（2018—2020 年）》发布，进一步强化"一带一路"建设中标准与政策、规则的有机衔接，促进各参与方之间在标准这一"共同语言"上的互联互通。2018 年 11 月，中共中央、国务院颁布的《关于建立更加有效的区域协调发展新机制的意见》指出，"以'一带一路'建设助推沿海、内陆、沿边地区协同开放"，促进区域间相互融通补充，"一带一路"建设的区域合作功能和性质进一步凸显。

在地方层面，西部地区省（区、市）积极对接中央"一带一路"建设，例如，在 2015 年，甘肃和青海分别出台《甘肃省参与丝绸之路经济带和 21 世纪海上丝绸之路建设的实施方案》和《青海省参与建设丝绸之路经济带和 21 世纪海上丝绸之路的实施方案》。其中，作为西部地区各省（区、市）积极推动和参与"一带一路"建设的重

---

① 《总结经验坚定信心扎实推进 让"一带一路"建设造福沿线各国人民》，《人民日报》2016 年 8 月 18 日。

大创新举措和重要机遇窗口，2019 年 8 月中国国家发展改革委印发
《西部陆海新通道总体规划》，为西部地区共建"一带一路"规划了
蓝图、指明了方向、明确了路线。总体上，面向南向开放的陆海新通
道战略的形成，经历了起步、竞争、扩大和融合四个阶段。

一　起步

　　重庆是陆海新通道的陆上联结点，广西是陆海新通道的海上枢纽
地，二者是陆海新通道建设最早的倡议者和推动者。早在 2015 年
"两会"期间，习近平总书记参加广西代表团审议时，就指出广西对
外开放"三大定位"的新使命。[①] 其中，"加快形成面向国内国际的
开放合作新格局"使命指引广西构建沿海沿江沿边的国际大通道，形
成面向国内国际开放合作的新格局，这一思想形成了南向通道概念的
雏形。2015 年 11 月，习近平总书记访问新加坡，中新两国签约第三
个政府间合作项目，正式启动中新（重庆）战略性互联互通示范项
目。降低西部地区物流成本和促进国际投资贸易是这一国家级合作项
目的重要目标。至此，南向通道概念已经在实际上诞生。

　　2016 年 2 月，广西通过《广西参与建设丝绸之路经济带和 21 世
纪海上丝绸之路实施方案》，指出要"推进互联互通合作"和"推进
商贸物流合作"，"优先推进南北两大战略通道建设，南向为南宁至
新加坡，北向为兰州至南宁至北海"。同年，重庆组织专家考察团到
广西调研，表达了构建一条始于重庆，中转广西，贯穿中南半岛，连
接新加坡的国际多式联运大通道的意愿。在充分发挥区位优势、提升
对外开放水平、融入"一带一路"建设方面，双方形成战略契合点，
初步达成共同推进南向通道建设的基本共识。2017 年 2 月，在北京
召开的中新互联互通项目联合协调理事会第一次会议上，中新互联互
通项目南向通道（以下简称南向通道）的概念被首次正式提出。紧

---

　　① 《习近平 李克强 张德江 俞正声 刘云山 王岐山 张高丽分别参加全国人大会议一些
代表团审议》，《人民日报》2015 年 3 月 9 日。

接着，2017 年 4 月，广西派政企代表团到重庆考察，双方聚焦中新（重庆）战略性互联互通示范项目（以下简称"中新示范项目"）重点领域，就加强渝桂合作共建 21 世纪海上丝绸之路南向国际物流通道事项进行交流协商，在建立对口协作机制、发起共同倡议、将南向国际物流通道提升为国家战略层面达成合作共识。

2017 年 7 月，广西、甘肃签署共同推进中新互联互通项目南向通道建设合作框架协议，标志着甘肃正式融入中新互联互通项目南向通道建设。2017 年 8 月 7 日，南向通道重庆、广西、贵州、甘肃（以下简称"四地"）四地磋商会在广西南宁召开，本次会议在交流协商的基础上制定了四地工作方案和工作协调办法，南向通道跨省多边合作机制初步形成。同年 8 月，重庆、广西、贵州、甘肃又签署了《关于合作共建中新互联互通项目南向通道的框架协议》，制定了《关于合作共建中新互联互通项目南向通道的协同办法》。该《办法》以"政府引导、企业主导、市场运作"为基本原则，确立了四地共商、共建、共享"南向通道"的工作机制。在这一时期，南向通道被界定为：在中国与新加坡两国政府合作的中新（重庆）战略性互联互通示范项目框架下，以重庆为运营中心，以广西、贵州、甘肃为关键节点，中国西部相关省（区、市）与新加坡等东盟国家通过区域联动、国际合作共同打造的有机衔接"一带一路"的国际陆海贸易新通道。

二 竞争

在重庆、广西、贵州、甘肃签订协议以后，2017 年 11 月，"四地"在贵州贵阳召开中新互联互通项目南向通道工作推进会，互相通报南向通道建设工作推进情况和未来工作计划，旨在进一步优化合作机制和争取国家层面的政策支持。在这一次会议上，陕西作为列席代表的出席是"四地"为提升南向通道影响力，在现阶段合作基础上争取其他省份参与并扩大合作范围的体现。2018 年 4 月 20 日，中新互联互通项目"南向通道"2018年中方联席会议在重庆召开,会议旨在进一步完善西部跨区域合作机制和凝聚西部各省份共建南向通道的合作共识。重庆、广西、贵州、甘肃4个省份邀请内蒙古、四川、云南、陕西、青海、新疆6个省份参加,各方共同发起"重庆倡议",就合作共建南向通道达成共识。

在这一时期,西部地区经济体量及进出口贸易额首屈一指的四川并未加入南向通道建设。相反地,四川"另起炉灶"——提出打造南向国际大通道的对外开放战略,试图与重庆主导的南向通道战略"一争高低"。2017年11月3日,四川正式开通"蓉欧+"东盟国际铁海联运班列;2018年2月,四川省又打通了连接欧洲与东南亚国家的国际铁海联运通道,四川在西部地区对外开放中的竞争资本和区域地位稳步提升。

无独有偶,西部地区经济体量仅次于四川的陕西也未加入南向通道建设。作为"丝绸之路经济带"起点的陕西在区位优势和历史渊源方面的战略优势明显,自"一带一路"倡议提出之际就确立了其在"一带一路"建设中的高地地位。围绕南向通道建设形成的合作联盟是以重庆为运营中心。可想而知,优势明显的四川和陕西并不甘心居于"被领导"地位。但是,与突出向西开放的陕西不同,四川所倡议的南向开放方向,与重庆等省(区、市)倡议的南向通道在方向上具有契合点和趋同性。实际上,四川依托"一带一路"和区位优势,自2013年开始,就确立了"南向战略",积极发展与南亚和东南亚国家的合作关系。2014年,东盟已经超越美国成为四川第一大贸易伙伴。在这一阶段,以重庆为运营中心的南向通道和四川开辟的南向国际大通道,在某种程度上形成了"并驾齐驱"的竞争态势。

三 扩大

囿于既有行政区划和激励机制的体制机制障碍,不同地方政府之间存在隐性的竞争因素。但是,扩大合作的范围,提升合作的区域影响力，推动地方战略上升为国家战略，从而获得国家层面的资金和项目支持，是南向通道建设参与各方的共同需求。因此，重庆一直向各相关方积极抛出合作的"橄榄枝"，与四川和陕西主动沟通对接，力争吸纳更多省份参与南向通道建设。与此同时，广西也积极邀请四川参与南向通道建设。比如，2018 年 4 月，在四川成都市市长罗强率团到广西钦州港、南宁市考察中新南向通道建设情况时，广西明确表示欢迎四川加入南向通道建设。而对于四川，其主张的国际大通道因为缺乏区域合作机制，物流成本、货源不足等方面一直存在运营不佳的问题，因此也亟须打破现有的困境。因此，四川也在不同场合表现出了加入南向通道建设的意愿。例如，曾担任广西壮族自治区党委书记的四川省委书记彭清华，在会见新加坡总理公署部长、中新互联互通项目新方负责人陈振声时，双方就共同推进南向通道建设展开会谈并初步达成共识。

经过前期的交流和协商，借力成渝城市群既有的合作基础，2018 年 6 月，重庆和四川签署《深化川渝合作深入推动长江经济带发展行动计划（2018—2022 年）》和 12 个专项合作协议。其中包括了促进基础设施互联互通的专项协议，强调"推动对外开放合作全面对接、联动发展，把握'一带一路'建设和长江经济带发展等重大机遇"，"特别是携手推进南向通道建设"，虽然四川并未加入以重庆为中心的南向通道建设多边合作联盟，但是这一双边协议的签署实质上标志着四川正式加入了南向通道建设。

2018 年 9 月，四川发布《关于畅通南向通道深化南向开放合作的实施意见》，指出"四川是支撑'一带一路'建设和长江经济带发展的战略纽带与核心腹地"，提出了"强化交通互联互通，夯实南向开放基础构建南向综合运输大通道"和"扩大区域协同合作，优化南向开放布局深化省际间交流合作"的战略实施措施。几乎同一时间，四川和广西签署《深化川桂合作共同推进南向开放通道建设框架协议》；四川与甘肃签署《经济社会发展合作行动计划（2018—2022

年)》,强调要在推动基础设施互联互通和建设现代商贸物流体系等领域加强合作。然而,这一时期,四川并未正式加入以重庆为运营中心的南向通道多边合作协议,仅仅是与重庆、广西、甘肃分别签署了支持南向通道建设的双边合作协议。

与此同时,在重庆、广西等省(区、市)的积极推动和倡议下,2018 年 6 月,借助中国(青海)藏毯国际博览会的契机,重庆、广西、贵州、甘肃四省(区、市)与青海省签署《青海省加入共建中新互联互通项目南向通道工作机制备忘录》,标志着青海省正式加入共建"南向通道"工作机制。与青海类似,以在新疆举行的"一带一路"国际物流合作论坛为契机,新疆与甘肃、广西、重庆、贵州、青海有关部门签署了《关于新疆维吾尔自治区加入共建中新互联互通项目南向通道工作机制的备忘录》,标志着新疆加入南向通道建设的合作机制。至此,南向通道的合作范围得到进一步的扩大。

四　融合

在南向通道的合作范围逐步扩大之后,就区域覆盖范围和区域战略意义来看,南向通道已经初步具备了上升为国家战略的条件。2018 年 11 月 12 日,国务院总理李克强与新加坡总理李显龙共同见证了中新(重庆)项目"国际陆海贸易新通道"谅解备忘录的签署,这一合作备忘录的签署将"南向通道"正式更名为"国际陆海贸易新通道"。南向通道的更名,标志着通道的建设进入了一个新的阶段。与此同时,南向通道上升为国家战略的战略重要性也逐步显现。一方面,更名使得该通道"联结陆海,贯通东西"的"一带一路"衔接意义得到提升;另一方面,这也意味着通道建设的合作范围和方向更加多元化,通道建设将更能发挥"承起东西,贯穿南北"的作用。这样一来,合作的参与度和合作的规模将会进一步提升,通道建设走向区域融合的趋势也更为凸显。

2019 年 1 月,在重庆举行的中新(重庆)战略性互联互通示范项目"国际陆海贸易新通道"共建主题对话会，重庆、广西、贵州、甘肃、青海、新疆、云南、宁夏、内蒙古、西藏、陕西、四川西部12个省（区、市）代表出席，各方继续为扩大陆海新通道的合作范围和凝聚合作共识进行交流和协商。借助此次对话会，重庆、广西、贵州、甘肃、青海、新疆、云南、宁夏8个西部省份签署《合作共建中新互联互通项目国际陆海贸易新通道框架协议》，标志着云南和宁夏正式加入"陆海新通道"建设，陆海新通道建设的"朋友圈"进一步扩大。2019年7月10日，在推进川渝经济社会发展全面合作座谈会上，四川和重庆借势签署《关于合作共建中新（重庆）战略性互联互通示范项目"国际陆海贸易新通道"的框架协议》，标志着四川在重庆主导的陆海新通道建设合作机制中的参与度进一步提升。值得注意的是，这是双方在对外开放事项上从竞争转向合作的关键突破，意味着重庆和四川主导的两条"一带一路"南向路径走向融合。

作为南向通道最初推动者和倡议者的重庆和广西，一致致力于扩大通道建设的合作范围和提升通道建设的战略层次。在2018年全国两会期间，广西代表团以全团的名义，向十三届全国人大一次会议提交了《关于加快建设中新互联互通南向通道的建议》，建议把中新互联互通南向通道建设纳入国家战略，提议得到来自广西、贵州、四川、甘肃、重庆、云南、青海、陕西8个省（区、市）的23名全国政协委员的支持。在2019年全国两会期间，重庆代表团提出将"陆海新通道"明确为国家战略性项目的全团建议，恳请国家出台明确"陆海新通道"为国家战略性项目的"规划文件"。

2019年8月，国家发展改革委印发《西部陆海新通道总体规划》，陆海新通道国家层面的统一"规划文件"颁布，意味着陆海新通道正式晋升国家战略。国家战略层面的统一规划，推动了新通道建设的区域合作和区域融合。2019年10月，西部地区12省（区、市）、海南省、广东省湛江市在重庆共同签署《合作共建西部陆海新通道框架协议》，以省际协商合作和深化陆海双向开放为方式，推进西部大开发形成新格局。之后，内蒙古、重庆、贵州、云南、西藏、陕西、甘肃、青海、宁夏、新疆等13省（区、市）政协负责人共同出席在成都召开的助推西部陆海新通道建设座谈会，聚焦完善交通基础设施网络、健全省际交流合作机制、探索多式联运"一单制"改革等重点工作，为完善共建陆海新通道建设的合作机制深入交流和共商政策。至此，陆海新通道建设进入省际合作深度融合和快速发展阶段，各方多边或双边协议陆续签订。例如，四川分别与云南和贵州签署《加快推动西部陆海新通道建设合作协议》。但是，在整体合作的框架下，各方仍然面临着利益协调、区位整合、产业协同等深层次问题的竞争和角逐。

第三节　地方行动

在陆海新通道建设过程中，各省（区、市）在共同参与合作框架的背景下，也积极制定各自的行动计划和工作方案，力求结合自身区位特征、资源禀赋和特色产业，借力新通道建设的机遇，在谋求合作的同时，提升自身经济社会发展水平。其中，重庆、四川、广西、贵州、甘肃是西部12省（区、市）参与度较高和专项措施较多的代表性省份。

一　重庆市

重庆市是推动西部陆海新通道建设合作体系形成的牵头方，被赋予"两点"的国家定位，即西部大开发的重要战略支点和"一带一路"和长江经济带的联结点，在国家区域发展和对外开放格局中具有独特而重要的作用。

为全面支撑重庆内陆开放高地建设，2018年5月，重庆发布《重庆市开放平台协同发展规划（2018—2020年）》，以精准定位平台发展、发挥产业特色优势、完善管理体制和共享政策红利为工作目标，坚持统筹发展、联动发展、错位发展、示范引领、辐射带动的工作原则，打造重庆市开放平台。其中，陆海新通道的战略定位为"西部地区领先的互联互通和服务经济中心，'高起点、高水平、创新型'的示范性重点项目和中新合作的新亮点"，力图建成国家"一带一路"建设、西部大开发和长江经济带发展的示范性重点项目，从而带动西部地区开放发展。

这一规划与重庆作为我国重要的国家中心城市，发挥在国家区域发展和对外开放格局中的战略支撑作用相匹配。在这一规划中，重庆市积极推动政策创新、改革集成和复制推广，创新推进重庆自贸试验区和中新互联互通项目建设，将横向推广和纵向推介相结合，力图实现平台建设的标准化、集成化、现代化。

2020 年 3 月重庆市成立西部陆海新通道建设领导小组，领导小组以重庆市市长为组长，成员涵盖市政府口岸物流办主任、市政府口岸物流办主任、市中新项目管理局局长、重庆机场集团副总经理等相关政府部门和企业负责人，主要职责为统筹协调西部陆海新通道建设重大事项；研究拟订重庆推进西部陆海新通道建设方案、工作计划、重点任务和政策措施。2020 年 4 月重庆市发布《重庆市推进西部陆海新通道建设实施方案》，提出加强通道物流和运营组织中心建设、强化通道能力建设、提升通道物流服务效能、促进通道与区域经济融合发展的重要举措。

二　广西壮族自治区

广西是南向通道的最早倡议者之一，因此采取了较多政策跟进措施。作为西部地区唯一的和最近的出海口，广西占据独特的区位优势。为此，广西确立了"南向、北联、东融、西合"开放发展新格局。早在 2016 年 10 月，广西就积极响应中央"一带一路"倡议，发布了《广西参与建设丝绸之路经济带和 21 世纪海上丝绸之路的思路与行动》。2017 年和 2018 年，广西分别发布了《广西加快推进中新互联互通南向通道建设工作方案（2018—2020 年）》和《广西参与"一带一路"建设 2018 年工作要点》。其中，工作方案确立了多项任务，包括完善通道基础设施、构建多式联运体系、建设物流基地与内陆无水港、组建和培育多式联运主体、提升多式联运服务能力、提升通关便利化水平、建设智慧物流体系、积极争取国家支持政策等推进南向通道建设的战略要点和推进措施。

进入 2019 年，陆海新通道建设进入区域合作融合发展和快速发展的阶段。为奠定新通道建设的硬件基础，广西于 2019 年 11 月制定《广西建设西部陆海新通道实施方案》和《广西建设西部陆海新通道工作任务清单》，明确新通道建设方案规划、任务清单、部门责任和完成时限。同年 12 月，广西发布《广西加快西部陆海新通道建设若干政策措施》（修订版），进一步推进道路、园区、物流、金融等领域基础设施、制度机制和重大项目建设，并制定了《西部陆海新通道广西铁海联运主干线运营提升实施方案》《西部陆海新通道综合交通基础设施建设实施方案（2019—2020 年）》《西部陆海新通道港航及园区基础设施建设实施方案》《金融支持西部陆海新通道建设的若干政策措施》和《中国（广西）自由贸易试验区建设实施方案》等一系列专项配套方案和措施。

2020 年 7 月，《中国（广西）自由贸易试验区建设实施方案》指出"大力推动广西自贸试验区与西部陆海新通道联动发展"，构建推动广西自贸试验区与西部陆海新通道联动发展的平台和渠道，推动形成"一带一路"有机衔接的重要门户。2021 年 1 月，广西举行如期完成《西部陆海新通道总体规划》阶段性目标新闻发布会，在国家总体规划的基础上，广西西部陆海新通道建设实现了通道基础设施项目取得积极进展、通道物流规模逆势大幅增长、通道产业集聚效果逐步显现、通道开放合作水平得到新提升。2021 年 10 月，广西发布《广西建设西部陆海新通道三年提升行动计划（2021—2023 年）》，从推动北部湾国际门户港扩能优服、优化通道运输组织和提高物流效率、推动通道经济融合开放发展三个方面持续推动陆海新通道建设。

三　四川省

四川是西部地区的经济大省，也是南向开放的提出者和推动者。作为内陆省份的四川，致力于开辟自身的对外开放通道。因此，四川积极融入"一带一路"，在 2016 年就制定了《四川省推进"一带一路"建设标准化工作实施方案》。2018 年 7 月，四川省委十一届三次全会提出，大力实施全面开放合作战略，形成"四向拓展、全域开放"立体化全面开放新态势。其中，着力突出南向开放，开辟南向国际大通道。同年 9 月，四川发布《关于畅通南向通道深化南向开放合作的实施意见》，指出要"强化交通互联互通，夯实南向开放基础构建南向综合运输大通道"，并在产业发展、区域协同、物流建设、政策支持等方面予以配套，实现与粤港澳大湾区、珠三角经济区等发达地区的全面对接，支撑"一带一路"建设和畅通长江经济带发展。

2019 年 10 月，四川制定《四川省建立更加有效的区域协调发展新机制实施方案》，主张"积极融入'一带一路'建设"，大力推进西部陆海新通道建设，"加快建立参与西部陆海新通道建设工作推进机制，深化川渝、川黔、川桂双边合作共同推进南向开放通道建设，加强沿线地区产业合作，增强成都对通道发展的引领带动作用"。同年 12 月，四川省发展改革委正式印发《四川加快西部陆海新通道建设实施方案》，指出在"一干多支、五区协同""四向拓展、全域开放"战略部署的基础上，推进道路、物流、产业等新通道基础设施和重大项目建设，加强川渝、川桂、川黔、川滇合作，从而扩大区域协同合作范围和优化南向开放布局。

2020 年 4 月，四川省建立由省政府分管领导同志担任召集人的四川加快西部陆海新通道建设联席会议制度，联席会议由省政府分管领导同志担任召集人，省政府分工副秘书长及省发展改革委、商务厅、成都市政府有关负责同志担任副召集人，省外事办、经济和信息化厅、财政厅、自然资源厅、交通运输厅、省市场监管局、省经济合作局、省政府口岸物流办、民航西南地区管理局、成都海关、中国人民银行成都分行、中国铁路成都局集团公司、省铁投集团、省交投集团、省港投集团等部门（单位）为联席会议成员单位。2020 年 8 月，为响应《西部陆海新通道总体规划》提出的"组建多种形式的企业联盟，积极发展跨区域、跨产业的集群式合作联盟"，四川牵头建立西部陆海新通道物流产业发展联盟，该联盟由重庆市政府口岸物流办、成都市口岸物流办、四川省港投集团等 29 个单位共同构成。

四　其他省份

甘肃于 2018 年 4 月制定《甘肃省合作共建中新互联互通项目南向通道工作方案（2018—2020 年）》，着力提升通道建设的运营机制设计、基础设施建设、运营平台组建、通道服务能力，并且明确了相关事项和项目的工作任务、部门分工和保障措施。

2019 年 9 月，贵州发布《贵州省关于支持中新（重庆）战略性互联互通示范项目"国际陆海贸易新通道"建设有关政策措施（试行）》，从商贸物流提升、通关口岸建设、农产品出省和冷链物流运输、项目资金保障和绩效考核五个方面，对贵州主动融入陆海新通道建设的具体形式、主要目标、工作任务、支持范围、保障措施以及考核机制等进行了说明和规定。

第四节　典型区域

为对接中央"一带一路"和落实《西部陆海新通道总体规划》，西部各省（区、市）开启了省际跨区域的合作，而省级层面的合作规划和合作项目最终将通过各省（区、市）的县市级地方政府间的合作予以落地。在陆海新通道建设的具体执行过程中，西部地区的各级地方政府从整体区域和自身实际出发，或自发行动，或上级推动，或嵌入既有合作，制定了不同的战略规划和实施了不同的工作方案。

概而言之，从区域层面可以划分为两类：第一类是跨区域协同开放，以协调省际开放活动和提升区域整体对外竞争力为目的。在这方面较为典型的有渝黔经济合作示范区。第二类是区域内协同开放，以整合省内开放资源和激活省内竞争力为目的。在这方面较为典型的有成都平原经济区、川南经济区和北部湾经济区。

一　成都平原经济区

成都平原经济区的前身始于 2006 年 1 月发布的《四川省"十一五"规划纲要（草案）》中所规划的成都经济区，彼时，仅仅包括成都、德阳、绵阳、眉山、资阳五市。2010 年 8 月，在成都经济区区域合作联席会第一次会议上，成都、德阳、绵阳、乐山、雅安、眉山、遂宁、资阳八市签署《成都经济区区域合作框架协议》，打破了原来"点对点"的双边合作格局，形成了"1＋7"的多边抱团发展格局：在发展规划、基础设施、重大产业、科技工作、环境保护、文化旅游、公共服务等领域展开了多层次、宽领域、全方位的区域经济合作；确立了联席会议、专责小组、专家咨询、信息交流、舆论宣传等多样化、全方位的合作机制。此后，成都、绵阳等八市又相继签署了《成都经济区金融合作备忘录》《成都经济区就业服务区域合作协议》《成都经济合作区域通用门诊病历》等专项合作协议，合作朝向同城化、纵深化和一体化发展。

2019 年 1 月，根据《四川省国民经济和社会发展第十三个五年规划纲要》《关于实施"一干多支"发展战略推动全省区域协同发展的指导意见》两个省级发展规划文件，四川发布《成都平原经济区"十三五"发展规划》（2018 年修订），该规划指出"推进形成以成都'主干'和环成都经济圈'一支'协同发展，以成渝发展主轴和成德绵眉乐发展中轴为支撑的'一核一圈、两轴三区'空间发展格局"。与规划相配套，《关于加快推进成都平原经济区协同发展的实施意见》《成都平原经济区协同发展重点任务清单》等涉及具体的执行实施和工作任务清单的文件相继出台，从交通基础设施互联互通、生态环境联防联控联治、产业协作共兴、创新能力协同提升、物流体系联建共筑、改革开放一体推进、公共服务对接共享等方面推进成都平原经济区高水平发展和一体化合作进程。2019年10月，成都发布《成都市推进西部陆海新通道建设促进南向开放合作三年行动计划（2019—2021年）》，从通道建设、供应链体系、枢纽经济、国际交往四个方面明确了涵盖陆海新通道建设的行动计划、重点项目、具体目标的路线图和时间表。

2021年6月，发布《成都平原经济区"十四五"一体化发展规划》，指出"以成都为枢纽节点，搭建'通道+物流+产业'供应链综合服务平台，打造西部陆海新通道区域物流组织中心，构建'干支结合、枢纽集散'的高效集疏运体系"。

二 川南经济区

与成都平原经济区一样，川南经济区的成立是上级政府高位推动的产物，该区域内地方政府间具有较长的合作历史。在既有合作的基础上，地方政府间自发性的协作活动也不断涌现。2006年1月，《四川省"十一五"规划纲要（草案）》出台，提出包括川南经济区在内的"五大经济区+四大主体功能区"的区域发展新格局。2010年3月，川南经济区商务合作与发展研讨会在自贡召开，川南5市商务部门签署《川南经济区商务发展与合作框架协议》。2014年4月23日，在四川省川南经济区发展协调小组暨川南经济区联席会第一次会议上，自贡市、泸州市、内江市、宜宾市首次签订《川南经济区合作与发展协议》。通过以川南四市党委政府主要负责人均为川南经济区联席会成员的川南经济区联席会年会制度，该会议的制度的功能为：第一，共同研究制订推动川南经济区发展的重大战略和政策；第二，指导和协调川南经济区（城市群）发展规划的实施；第三，协调解决经济区一体化建设中出现的重大问题。

2018年6月，四川省委十一届三次全会构建了"一干多支、五区协同""四向拓展、全域开放"的区域协调发展和全面对外开放战略部署，为川南经济区打造一体化开放平台和突出南向开放战略指明了方向。2019年1月，四川出台《关于加快推进川南经济区一体化发展的实施意见》，要求川南经济区全面提升综合实力和整体竞争力，积极融入"一带一路"建设和长江经济带发展，主动承担全省南向开放主战场重任，勇当南向开放排头兵。与此同时，该实施意见就基础设施互联互通、区域产业协作配套、市场体系协同开放、公共服务对接共享、生态环境共建共治等领域提出要求，期望川南经济区开启一体化合作。此外，川南四市积极开展了自发性的协作活动，如在产业、信用、生态、教育、医疗等领域发起合作论坛、建立区域联盟和构建合作机制。

2021年6月，发布《川南经济区"十四五"一体化发展规划》，指出"畅通对外开放大通道，融入西部陆海新通道建设，加快西部陆海新通道重点项目建设，畅通经云南至中南半岛、经贵州至广西北部湾等货运通道"。

三　渝黔经济合作示范区

2018年4月12—13日，渝黔两地举行经济社会发展情况交流座谈会，共同签署《重庆市人民政府贵州省人民政府合作框架协议》。作为落实两省市合作框架协议的具体方案，2019年3月，《渝黔合作先行示范区建设实施方案》应运而生，力图实现贵州、重庆两省市宽领域、深层次、高水平的合作，该方案对双方合作的指导思想、发展目标、实施范围、合作路径、总体布局、重点任务、工作计划和保障措施等内容进行了详细规定。总体上，渝黔经济合作示范区是贵州、重庆两省市以"一带一路"和长江经济带为契机，深化合作的产物，合作时间较短，尚处于起步阶段。

其中，合作的重点任务围绕陆海新通道的建设而展开，在相关规划中体现为"共同推进交通基础设施互联互通"和"共同开辟国际陆海贸易新通道经济轴线"。具体措施包括：一方面，涉及陆海新通道建设的综合交通体系架构，加强区域铁路通道、公路网络、黄金水道、航空网络和联程联运合作建设。另一方面，涉及通道建设带动的枢纽经济和通道经济，以新通道建设为契机，推动商贸物流、现代智造、城镇融合、能源基地协同发展。此外，两省市合作也从通道建设和经济合作拓展至公共服务共建共享、现代农业协同发展、推动绿色生态旅游等领域，并积极创新区域合作协调机制，如建立多层次互动机制和区域规划协调机制，意图在加强"硬件"合作框架的同时，提升合作的"软件"配备。

四　广西北部湾经济区

广西北部湾地区是西部地区唯一的也是最近的出海口，因此该地区的发展一直受到省级乃至国家层面的关注。与此同时，该区域内的地方政府间具有较长的合作历史，已经形成了全方位、多领域、一体化的合作格局。早在 2008 年，《广西北部湾经济区发展规划》就得到国家层面的批准和实施，将北部湾经济区定位为"重要国际区域经济合作区"，承担西南地区出海大通道的功能，合作地域范围涉及南宁、北海、防城港、钦州、玉林、崇左六市。而在 2014 年修订的《广西北部湾经济区发展规划》（2014 年修订）中，北部湾经济区在西部大开发战略和"一带一路"建设中的支撑功能再次得到强调。之后，《广西北部湾经济区口岸通关一体化工作方案》《广西北部湾经济区户籍同城化方案》《北部湾城市群发展规划广西实施方案》等一系列促进区域互联互通和深度融合发展的具体实施方案相继出台。2018年 1 月出台的《广西北部湾经济区升级发展行动计划》，确立北部湾经济区的总体发展目标为"率先基本建成面向东盟的国际大通道和西南中南地区开放发展新的战略支点以及'一带一路'有机衔接的重要门户核心区"。

2019 年 11 月，《广西北部湾经济区北钦防一体化发展规划
（2019—2025 年）》出台，厘定北部湾地区构建西部陆海新通道门户
枢纽的定位。该发展规划指出，"发挥'一带一路'有机衔接重要门
户作用，着力推进以大港口为重点的交通基础设施一体化建设，打造
西部最佳出海口，促进交通、物流、商贸、产业与国际供应链深度融
合发展，增强服务东盟国家和我国中西部地区能力，加快构建面向东
盟的国际大通道"，并提出打造区域综合交通网、建立特色现代物流
体系、优化产业发展布局、提升开放平台能级和提升园区功能水平等
具体措施。这一规划的提出，适应陆海新通道战略框架下区域开放格
局的新变化，凸显北海、防城港、钦州三市在陆海新通道建设中的港
口优势，进一步整合区域资源和突出区域合作重点，力图提升北海、
防城港、钦州三市地方政府间的合作水平，发挥港口门户优势对整个
北部湾经济区乃至西部地区整体对外开放和区域协同发展的带动
作用。

第五节　国内覆盖省市的比较分析

上升为国家战略的陆海新通道建设，使得南向开放地方政府间
合作从规模和层次上都达到了一个融合的新高度。作为一种集体行
动的府际合作，势必使参与合作的地方政府面临合作事项、合作收
益和合作困境上的行动协调、利益分配、冲突调解和职责分工。不
同地方政府由于区位优势、经济体量、市场规模、资源禀赋等方面
的条件差异，在合作中扮演的角色和发挥的功能也会有一定差异。
因此，对地方政府在南向开放中所具备的主体条件和特征等属性的
界定和比较，是理解地方政府间合作现状、合作效果和合作困境的
前提。

一 省际比较

"一带一路"的南向开放路径主要涉及中国西部地区12省(区、市)和海南省(见表2-3-1),作为一个经济地理概念,西部地区的范围包括陕西省、甘肃省、青海省、宁夏回族自治区、新疆维吾尔自治区、四川省、重庆市、云南省、贵州省、西藏自治区、内蒙古自治区、广西壮族自治区12个省、自治区、直辖市。

自1999年西部大开发战略实施以来,西部地区经济实力稳步提升,同东部和中部地区的差距也在不断缩小。2020年,西部地区的地区生产总值占全国比重达到20.99%。与此同时,西部地区基础设施条件稳步提升,以高速铁路和高速公路为骨架的现代综合交通运输体系初步形成。随着"一带一路"建设的深入推进,尤其是陆海新通道战略规划的提出,西部地区成为对外开放格局中承启东西和贯穿南北不可或缺的中间板块,是从内陆腹地到开放前沿的历史性突破。

2020年,西部地区的地区生产总值占全国比重达到20.99%。[1]

表2-3-1 "一带一路"南向开放13省(区、市)经济社会情况比较

省份	地理位置	经济规模(千亿)	人均GDP(元)	常住人口(万人)	资源禀赋	行政区划(万平方公里)
重庆	节点	25.00	78002	3205	旅游、水能	8.24
四川	节点	48.60	58081	8367	矿产、旅游	48.6
甘肃	节点	9.02	36038	2502	矿产	42.58
云南	沿边	24.50	51943	4721	矿产、旅游	39.41
贵州	节点	17.83	46228	3856	矿产	17.62
广西	沿海/节点	22.16	44201	5012	旅游	23.76
新疆	沿边	13.80	53371	2585	矿产	166.46

---

[1] 根据2020年国民经济和社会发展统计公报数据计算所得。

续表

省份	地理位置	经济规模（千亿）	人均GDP（元）	常住人口（万人）	资源禀赋	行政区划（万平方公里）
陕西	节点	26.18	66235	3953	能源、矿产	20.58
宁夏	内陆	3.92	54432	720	农业资源	6.64
西藏	沿边	1.90	52157	365	能源、矿产	122.84
海南	沿海	5.53	54878	1008	旅游资源	3.54
内蒙古	沿边	17.36	72185	2405	农牧资源	118.3
青海	内陆	2.00	50742	593	农牧资源	72.23

资料来源：相关地方政府2020年国民经济和社会发展统计公报和地方政府网。

从地理位置上看，13个省（区、市）的区位条件差异较大，既有内陆省份，又有沿海沿边省份，而且内陆省份和沿海沿边省份内部也呈现出区位优势的差异，例如作为内陆省份的重庆和甘肃占据联通东西和贯穿南北的中间节点位置，而作为沿边省份的新疆和云南则分别具有面向中亚和东南亚的沿边开放优势。此外，就陆海新通道建设来看，有的省份是陆海新通道建设的重要节点，有的则不具备这种地理优势。其中，重庆、四川和广西三省（区、市）分别是陆海新通道建设的起点和终点。重庆被国家战略赋予新通道建设运营中心的定位，在2019年国家发展改革委印发的《2020年西部陆海新通道建设工作要点》中，涉及重庆牵头的重点项目有11项、配合的项目有11项。四川是陆海新通道三条主要干线中"成都—北部湾"一线的起点，广西则是陆海新通道三条主要干线的终点。2019年8月出台的《西部陆海新通道总体规划》，赋予广西北部湾建设国际门户港的战略定位。

此外，云南、新疆、西藏、内蒙古则是西部省（区、市）中重要的沿边省份。云南与东南亚直接相邻，新疆是我国连接中亚、西亚的重要通道，内蒙古向北与蒙古国、俄罗斯相邻。西藏与南亚相邻，但是其区位优势被复杂的地貌和地理屏障所削弱。陕西、甘肃、青海、宁夏、贵州则属于内陆省份，但是贵州是陆海新通道建设的中间节点，而甘肃则是陆海新通道建设联结"一带"和"一路"的中间通道，陕西则是陆上丝绸之路的起点。海南省作为陆海新通道建设中唯一的一个非西部省份，具有沿海优势，其海上交通要道优势对于推进与"一带一路"沿线国家和地区的空中和海上的互联互通具有重要作用。

从经济规模上看，在南向开放所涉及的 13 个省（区、市）中，四川省的经济体量最大，重庆、云南、陕西、广西则位于第二梯队。相对来说，其余省份经济体量较小。对于涉及大量基础设施建设、产业园区建设、自由贸易区建设等重大项目和合作事项的陆海新通道战略而言，经济体量的大小一定程度上决定了地方政府在其中参与程度的大小和承担合作风险的能力。

从各个省份的经济发展战略来看，四川提出构建"5＋1"现代产业体系，包括电子信息、食品饮料、装备制造、能源化工、先进材料五大支柱产业。重庆的两大支柱产业则为汽车和电子信息制造业，二者在产业结构上具有一定同质性。云南、贵州两省的矿产资源丰富，能源产业是重要支柱产业。云南大力发展生物医药和大健康产业、高原特色农业，而贵州则在大数据产业另辟蹊径。新疆、西藏、内蒙古、青海、宁夏等西部省份拥有丰富的农牧业资源。广西大力培育发展节能环保产业、新能源和清洁能源汽车制造、新材料产业等。能源工业是陕西、甘肃两省经济的支柱，两省也积极推动产业转型，大力发展装备制造业和旅游、文化等现代服务业。海南近年来结合区位优势和国家政策，在旅游产业、医药产业、互联网产业、现代金融服务业、房地产业、会展业、高新技术产业等方面增长迅速。总体上，西部地区经济社会发展相对滞后，处于产业结构转型和发展动能转换的过程之中，相互之间在经济规模和经济结构方面具有较大差异。

此外，13 个省（区、市）在人口规模和行政区划面积方面的差异也比较大。陆海新通道的建设主要涉及贸易投资和货运物流，这与各个省份的市场规模和生产能力息息相关。人口规模和资源禀赋的大小影响着一个省份的市场规模和生产能力的大小。从人口规模上看，四川、陕西、云南、广西相较于其他省份具有较大人口规模。与此相反，西藏、新疆、内蒙古则拥有广阔的行政区划和较小的人口规模，属于典型的地广人稀。从资源禀赋来看，西部地区具有较大的同质性，各个省份矿产、能源、农牧业、旅游等资源较为丰富。

二 典型城市

南向开放路径涉及西部地区十多个省（区、市），以及相关的地级市。囿于时间和资源的限制，本书聚焦西南地区相关的几个省（区、市），如四川、重庆、云南、贵州、广西。需要说明的是，选取这一地区主要基于两点考虑：一方面，新疆、陕西、甘肃等西北地区省（区、市）由于地理位置因素，在战略定位上更倾向于向西开放，面向中亚、西亚乃至欧洲，因此对于南向开放的参与有限。另一方面，西南地区的几个省（区、市）近年来借助沿海沿边的区位优势，积极融入"一带一路"，逐步形成了诸如陆海新通道这样的南向开放创新举措，参与积极性和活跃度较高，产生了大量丰富的合作实践和经验材料。

表 2 - 3 - 2　　　　南向开放地级市经济社会情况比较

城市	省份	地理位置（是否节点）	经济规模（百亿）	人均GDP（元）	常住人口（万人）	行政区划（平方公里）
成都	四川	是	177.17	106849	2094	14605
乐山	四川	否	20.03	61247	316	12827
眉山	四川	否	14.24	47537	296	7186
绵阳	四川	否	30.10	61720	487	20281
德阳	四川	否	24.04	67512	346	5910
资阳	四川	否	8.08	32261	231	5757
遂宁	四川	否	14.03	44001	281	5323

续表

城市	省份	地理位置 （是否节点）	经济规模 （百亿）	人均GDP （元）	常住人口 （万人）	行政区划 （平方公里）
南充	四川	否	24.01	37313	560	12479
广安	四川	否	13.02	40037	325	6344
达州	四川	否	21.18	36889	539	16591
凉山州	四川	否	17.33	35169	486	60400
攀枝花	四川	否	10.41	85733	121	7440
宜宾	四川	是	28.02	61275	459	13283
泸州	四川	是	21.57	49831	425	12232
自贡	四川	否	14.58	49912	249	4381
内江	四川	否	14.66	39618	314	5385
钦州	广西	是	13.88	41800	330	10843
防城港	广西	是	7.32	76000	105	6173
北海	广西	是	12.77	76000	185	3337
南宁	广西	是	47.26	64400	874	22112
贵港	广西	否	13.53	30700	432	10606
百色	广西	是	13.33	36200	357	36252
贵阳	贵州	是	43.12	86800	599	8034
遵义	贵州	是	37.20	59000	660	30762
黔西南	贵州	否	13.53	46800	302	16805
六盘水	贵州	否	13.40	45400	303	9965
毕节	贵州	否	20.20	30100	689	26853
昆明	云南	否	67.34	96889	846	21473
昭通	云南	是	12.89	22827	509	23021
丽江	云南	否	5.12	39564	125	20600
曲靖	云南	否	29.59	47904	576	28900
保山	云南	否	10.53	40022	243	19600
海口	海南	否	17.92	76961	287	2305
湛江	广东	否	31.00	44400	698	11693

资料来源：相关地级市2020年统计年鉴和地方政府网。

总体上，各个地级市在地理位置、经济体量、人口规模和行政区划等方面相差较大，具有较高的异质性（见表 2-3-2）。但是，在省级政府的积极推动下，局部区域形成了诸如川南经济区、成都平原经济区、广西北部湾经济区、渝黔经济合作示范区等区域合作形式。

从地理位置上看，成都、宜宾、泸州、钦州、防城港、北海、南宁、百色、贵阳、遵义、昭通等地级市属于陆海新通道建设的节点城市，其余的城市则不属于新通道建设的重要节点，但是在地理位置上与这些城市相近或是属于区域中的重要城市，例如沿边沿海城市或是省会城市。地理位置带来的区位优势，一方面使得这些城市更加容易获得上级政府的项目和资金的支持，驱使这些节点城市彼此间积极开展合作。比如，成都积极发展与川南地区宜宾、泸州两市的合作关系，因为作为陆海新通道建设起点的成都需要借助内陆港宜宾、泸州，作为对外开放的中转站。成都、宜宾、泸州等内陆城市又积极向南拓展，与广西的钦州、防城港等西部出海港口城市开展合作。另一方面，相邻的节点城市之间由于区位优势的同质性，往往又存在竞争性，导致合作的共识难以达成，或是形式上达成合作而实质上彼此竞争。例如，同为内陆港的宜宾和泸州，两个城市都作为川南地区承接陆海新通道建设起点和终点的中间节点城市。此外，北部湾的北海、钦州和防城港由于港口优势的同质化也面临相似的问题。

从经济体量上看，成都、南宁、昆明、贵阳等省会城市相较于其他地级市具有更大的经济体量。其中，成都具有最大的经济体量，而且远远超过其他城市。就地区人均生产总值而言，成都相较于大部分其他城市也具有较大优势。如前所述，南向开放建设涉及大量的基础设施建设和产业合作投资。因此，经济体量上的优势可以强化地方政府在合作中的参与度和话语权。例如，成都作为该区域经济体量最大的城市，加之其作为陆海新通道主通道建设的起点之一，经济体量上的优势使得成都对周边的德阳、绵阳、乐山、遂宁等地级市参与南向开放产生了辐射带动作用。此外，就人口规模而言，成都依然一马当先，超过 1600 万的常住人口意味着成都拥有庞大的市场需求规模和物流货运规模。

与经济体量类似，省会城市由于行政区位优势，成为产业和人口的集聚地，在人口规模方面也占据优势。目前全国众多省份都在强调和突出省会城市的"首位度"，即省会城市对全省经济、人口等方面的引领作用。这使省会城市相对于普通地级市有得天独厚的优势，并在城市间合作中扮演至关重要的角色。

就行政区划面积而言，则呈现出两极分化。一方面省会城市和经济发达城市由于产业和人口聚集，往往具有较大的行政区划；另一方面，一些地理环境和自然条件相对欠缺的经济欠发达城市，也具有较大的行政区划面积，呈现出地广人稀的特征。这实际上不利于交通等基础设施的建设，因为单位投资成本过高和建成后使用率较低导致运营成本较高。在这方面，较为典型的城市有丽江、黔西南、凉山州。

第六节 南向开放通道建设：规划和进展

自南向通道概念提出以后，通道建设工作稳步推进，基础设施互联互通逐步完善，现代物流体系的构建不断提升。尤其是在 2019 年 8 月，作为地方政府发展举措的南向通道升格为国家战略以后，陆海新通道的提出实现了重庆主导的南向通道和四川首创的南向开放两个地方发展战略的融合，实现了国家战略规划指引和地方实施推动两个积极性的有机结合，通道建设以更高战略视点、更广合作范畴进入快速发展和深度融合阶段。陆海新通道作为开拓"一带一路"新方向的"衔接通道"，是集物流复合体系、多式联运系统、产业集聚效应为一体的综合平台，对西部地区乃至全国区域协调发展格局、"一带一路"衔接联动、西部地区对外开放、交通物流网络互联互通具有重大战略意义。

可以说，陆海新通道由基础设施联通的"硬通道"和政策信息沟通的"软通道"共同构成。基础设施建设"点线结合"，由铁路网建设、公路运输网、航空网建设三大种类的交通运输线路建设和涵盖海陆港口建设、交通枢纽建设、产业园区建设、自贸区建设的节点建设构成，串联成现代化的综合交通物流运输体系。其中，陆海新通道的现代物流运输组合方式主要包括铁海联运、公铁联运和国际铁路联运三种方式。而政策信息沟通为主的"软通道"则体现为，开放合作平台建设、信息共享体系构建、海关通关便利化等为降低合作制度性交易成本的政策和制度协同体系。

一 国家总体战略规划

2019 年 8 月发布的《西部陆海新通道总体规划》，对陆海新通道建设的主通道、交通枢纽、核心覆盖区、辐射延展带进行了空间布局规划和项目顶层设计，力图实现通道引领、枢纽支撑、衔接高效、辐射带动的发展新格局；随后出台的《2020 年西部陆海新通道建设工作要点》，则明确了通道建设 2020 年重大项目、合作事项和政策创新 39 项重点工作。通道建设目标分为三个阶段：到 2020 年，国际物流分拨中心和港口建设初步成型，初步凸显陆海新通道对西部大开发的支撑作用，实现铁海联运集装箱运量达到 10 万标箱，广西北部湾港、海南洋浦港集装箱吞吐量分别达到 500 万标箱和 100 万标箱；到 2025 年，陆海新通道基本建成，交通网络、港口设施、物流枢纽、通关效率大幅提升，更好引领区域协调发展和提升对外开放水平，实现铁海联运集装箱运量达到 50 万标箱，广西北部湾港、海南洋浦港集装箱吞吐量分别达到 1000 万标箱和 500 万标箱；到 2035 年，西部陆海新通道全面建设，通道运输能力更强、枢纽布局更合理、多式联运更便捷，物流服务和通关效率达到国际一流水平，有力支撑西部地区现代化经济体系建设。

表 2-3-3　　　　　　　　　西部陆海新通道空间布局

	覆盖地区	功能布局
主通道	重庆、贵阳、南宁、北部湾；重庆、怀化、柳州、北部湾；成都、泸州、宜宾、百色、北部湾	重庆—贵阳—北部湾、重庆—怀化—北部湾、成都—宜宾—北部湾三条出海口三条通路
交通枢纽	重庆、成都、北部湾、海南洋浦	建设重庆通道运营和组织中心；建设成都国家重要商贸物流中心；建设广西北部湾国际门户港；建设海南洋浦的区域国际集装箱枢纽港
核心覆盖区	贵阳、南宁、昆明、遵义、柳州等西南地区重要节点城市和物流枢纽	依托内陆开放型经济试验区、国家级新区、自由贸易试验区和重要口岸等，密切主通道和核心区节点城市联系，完善西部地区综合交通网络
辐射延展带	兰州、西宁、乌鲁木齐、西安、银川等西北重要城市	发挥铁路运输等优势，强化主通道与西北地区综合运输通道的衔接，提升通道对西北地区的辐射联动作用

资料来源：根据国家发展改革委《西部陆海新通道总体规划》编制。

在总体空间布局的基础上，国家层面的总体规划从运输干线、港航设施、交通枢纽、物流枢纽、物流园区五个方面明确了西部陆海新通道建设重点项目和实施路径（见表 2-3-4），呈现出由主通道向沿线拓展、由核心区向周边辐射的发展趋势。

表 2-3-4　　　　　　　西部陆海新通道重点建设项目

重点项目	项目内容
运输干线	铁路：加快贵阳至南宁铁路、叙永至毕节铁路、渝怀铁路增建二线、焦柳铁路怀化至柳州段电气化改造等项目建设，推进黄桶至百色铁路建设，改造升级湘桂铁路南宁至凭祥段、成渝铁路成都至隆昌段、隆黄铁路隆昌至叙永段，研究建设黔桂铁路增建二线、重庆至贵阳铁路等项目 公路：推进 G69 待贯通路段、G75 渝黔和南宁至钦州段扩能、G5615 墨江至临沧段、G85 待贯通路段等项目建设；升级 G93 重庆至遂宁段等

续表

重点项目	项目内容
港航设施	专用泊位：建设钦州港大榄坪南作业区自动化集装箱泊位、30 万吨级油码头，北海铁山港东港区及西港区泊位；研究建设防城港 30 万吨级码头、钦州港 20 万吨级集装箱码头；改造洋浦港集装箱码头 航道设施：推进洋浦港进港航道等疏浚整治；研究建设钦州港 20 万吨级进港航道、钦州港东航道扩建、防城港 30 万吨级进港航道；加快建设湛江港 30 万吨级进港航道
交通枢纽	运输场站：推进重庆团结村集装箱中心站、重庆鱼嘴铁路货运站、云南河口滇越货场升级改造，建设成都天府国际机场空港铁路货站、成都龙泉驿铁路货站、钦州港东站铁路集装箱办理站、昆明南亚国际陆港物流园区公铁联运项目 集疏运体系：推进南宁—防城港铁路升级改造和钦州、北海铁山港区进港铁路专用线建设，加快重庆铁路枢纽东环线、成都铁路枢纽东南环线建设，建设洋浦港疏港公路二期工程，推进沟通广西西江至北部湾港的平陆运河研究论证
物流枢纽	两端枢纽：重庆、成都、广西北部湾港、海南洋浦港 沿线枢纽：南宁、昆明、西安、贵阳、兰州、乌鲁木齐、呼和浩特、银川、西宁、湛江、遵义、柳州等 边境口岸：防城港（东兴）、崇左（凭祥）、德宏（瑞丽）、红河（河口）、西双版纳（磨憨）等
物流园区	国家级示范物流园区：重庆西部现代物流产业园、成都铁路局城厢铁路物流基地、中国西部现代物流港（遂宁）、云南腾俊国际陆港（昆明）、甘肃（兰州）国际陆港、陕西国际航空物流港（西咸新区）、广西防城港市东湾物流园区、广西凭祥综合保税区物流园等 大型货运场站：重庆南彭贸易物流基地、成都天府国际空铁公多式联运物流港、西部（成都）汽车物流多式联运中心、贵阳都拉营国际陆海通物流港、黔北（遵义）物流园、南宁玉洞交通物流中心、柳州西鹅铁路物流中心站等 铁路物流基地：南宁沙井、贵阳改貌、昆明王家营西、西安新筑等

资料来源：根据国家发展改革委《西部陆海新通道总体规划》编制。

根据重庆市发展与改革委员会最新数据，西部陆海新通道已经形成国际铁海联运、跨境公路运输和国际铁路联运三种常态化的运输模式，并且货运频次和数量不断增加。区域互联互通程度不断提升，陇渝、陇桂、黔桂、青渝桂等班列相继开行；国际影响范围不断延伸，与中欧班列（重庆）实现有机连接，形成"一带一路"经中国西部地区的完整环线。根据 2021 年 9 月出台的《"十四五"推进西部陆海新通道高质量建设实施方案》，西部陆海新通道已经形成国际铁海联运、跨境公路运输和国际铁路联运三种常态化的运输模式，并且货运频次和数量不断增加。区域互联互通程度不断提升，陇渝、陇桂、黔桂、青渝桂等班列相继开行；国际影响范围不断延伸，与中欧班列（重庆）实现有机联接，形成"一带一路"经中国西部地区的完整环线。2020 年西部地区至北部湾图定班列达到 9 条，铁海联运班列、中越跨境班列分别开行 4607 列、1264 列，同比增长 105%、23.2%。北部湾港、洋浦港分别开通内外贸航线 52 条、33 条，与 100 多个国家和地区实现通航。铁海联运集装箱运量达到 23 万标箱，北部湾港、洋浦港集装箱吞吐量分别达到 505 万标箱、102 万标箱。西部陆海新通道物流和运营组织中心发布 2020 年"陆海新通道"运营情况显示，截至 2020 年底，"陆海新通道"目的地已覆盖全球 96 个国家和地区的 250 个港口。

二　地方实施稳步推进

在国家层面的总体规划和工作要点公布后，重庆、四川、广西、贵州、甘肃等几个陆海新通道主通道和主枢纽核心覆盖区省（区、市）已经相继出台实施方案，在重点任务、工作清单、考核办法等方面细化建设任务、明确牵头单位和设置完成时限（见表 2 - 3 - 5）。在国家层面的总体规划和工作要点公布后，重庆、四川、广西、贵州、甘肃等几个陆海新通道主通道和主枢纽核心覆盖区省（区、市）已经相继出台实施方案，在重点任务、工作清单、考核办法等方面细化建设任务、明确牵头单位和设置完成时限（见表 2 - 3 - 5）。2020 年西部陆海新通道铁海联运班列开行 4596 列，较 2019 年的 2243 列有大幅增长，开行数量超过前 3 年总和。① 其中，西部陆海新通道三

① 中国政府网：《2020 年西部陆海新通道铁海联运班列开行 4596 列 创历史新高》，2022 年 2 月 2 日，http：//www.gov.cn/xinwen/2021 - 01/02/content_ 5576284.htm。

种主要运输方式均超额完成年度目标：重庆—钦州铁海联运班列开行1297列、同比增长40.5%，辐射96个国家（地区）的260个港口；重庆—东盟跨境公路班车开行2821车次，同比增长126%，实现中南半岛全覆盖；重庆—河内国际铁路联运班列开行177列、同比增长149%。[①]

表 2 - 3 - 5　　　　西部陆海新通道地方综合交通网络建设

省份	总体布局	具体交通路线
重庆	通道物流和运营组织中心全面建成；通道物流网络体系更加完善；通道经济和枢纽经济基本形成；形成两通道下的"一主两辅多节点"枢纽体系	铁路：加快推动渝怀铁路增建二线、铁路枢纽东环线、渝昆高铁、渝湘高铁重庆至黔江段、沿江高铁重庆至万州段、成渝中线高铁、渝西高铁、成达万高铁等项目建设。实施达万利铁路、成渝铁路、川黔铁路等项目扩能改造。开展广涪柳铁路、广忠黔铁路、渝贵高铁、渝湘高铁黔江至吉首段、兰渝高铁、沿江高铁重庆至宜昌段、万黔高铁等项目前期工作； 公路：加快推动 G69 银百高速城口至开州路段、G65 渝湘高速复线建设。实施 G75 渝黔高速、G93 渝遂高速等项目扩能改造。开展渝泸高速复线、渝赤高速等项目前期工作。
广西	依托"南向、北联、东融、西合"全方位开放发展新格局，强化港口、铁路、公路、航空等交通基础设施建设，提升北部湾港服务支撑能力，着力构建完善便捷高效的交通走廊	铁路：2020 年前，开工建设黄桶—百色铁路；2023 年前，开工建设南昆铁路百色—威舍段增建二线、黔桂铁路增建二线、沿海铁路钦州至防城港段扩能改造工程等项目。加快与境外交通设施互联互通，实施湘桂铁路南宁—凭祥—河内铁路扩能改造等跨境铁路等项目； 公路：加快打通滇桂界田林—西林段，黔桂界融安—从江、乐业—百色段、平塘—天峨—巴马—南宁段、南丹—下老段、荔波—环江—金城江段、粤桂界南宁—浦北—信宜段、湘桂界南宁—宜州—龙胜—城步段等省际高速公路；以及加快建设完善连通港口和主要物流园区、场站的公路集疏运体系。

① 央广网：《重庆代表团提交全团建议 进一步加大对西部陆海新通道建设支持力度》，2022 年 2 月 2 日，https://baijiahao.baidu.com/s? id = 1693357359795522386&wfr = spider&for = pc。

续表

省份	总体布局	具体交通路线
四川	"四向拓展，全域开放"、"一干多支，五区协同"、"四向八廊五枢纽"现代综合立体交通运输体系	货运铁路通道：加快隆黄铁路叙永至毕节段建设，改造升级成渝铁路成都至隆昌段、隆黄铁路隆昌至叙永段、成昆铁路峨眉至米易及米易至攀枝花段，推进黄桶至百色铁路、攀枝花至昭通铁路建设； 高速铁路通道：推进重庆至昆明铁路实施，加快成都至贵阳铁路成都至自贡至宜宾铁路、川南城际铁路内自泸段建设，推进泸州至遵义宜宾至西昌至攀枝花至大理（丽江）铁路建设，争取成昆新线成都至西昌（美姑）、攀枝花至昆明段纳入新时代中长期铁路网规划并适时建设； 高速公路通道：加快攀枝花至大理、宜宾至彝良、叙永至威信、古蔺至习水、宜宾至威信、通江经广安至重庆、荣昌至泸州、广安绕城渝广支线高速公路建设，推进西昌至昭通、西昌至香格里拉、会理至禄劝、西昌至宁南、泸州经古蔺至金沙、大足经内江至南溪、南充至潼南、永川至泸州等高速公路实施，规划建设川甘青滇四省藏区跨省高速公路大通道。
贵州（贵阳）	立足区域基础条件和未来发展需要，依托国家物流枢纽建设，以西部陆海新通道的主通道为重点，以"枢纽＋通道＋网络"为目标，加快形成"一核两翼"、南北联动的发展格局。	铁路：积极推进铁路建设，加快启动黔桂线、川黔线扩能改造，推进贵阳至南宁等铁路项目建设，研究建设黔桂铁路增建二线、重庆至贵阳铁路等项目，规划建设重庆—贵阳—北部湾双层集装箱运输通道和贵阳—昆明—中南半岛货运专线。积极推进高速公路建设，加快推进乌当（羊昌）至长顺等高速公路建设，积极推进贵阳至黄平建成通车。积极推进清镇、修文、息烽、开阳等通用机场规划建设和乌江航道提等扩能工程建设； 公路：提升重要交通设施互联互通能力，加强公路、城市道路与铁路衔接，构建便捷顺畅的城市（群）交通网。围绕贵阳贵安协同融合发展、东部产业新区一体发展、北部产业带同城发展，持续推进中心城区打通"断头路"和停车场等项目建设，优化城市公共交通基础设施接驳，加快构建多层次一体化现代综合交通运输网，重点推进贵黄路、贵遵路市政化改造和数博大道、同城大道、旅游公路环线等建设。
甘肃	加快完善"两横七纵"综合运输通道，构建"两廊六轴十直联"综合交通网主骨架，形成"东连西出，南耕北拓"的国际交通走廊和国家综合运输通道	国内由兰州经陇南至重庆、兰州经合作至成都东西双通道组成。东通道由兰渝铁路、天平铁路、天陇铁路、G75兰海高速公路等经陇南至重庆，西通道由建兰合、西成铁路、兰郎高速公路等经临夏、甘南至成都，在成渝双城城市群连接渝黔桂通道至北部湾城市群，对外与新加坡等东盟国家连接。北向由兰州经中卫至银川至乌力吉口岸、酒嘉至策克口岸，融入中蒙俄经济走廊。

　　资料来源：根据《重庆市推进西部陆海新通道建设实施方案》、《广西建设西部陆海新通道实施方案》、《四川加快西部陆海新通道建设实施方案》、《贵阳市推进西部陆海新通道建设实施方案》、《甘肃省"十四五"综合交通运输体系发展规划》编制。

　　此外，除了重庆、广西、四川、贵州和甘肃以外，其他省（区、市）还未出台关于陆海新通道综合交通运输和现代物流体系建设的具体方案。但是在这些省份的其他规划文件中则涉及相关内容，例如，陕西省制定的《陕西省"一带一路"建设2020年行动计划》指出，要不断完善优化路网格局，"建成投运西银高铁，加快实施西安火车站改扩建、西延高铁等项目，全面开工建设西十高铁；确保新开工京昆线蒲城至涝峪改扩建等一批高速公路项目，全年建设规模达到1400公里以上，年底高速公路总里程突破6000公里"。云南省发布的《贯彻落实习近平总书记访缅成果涉及云南事项实施方案》指出，"加强共建'一带一路'合作，推动中缅经济走廊从概念规划转入实质建设阶段，着力推进皎漂经济特区、中缅边境经济合作区、仰光新城三端支撑和公路铁路、电力能源等互联互通骨架建设"。青海省发布的《青海省2019年度推进"一带一路"建设重点工作分工方案》则指出，持续推进"1288"铁路网络建设格局建设，按照"一主八辅"民用机场网络布局搭建青海融入"一带一路"的空中通道，继续完善公路网络建设，推进G0611扁都口（甘青界）至门源（克图）、G341加定至西海等高等级公路建设。这些省份省际规划文本中都涉及了与陆海新通道建设相关的交通运输体系建设重点项目和建设目标。

第四章 南向开放的省际协同
网络分析

第一节 问题的提出

全球化、信息化和城市化催生了公共问题的边界模糊性和相互关联性，跨区域、跨领域、跨层次的合作越来越成为政府解决问题的方式。作为一种解决跨域问题的制度安排，区域协同治理应运而生。区域合作可以促成区域间要素流动、优势互补和利益互惠[①]，给合作参与方提供信息、资源乃至合法性上的支持[②]。然而，区域协同治理的产生，也使得地方政府面临着在突破单一公共行政的背景下如何行动的问题[③]。从具体实践来看，囿于行政区划的刚性利益限制和行政发包的纵向激励机制等制度障碍，地方政府在协同过程中出现了恶性竞争、重复建设、各自为政等合作扭曲和合作梗阻现象[④]。地方政府间协同呈现出相互依赖和相互竞争并存的局面，这涉及地方政府在合作网络中微观层面上的行动策略问题。但是，现有研究关注的焦点或是

---

① 杨爱平、陈瑞莲：《从"行政区行政"到"区域公共管理"——政府治理形态嬗变的一种比较分析》，《江西社会科学》2004 年第 11 期。

② ［美］约翰·D. 多纳休、理查德·J. 泽克豪泽：《合作：激变时代的合作治理》，徐维译，中国政法大学出版社 2015 年版。

③ Emerson, K., Nabatchi, T., & Balogh, S., "An Integrative Framework for Collaborative Governance", *Journal of Public Administration Research and Theory*, 2011, 22 (1).

④ 周黎安：《晋升博弈中政府官员的激励与合作——兼论我国地方保护主义和重复建设问题长期存在的原因》，《经济研究》2004 年第 6 期。

在于政府间协同网络结构化的特征①，或是对网络结构做静态的因素分析②，对这些结构特征形成的微观机理则着墨不多。区域协同治理是一个动态的过程，整体协同网络的规则和结构是行动者的行动共同创造的③。遗憾的是，已有文献缺乏对地方政府行动如何形成及其影响协同网络的微观机理的探讨，尤其是缺乏地方政府行动和适用情境的匹配规律的研究。④

南向开放的陆海新通道建设，是北接丝绸之路经济带，南连21世纪海上丝绸之路，协同长江经济带的"一带一路"中间环节。2018年出台的《中共中央国务院关于建立更加有效的区域协调发展新机制的意见》将"一带一路"作为"促进区域间相互融通补充"的国家重大区域政策，强调区域间的合作联动和互动协调；2019年国家发改委出台《西部陆海新通道总体规划》，指出新通道建设要"凝聚各方合力"。然而，现有研究显示，在逐渐走向合作的同时，南向通道建设中各省份存在合作思维欠缺、体制机制创新不足和资源配置次优等问题。⑤ 面对实践中问题层出不穷的地方政府合作"困惑"，现有研究缺乏对"一带一路"国内区域协同的研究，忽视了"一带一路"建设中不同区域和主体间的合作维度⑥。这为本书的开展提供了观测的窗口和突破的空间，探究这一问题对地方政府间的经济发展合作和区域协调发展具有重要意义。

对网络结构化特征的揭示一定程度上打开了区域协同治理的"黑

---

① 李响、严广乐：《区域公共治理合作网络实证分析——以长三角城市群为例》，《城市问题》2013年第5期。

② 蔡长昆：《合作治理研究述评》，《公共管理与政策评论》2017年第1期。

③ Thomson, A. M., Perry, J. L., Collaboration Processes: Inside the Black Box. Public Administration Review, 2006, 66 (s1).

④ 徐国冲、霍龙霞：《食品安全合作监管的生成逻辑——基于2000—2017年政策文本的实证分析》，《公共管理学报》2020年第1期。

⑤ 万李娜、周福志：《民革中央关注的南向通道，怎样连接"一带"与"一路"？》，2018年，http://www.rmzxb.com.cn/c/2018-04-12/2023376.shtml。

⑥ 王敏、朱泽燕：《中国与"一带一路"沿线国家经贸合作的社会网络分析》，《统计与决策》2019年第14期。

箱"，但是区域协同中地方政府如何行动的问题仍然是一个"迷思"，即影响合作网络结构特征的因素是如何被地方政府行动"组合"和"排列"的。鉴于此，本书以南向开放省际协同网络为案例，综合文本分析和社会网络分析的方法，试图揭示地方政府的行动与地方政府协同网络之间的关系，具体来讲，刻画地方政府行动的动机和策略是如何塑造整体的协同网络特征，在此过程中提炼微观层次上地方政府行动策略选择的类型化规律。因为，集体行动中的个体策略行为是带来合作不确定性的关键原因。① 只有甄别出地方政府行动策略选择的一般规律，才能真正破解区域治理中地方政府如何合作的"迷思"，对地方政府协同过程中出现的问题对症下药，实现合作的整体效益。

第二节　区域协同治理和制度性集体行动

区域协同治理发轫至今，已经产生了多样化的研究方法和研究视角。本质上，多元主体间的区域协同也是一种集体行动，因此，本书选取制度性集体行动框架（institutional collective action，ICA）作为区域治理的观察视角。制度性集体行动框架整合了交易成本理论、集体行动理论和制度发展框架等理论基础，假定行动者为具有多重动机的理性个体，探究个体行动和治理结构之间的作用关系。② 近年来，区域合作中的"关系"问题成为该框架的聚焦点，借助府际协议和网络分析工具，将微观层面的个体行动拓展至宏观层面的网络结构，从而解释合作网络结构形成和个体行动之间的关系问题③，产生了大量政府间合作网络的研究文献。现有文献主要分为两类，一类是对现实

---

① Ostrom, E., *Governing the Commons*：*The Evolution of Institutions for Collective Action*，New York：Cambridge University Press，1990.

② 锁利铭：《地方政府间正式与非正式协作机制的形成与演变》，《地方治理研究》2018 年第 1 期。

③ 锁利铭等：《区域环境治理中的双边合作与多边协调——基于 2003—2015 年泛珠三角协议的分析》，《复旦公共行政评论》2017 年第 1 期。

中地方政府协同产生的不同网络结构形态及其影响因素的研究，另一类是对不同网络结构形态中地方政府行动及其影响因素的研究。

一　文献综述

（一）地方政府间协同网络结构

在关于地方政府协同的不同网络结构形态及其影响因素的研究中，一些研究从社会网络的视角对具体领域的地方政府协同网络进行整体评估，但并未区分网络结构类型的差异。[①] 制度性集体行动框架通过解释规模、领域、权威的不同所造就的多样化的地方政府合作网络类型[②]，例如，有研究根据网络中是否存在中心协调者和网络中各方参与程度两个维度，将网络治理的结构形态区分为共享型网络（SG）、领导型网络（NLO）和行政型网络（NAO）。其中，共享型网络结构下，合作各方基于自发的互利互惠，相互依存，彼此间关系较为平等，网络参与程度高；领导型网络结构下，网络中存在核心的领导者，发挥信息分享、资源交换和利益协调的作用；在行政型网络结构下，网络形成依赖于第三方权威提供必要的资源和信息，并协调和监督网络的执行活动。[③]

在此基础上，有研究结合中国经济社会背景，从网络能力需求、信任密度、成员异质性、资源获取、网络规模等因素出发，将我国地方政府协同网络的组织结构划分为联席类、牵头类和支持类，考虑了我国"条块分割"的行政体制下，行政权力对不同网络结构形态的影响。[④] 总体上，这两类划分依据的是网络中的权威程度。

---

① 崔晶：《京津冀都市圈地方政府协作治理的社会网络分析》，《公共管理与政策评论》2015 年第 3 期。

② Feiock, R. , & Scholz, J. T. , *Self－Organizing Federalism：Collaborative Mechanisms to Mitigate Institutional Collective Action Dilemmas*, NY：Cambridge University Press, 2009.

③ Provan, K. , &Kenis, P. , "Modes of Network Governance：Structure, Management, and Effectiveness", *Journal of Public Administration Research and Theory*, 2008, 18（2）.

④ 锁利铭、阚艳秋：《大气污染政府间协同治理组织的结构要素与网络特征》，《北京行政学院学报》2019 年第 4 期。

关于网络结构形态的另一类划分，是以网络规模为主要维度，将其划分为多边网络和双边网络两种结构形态，二者的区别在于网络中协议关系的多少，体现为多边网络结构中两个以上的地方政府共同建立合作关系，而双边网络结构中，合作关系发生于两个地方政府之间。[1] 有研究发现，双边关系多为限制性协议，合作源于双方的地理临近和强强联合，实现捆绑互惠，多边关系多为适应性协议，合作参与方形成相对松散的网络结构，实现协调共赢。[2] 也有学者从治理情境条件出发，以资源依赖性和问题紧迫性为依据，将地方政府的协同结构区分为权威驱动、引领跟进、权威协调、互动协商四种类型。[3]

（二）网络中地方政府行动机理

现有文献已经对地方政府合作的不同网络结构形态进行了较为充分的类型化研究。但是，在解释不同网络结构形态的形成，尤其是不同网络结构形态差异的形成方面，多为影响因素方面的静态结构分析。[4] 这一类文献的局限在于仅仅是识别与网络结构相关的情境因素，而无法解释这些因素如何作用于网络结构。有学者认为作为理性化主体的地方政府会根据自身利益采取不同的合作行为，因此政府间合作网络形态差异的形成是地方政府基于集体性利益和选择性利益的路径选择差异造成的，发现地方政府的行动路径可以划分为"地理"型，"借势"型和"抱团"型三种类型[5]，对地方政府合作网络形成的微观

① Feiock, R., "The Institutional Collective Action Framework", *Policy Studies Journal*, 2013, 41 (3).

② 锁利铭、马捷、陈斌：《区域环境治理中的双边合作与多边协调——基于 2003—2015 年泛珠三角协议的分析》，《复旦公共行政评论》2017 年第 1 期。

③ 杨宏山、周昕宇：《区域协同治理的多元情境与模式选择——以区域性水污染防治为例》，《治理现代化研究》2019 年第 5 期。

④ 孟庆国、魏娜、田红红：《制度环境、资源禀赋与区域政府间协同——京津冀跨界大气污染区域协同的再审视》，《中国行政管理》2019 年第 5 期；杨志云、毛寿龙：《制度环境、激励约束与区域政府间合作——京津冀协同发展的个案追踪》，《国家行政学院学报》2017 年第 2 期；卓凯、殷存毅：《区域合作的制度基础：跨界治理理论与欧盟经验》，《财经研究》2007 年第 1 期。

⑤ 马捷等：《从合作区到区域合作网络：结构、路径与演进——来自"9 + 2"合作区 191 项府际协议的网络分析》，《中国软科学》2014 年第 12 期。

机理进行了类型化的探索，但是其分析层次依然是对总体网络内部群体关系类型的划分，例如，这一研究认为"地理"型路径形成的网络中，地方政府都采取了"地理"型的行动路径。因此，这些研究并没有真正实现行动者层次上的微观分析和意识到行动者行动的差异。

对于网络结构形成的微观机理，有学者使用制度集体行动框架解释地方政府的合作选择行为，发现合作有非正式型、自愿的正式型和强加的正式型三种，而上级参与、合作者数量和差别可以解释地方政府合作结构选择的不同[①]，这对上述由于权威程度不同导致的网络结构差异形成了微观层面上的解释。也有学者研究双边合作关系结构中的地方政府角色，认为存在积极寻求合作者、区域合作活跃者、区域合作不活跃者和区域合作权威者四种角色。[②]但是，这些研究将地方政府对合作类型的策略选择作为同质化的行为，忽视了这些选择内部的差异以及这些差异对网络结构形成的影响。

综上，地方政府协同网络结构层面的研究对网络结构形态进行了类型化，分析了形成差异的影响因素，但是没有进一步分析这些因素如何影响网络结构形成，结构导向决定了这部分研究实际上是在解释不同网络结构形态下地方政府行为的差异，而不是从地方政府行为的视角解释网络结构的形成；对地方政府协同网络结构形成的微观机理的研究，展示了地方政府选择不同合作形式的影响因素，但是并没有对哪一类型的地方政府会选择什么样的合作形式进行微观层面的分析。集体行动的规模、类型和效果是个体理性化选择的结果。[③]协同网络结构形态的形成实际上是作为理性化主体的地方政府策略性选择

---

① Yi, H. Suo, L., Shen, R., Zhang, J., Ramaswami, A. & Feiock, R. C., "Regional Governance and Institutional Collective Action for Environmental Sustainability", *Public Administration Review*, 2018, 78（4）.

② 马捷等：《区域双边合作网络中地方政府角色划分与风险识别——以泛珠三角为例》，《复旦公共行政评论》2018 年第 2 期。

③ Olson, M., *The Logic Of Collective Action：Public Goods and the Theory of Groups*, Cambridge：Harvard University Press, 1965.

的结果，地方政府不同的行动策略会产生不同的合作偏好。所以，现有研究并未处理好结构和行动者之间的脱节问题，即在网络结构形态及其影响因素之间缺失了作为微观个体的地方政府行动这一中间环节。而对网络形成过程中地方政府行动差异的研究不足则导致无法充分解释网络结构形态产生的微观机理。

二　分析框架

制度性集体行动框架在解释地方政府合作的问题上涉及三个相互嵌套的层次：理性化个体、合作结构，以及二者嵌入的系统情境。如何解释三个层次之间的相互联结是理解地方政府合作的关键。实际上，地方政府在合作中面临着两个问题：是否选择合作和以什么行动促成合作。现有文献聚焦于第一个问题，即合作选择的问题，尤其是选择何种合作类型的问题，忽视了选择背后行动者促成合作的差异化的动机和策略。而且，对地方政府合作的制度分析关注合作结构如何影响行动者的认知和行为，缺少行动者如何影响合作结构的反向观察[1]。这些微观层次分析的缺失会导致无法阐明"个体—网络—情境"三个层次如何相互作用的机制问题，因此本书试图在行动者动机和策略如何形成[2]（行动形成机制），以及个体行动如何影响网络结构（转换机制）两个方面有所突破[3]。

实际上，制度性集体行动框架认为交易成本和契约风险是联结地方政府协同中行动和结构的作用机制。[4] 本书基于这一假设提出一个整合型的分析框架（见图 2 - 4 - 1），试图弥补现有研究对地方政府

---

① 李芝兰等：《制度差异与制度创新：多元制度互动下的大湾区改革》，《公共行政评论》2020 年第 2 期。

② 张长东：《社会科学中的因果机制：微观基础和过程追踪》，《公共管理评论》2018 年第 1 期。

③ 张长东：《社会科学中的因果机制：微观基础和过程追踪》，《公共管理评论》2018 年第 1 期。

④ Feiock, R., "The Institutional Collective Action Framework", *Policy Studies Journal*, 2013, 41 (3).

在合作网络中如何行动的研究缺失，以弥合结构和行动脱节的问题。

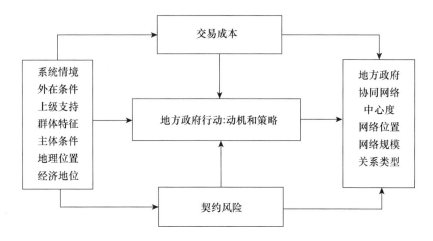

图 2 - 4 - 1 地方政府间协同网络分析框架

资料来源：笔者自制。

在这一分析框架中，作为理性化个体的地方政府及其合作网络被置于宏观的政治和经济社会情境中，合作网络中的结构和关系特征是地方政府自组织行动的结果①，即网络结构是个体理性计算后采取的策略行动的结果。② 协同网络的特征可以由中心度、节点位置、网络规模、关系类型等指标所呈现。③ 地方政府对合作网络结构的塑造过程由三个部分构成：系统情境、地方政府、交易成本和契约风险。系统情境塑造了地方政府协同的主体条件和外在条件。其中，主体条件包括：地理位置、经济地位；外在条件包括：上级推动、群体特性。合作动机是地方政府合作行为产生的主观前提，制度性集体行动框架

---

① Richard C. FeiockJered B. Carr, "Incentives, Entrepreneurs, and Boundary Change：A Collective Action Framework", *Urban Affairs Review*, Vol. 36, No. 3, January 2001.

② ［美］扬·H. 培顿：《个人策略与社会结构：制度的演化理论》，王勇译，格致出版社 2018 年版。

③ 崔晶：《京津冀都市圈地方政府协作治理的社会网络分析》，《公共管理与政策评论》2015 年第 3 期；锁利铭：《城市群地方政府协作治理网络：动机、约束与变迁》，《地方治理研究》2017 年第 2 期。

指出了地方政府合作动机的双重性：一方面，追求实现区域公共目标、规模经济和外部性内部化的集体性收益；另一方面，地方政府在合作中还会追求选择性收益，通过合作获得自身社会资本的积累和影响力的提升等。[①]

地方政府协同行动形成及其影响协同网络的作用机制在于：作为理性化个体的地方政府基于成本—收益的计算，依据系统情境决定的主体和外在条件，判断合作面临的交易成本和契约风险，采取能够带来最大收益的行动动机和策略，进而决定其在网络中的位置和关系选择。地方政府基于利益追寻而对自身在网络结构中的定位和对于合作伙伴和合作关系（多边关系或双边关系）的选择，是地方政府行动动机和策略的本质体现。

信息、谈判、执行和代理产生的交易成本，集体行动带来的协调、分工、背叛等风险，二者直接影响地方政府在合作中的成本和收益，进而影响地方政府的合作意愿和倾向。[②] 地理位置和经济规模会影响地方政府的合作行动，经济规模较大的政府更能承担交易成本和契约风险，而地方政府往往选择地理位置相近的合作伙伴以降低交易成本和契约风险，上级推动则会对地方政府产生强制性激励或选择性激励，从而增强地方政府在协同行动中承担交易成本和契约风险的意愿和能力。[③] 对于群体特性，除异质性程度以外，寻求合作的地方政

---

① Feiock，R.，"Rational Choice and Regional Governance"，*Journal of Urban Affairs*，2007，29（1）；锁利铭：《城市群地方政府协作治理网络：动机、约束与变迁》，《地方治理研究》2017 年第 2 期。

② ［美］邓穗欣著：《制度分析与公共治理》，张铁钦、张印绮译，复旦大学出版社2018 年版；Ramiro Berardo and John T. Scholz，"Self - organizing policy networks：Risk，partner selection，and cooperation in estuaries"，*American Journal of Political Science*，Vol. 54. No. 3，July 2010.

③ 理查德·C. 菲沃克：《大都市治理：冲突、竞争与合作》，许源源、江胜珍译，重庆大学出版社 2012 年版；Chen，B. Suo，L.，Feiock，R. C. &Ma，J.，"Factors Influencing Participation in Bilateral Interprovincial Agreements：Evidence from China's Pan Pearl River Delta"，*Urban Affairs Review*，2019，55（3）。

府数量增加所带来的竞争会阻碍合作的形成和效能①；同级竞争则是在中国特殊的行政体制背景下影响地方政府协同的重要因素，"政治锦标赛"驱动的地方政府横向竞争，会导致"地方保护主义"和"诸侯经济"等行为的产生，从而增加协同网络中的交易成本和契约风险②。

第三节　南向开放政府协同网络结构

2019 年，国家发展和改革委员会出台《西部陆海新通道总体规划》，面向南向开放的南向通道自此上升为国家战略，这一战略规划的出台，为西部各省区市融入"一带一路"倡议厘定方向、明确路线和勾勒蓝图，是各省区市实现区域联动和经济发展的重要机遇。同年，西部地区 12 省区市、海南省、广东省湛江市共同签署《合作共建西部陆海新通道框架协议》，南向开放的跨区域协同逐步推进，合作领域和合作区域不断扩大，这为本书的开展提供了观测对象。

一　南向开放政府协同网络界定

从历史演变来看，陆海新通道的前身源于 2015 年 11 月中新（重庆）战略性互联互通示范项目，"南向通道"名称则始于 2017 年 2 月举行的中新（重庆）项目首次联合协调理事会，2018 年 12 月正式更名为"国际陆海贸易新通道"，是西部内陆省份融入"一带一路"对外开放的举措。2015 年中央发布《标准联通"一带一路"行动计划（2015—2017）》后，各省份积极制定对接中央的行动计划和实施方案，一些西部省份已经开启融入"一带一路"的区域合作行动，如云南、贵州、广西的省际联席会议。

---

① Olberding, J., "Does Reginalism Beget Regionalism? The Relationship Between Norms and Regional Partnerships for Economic Development", *Public Administration Review*, 2002, 62.

② 周黎安：《中国地方官员的晋升锦标赛模式研究》，《经济研究》2007 年第 7 期。

鉴于这两方面的时间点，本书将南向开放的研究起点定为 2015 年，具体参与对象则以 2019 年 11 月各省份签署的《合作共建西部陆海新通道框架协议》为依据，其中，在网络边界的界定上，因本书关注省级政府的合作网络，所以剔除了作为地级市的广东省湛江市，最后确定为重庆、广西、贵州、甘肃、青海、新疆、云南、宁夏、陕西、四川、内蒙古、西藏、海南 13 个省（区、市）。

本书以府际协议观测政府间合作网络，府际协议是政府间合作关系的形式化，分为正式和非正式两种类型，正式的府际协议包括合作协议、备忘录、共同宣言等正式文本，非正式的府际协议则体现为论坛、会议和互访等形式。①

全书数据处理过程共分为收集、筛查和编码三个阶段。第一阶段，文本挖掘，以关键词"南向开放""一带一路""南向通道"以及各省份名称同时在地方政府网和中国"一带一路"网检索，共计检索到文本数据 5429 项；第二阶段，数据筛查，通过考虑本书的时间起点（2015 年），以及文本的重复性和无效性，共计筛查出 50 项有效府际协议；第三阶段，数据编码，在根据时间、领域、参与方等对数据进行编码后，通过事件法，编制 13 个省份 2015—2019 年的二模关系矩阵。之后，通过作为行动者的地方政府在各个协议中的参与来刻画地方政府间的关系，并运用社会网络分析（SNA）软件 UCI-NET 进行可视化呈现和网络结构特征分析。

就情境因素看，该区域的合作条件是相对欠缺的，呈现出自然条件相对恶劣、经济社会发展水平较低和基础设施建设相对滞后的短板。从地理位置上看，合作区域跨越西北和西南，各省份地理位置优势不一，比如广西作为出海口，相较于内陆省份更具优势。从经济发展水平上看，重庆、四川、陕西居于第一梯队，相较于其余省份具备较大经济优势。从社会特征来看，西部地区属于多民族地区，合作的

---

① 锁利铭：《地方政府间正式与非正式协作机制的形成与演变》，《地方治理研究》2018 年第 1 期。

社会基础关涉民族问题和宗教问题。因此，从合作参与方的群体特征来看，区域内的群体异质性是相对较大的。

合作事项的问题结构和属性，既会影响行动者的策略行为[①]，又会影响合作网络的结构和效果。[②] 围绕"一带一路"的合作事项，呈现出重"硬联通"，轻"软联通"的特征，具有明显的经济导向，基础设施建设、产业合作、商贸物流成为主要的合作领域（见图2-4-2）。一方面，"一带一路"带来的发展机遇，符合地方的经济发展偏好，这既成为协同的共同目标，又是各方竞逐资源的焦点；另一方面，要真正实现以对外开放促进地区发展，内陆省份需要开放通道，沿海沿边省份需要腹地支持，各方又呈现出相互依赖性。

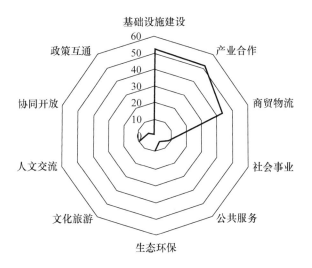

图2-4-2　南向开放省际合作领域

资料来源：笔者根据文本数据自制。

① ［美］埃莉诺·奥斯特罗姆：《公共资源的未来：超越市场失灵和政府管制》，郭冠清译，中国人民大学出版社2017年版。

② 叶林、杨宇泽、邱梦真：《跨域治理中的政府行为及其互动机制研究——基于广佛地铁建设和水污染治理的案例比较》，《理论探讨》2020年第2期。

二　南向开放政府协同网络演进

协同网络是南向开放进程中各个省区市政府作为理性化的行动主体，基于交易成本和契约风险的考量，自组织行动建立合作关系的结果。这些自发的合作关系通过各类正式与非正式的府际协议进行连接，协同网络结构则是这些关系重复互动后结构化的产物。陆海新通道建设中的 13 省份通过 45 项协议相互连接，形成了南向开放进程中的总体网络。

本书编制了 2015—2019 年 13 省区市各自的情况表（见表 2 - 4 - 1），之后运用二模矩阵，通过作为行动主体的地方政府在各个协议中的参与来刻画地方政府间的关系，并运用 UCINET 软件进行可视化呈现和网络结构特征分析。

表 2 - 4 - 1　　　　　　南向开放省际协同网络现状①

省份	战略定位	地理位置	经济规模	中心度	双边协议	多边协议
重庆	内陆开放高地	节点	23.61	0.680	10	11
四川	西部开放枢纽	节点	46.62	0.440	15	2
甘肃	向西开放的纵深支撑和重要门户	节点	8.72	0.380	4	10
云南	面向南亚东南亚辐射中心	沿边	23.22	0.220	1	5
贵州	积极融入国家开放战略	节点	16.77	0.440	4	12
广西	"一带一路"有机衔接重要门户	沿海/节点	21.24	0.520	6	11
新疆	丝绸之路经济带核心区	沿边	13.60	0.160	1	4
陕西	内陆改革开放新高地	节点	25.80	0.120	1	2
宁夏	丝绸之路经济带的战略支点	内陆	3.75	0.100	0	3

---

①　表 2 - 4 - 1 没有列出地方政府面临的外在条件，因为，同一网络中 13 个省份面临几乎相同的群体特性。

续表

省份	战略定位	地理位置	经济规模	中心度	双边协议	多边协议
西藏	加快融入"一带一路"	沿边	1.70	0.080	0	1
海南	打造开放新高地	沿海	5.31	0.060	0	1
内蒙古	深度融入共建"一带一路"	沿边	17.21	0.120	0	1
青海	积极融入"一带一路"建设	内陆	2.97	0.240	2	6

资料来源：笔者根据政策文本和统计年鉴资料自制。

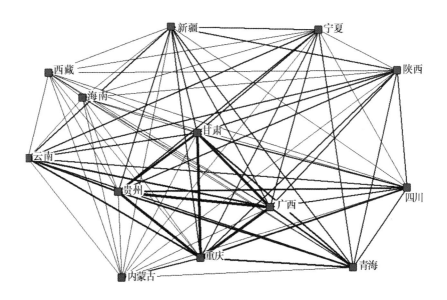

图 2-4-3　南向开放省份—省份网络关系

资料来源：笔者根据政策文本和统计年鉴资料自制。

　　从网络关系图（如图 2-4-3）可以看出，在整体的网络中，重庆、广西、贵州、甘肃形成了联系更为紧密的小网络，镶嵌于较为松散的整体合作网络中。而整体网络的合作密度为 0.274，说明省份之间的合作互动程度相对较低，这与"一带一路"南向开放的相关规划起步时间较短有关，说明整体网络仍然处于培育期，但是从发展趋势来看，各相关省份之间的合作正处于快速增长阶段（如图 2-4-4

和图 2 - 4 - 5），从 2017 年"南向通道"正式提出起，地方政府间协同网络的参与者和府际协议数量呈现出稳步增长的趋势，2019 年上升为国家战略以后，增长更为迅速，这显示了中央的推动产生的激励作用。其中，重庆、广西、甘肃、贵州作为最早的倡议者和合作签约者，在整体网络中形成了强联系的小网络。

图 2 - 4 - 4　多边关系参与者数量扩展

资料来源：笔者自制。

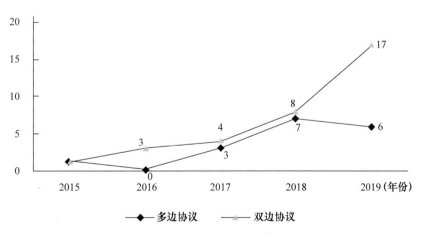

图 2 - 4 - 5　"多边—双边"府际协议数量

资料来源：笔者自制。

通过"核心—边缘"分析（如表 2 - 4 - 2），可以发现，重庆、四川、甘肃、云南、贵州、广西、青海七个省份处于网络的核心位置，其余省份处于网络的边缘位置。其中，云南和广西地理位置优势较大，分别是南向开放陆上和海上开放的门户，而其余几个居于核心位置的省份则在地理位置上相邻，显示出地理位置对于南向开放合作网络形成的重要影响。整个网络的核心度和边缘度分别为 0.721 和 0.016，差距较大，说明七个省份的核心优势较大，拟合度为 0.770，说明网络的"核心—边缘"地位稳定。

表 2 - 4 - 2　　　　　　　　网络"核心—边缘"分析

	Density matrix		Final fitness
	1	2	
1	0.785	0.389	0.737
2	0.390	0.048	

资料来源：笔者自制。

综合网络的节点位置、网络规模、关系形成等维度，可以发现，南向开放的整体网络结构及其演进具有以下三个特征。

（一）松散大网络中嵌套紧密小网络

根据协同网络结构可视化图和"核心—边缘"分析，13 个省份形成了一个合作密度较低的松散大网络，其中重庆、甘肃、广西、贵州四省份形成了一个多边和双边相互交织的紧密小网络。从表 2 - 4 - 1 可以看出，处于边缘的省份几乎没有参与双边协议，而是通过整体的多边协议与其余省份形成合作网络关系。

其中，重庆市在整个网络中居于中心地位，具有最高的中心度，是整个网络的协调者和领导者，这是因为重庆是"南向通道"的最初倡议者，早在 2015 年中新（重庆）战略性互联互通示范项目正式启动时，重庆就被中央定位为运营中心。而由于通道基础设施建设是高投资、高风险的项目，地理位置成为影响合作网络形成和地方政府合作伙伴选择的重要因素，2017 年 8 月重庆与毗邻的甘肃、贵州和作为南向开放海上门户的广西签署合作协议，因为铁路、公路等通道基础设施建设无法越过毗邻省份，而且建设过程中一个省份的停滞会影响其他省份的正常运营，所以选择地理位置毗邻的省份可以有效降低交易成本和契约风险，而在多边协议签署后，四个省份又通过双边协议强化彼此间的互动互信，明确各方职责和协调利益冲突，因此形成了相对紧密的合作网络。

（二）网络以多边协议为方式累进式扩展

从收集的文本数据来看，政府间协同网络的扩大主要是通过多边协议实现的。综合图 2 - 4 - 4 和图 2 - 4 - 5 可以看出，2017 年重庆、甘肃、广西、贵州四省份签署合作协议，而后 2018 年青海和新疆相继加入，其余省份则于 2019 年加入整体合作网络。整个过程以重庆为中心，总体上由近及远地演进。当然，一些地理上的重要节点和门户省份受到了优待，比如广西和新疆。

合作网络的这一扩张特点主要是两方面的原因造成。一方面，以重庆为核心的紧密小网络发挥了协调作用。在重庆召开的中新互联互通项目南向通道 2018 年中方联席会议上，内蒙古、四川、云南、陕西、青海、新疆 6 省份受邀参与，并发出合作共建南向通道的"重庆倡议"。因为南向通道作为一项区域战略，亟须扩大影响力和合法性，以得到中央的支持和资助；另一方面，制度性集体行动理论认为，多边协议随着规模的扩大，会造成较高的交易成本，但是可以降低契约风险。为了实现交易成本增加的逐步内化和整体降低契约风险，合作网络的扩大呈现出地理累进式的扩张特点。

（三）网络以双边协议为方式加强式捆绑

整个网络在整体的多边协议下，还出现了几乎等量的双边协议。双边协议通过双方的持续互动，可以有效提升双方间信任、互惠等社会资本，从而降低合作的交易成本和契约风险，这是驱动各个省份签订双方协议的主要动因。两两间签订双方协议，可以降低松散的多边协议产生的交易成本和契约风险。尤其是目前以基础设施建设和商贸物流为主要合作领域的合作现状，任何一个省份都需要借道相邻省份，实现铁路、公路和物流的有效衔接。

从多边协议和双边协议的特征来看，双边协议的产生是"政治锦标赛"体制下地方政府间竞争的体现。地方政府通过双边协议可以获得扩大区域影响力和提升社会资本等选择性收益，而多边协议的维系更多依靠的是实现整体的合作目标。例如，四川虽然在 2019 年才正式加入合作协议，但是利用双边协议有效提升了自我在网络中的地位，而重庆、广西、甘肃和贵州也有效利用彼此间的双边协议强化在大网络中的"明星网络"位置。

第四节 南向开放政府协同行动形成和网络塑造

南向开放省际协同网络呈现出大网络嵌套小网络、多边合作和双边合作相互交织的结构和关系特征。那么这些特征是什么原因导致的呢？网络动力学认为，网络的结构是个体关系的联结和沉淀，网络结构的变迁是多元主体行动的结果。依据制度性集体行动的逻辑，这种动力来源于地方政府利益最大化追寻中的理性计算，因此可以采取降维的方式，通过分析地方政府行动的动机和策略以解释协同网络结构形成的微观机理。其中，对于地方政府参与合作的动机，我们以各省份政府工作报告和"一带一路"专项政策文本中提到的战略定位为依据（见表 2 - 4 - 1）。

合作网络中的多边关系结构和双边关系结构具有不同的复杂性，二者的交易成本和契约风险的分布不同，地方政府合作关系的选择是合作倾向（动机和策略）的体现。[①] 此外，在一个边界固定的网络中，发展多边关系和双边关系带来的集体性收益和选择性收益也不

---

① 锁利铭、李雪、阚艳秋、马捷：《"意愿—风险"模型下地方政府间合作倾向研究——以泛珠三角为例》，《公共行政评论》2018 年第 5 期。

同，多边关系更能带来集体性收益，而双边关系则更有利于选择性收益的提升。① 因此，可以将地方政府在网络中多边合作和双边合作的高低程度作为行动策略划分的标准，具体如下（见表2－4－3）："双高"的牵头策略、"低多边，高双边"的借势策略、"高多边，低双边"的骑墙策略、"双低"的依附策略。需要说明的是，这四种策略类型的划分不是绝对的和固定的，有的地方政府可能介于两种策略之间，或者同时采取多种策略，或者随着时间的推移由一种策略过渡到另一种策略，例如借势策略和骑墙策略的成功可能提高地方政府在网络结构中的地位和作用，因此逐渐演化为牵头策略。下文将借助交易成本和契约风险两个变量及其影响因素解释这四种策略形成的原因，从而解释协同网络结构形成的微观规律。

表2－4－3　　　　　　　　　地方政府的行动策略类型

		多边合作	
		高	低
双边合作	高	领导	借势
	低	骑墙	依附

资料来源：笔者自制。

一　地方政府的"领导"策略及其网络影响

地方政府的"牵头"策略表现为，地方政府充当网络中的"政策企业家"，为网络的发起和持续克服组建群体、发展政策和执行政策的交易成本，说服政府间合作的反对方。② 采取这一策略的地方政府能够获得"先发行动"优势，对其他政府形成模仿、学习、支持的网络效应，其关系特征是同时推进多边合作和双边合作。地方政府在地理位

---

① 锁利铭：《城市群地方政府协作治理网络：动机、约束与变迁》，《地方治理研究》2017年第2期。

② Ansell, C. and Gash, A., "Collaborative Governance in Theory and Practice", *Journal of Public Administration Research and Theory*, Vol. 18, No. 4, 2007.

置、经济地位等主体条件上的较大甚至压倒性优势，群体横向竞争中的比较优势，以及上级政府的激励性支持，是这一策略形成的情境条件。因此，其合作动机除了完成政策目标的集体性收益以外，还积极追求能提升个体区域影响力、竞争力和社会资本的选择性收益。

本案例中，重庆市属于"牵头"型行动策略。重庆市在陆海新通道建设中的地理位置处连接东西、贯穿南北的中间点，经济地位仅次于四川省，并且受益于中国和新加坡的政府合作，重庆在南向开放中的地位较早得到了中央的支持。这些条件奠定了重庆在合作谈判中降低交易成本的优势和抵抗契约风险的能力。凭借区位优势和政策机遇，重庆主动倡议和召集相关省份合作推动南向通道战略，具有最高的活跃度和参与度，其区域战略定位是"建设陆海新通道运营中心"和"打造内陆开放高地"。在《2020 年西部陆海新通道建设工作要点》中涉及重庆牵头项目 11 项，国家层面的战略规划将其作用定位为"发挥带动作用"，奠定了重庆的网络领导地位。

在策略实施上，重庆积极搭建高峰论坛、磋商会、主题对话会等多边合作平台，扩大多边合作网络的规模，进而扩大自身的区域影响力和提升寻求中央支持的合法性；此外，以调研、互访等方式积极推动双边关系的发展，以巩固自身在网络中的中心地位和降低合作的契约风险。

二　地方政府的"借势"策略及其网络影响

地方政府的"借势"策略表现为，位于次优地位的地方政府积极提升自身的网络地位，其加入合作网络，可以给网络注入新鲜的血液，扩大网络的规模和创新合作内容，副作用是会加剧网络内部的竞争和冲突，增加协同的交易成本。关系特征以推进双边合作为主，"从而增强自己的网络地位，以提升获取网络外部代理人支持的机会"。[1] 这一类地方政府在地理位置、经济地位等主体条件上可能具

---

[1]　马捷、锁利铭、陈斌：《从合作区到区域合作网络：结构、路径与演进——来自"9 + 2"合作区 191 项府际协议的网络分析》，《中国软科学》2014 年第 12 期。

有欠缺，因而束缚了横向竞争中的比较优势，或是无法获得上级政府的激励支持。但是，这一类地方政府参与合作的动机不亚于采取"牵头"策略的地方政府，也在完成共同政策目标的同时，积极追求选择性收益。

在南向开放协同网络中，四川采取了"借势"策略，其战略定位为打造"西部开放的枢纽"。四川虽然在整个网络中具有最大的经济体量，主体条件较为优越，但是与重庆、广西相比，地理位置的横向优势欠缺。而同为西部地区的经济重心，四川和重庆在较长的历史时间内存在竞争关系，既有追求区域中心地位的竞争，也有寻求中央支持方面的竞争。

所以，在策略实施上，四川迟迟未加入以重庆为中心的合作网络，反而"另起炉灶"，因为较大的经济体量使其承担高投资、高风险项目的交易成本和契约风险的能力较强。最终，不同于网络中的其他省份，四川是以和重庆签订双边协议的方式加入整体合作网络。四川的加入为南向开放协同网络扩大到西藏和云南打通了地理阻碍，"成都—北部湾"一线成为陆海新通道建设的新内容。但是，四川在2019 年正式加入合作网络后，依然积极推动双边合作，例如与云南、贵州于 2019 年签订正式的双边合作协议，试图提升自我在整体网络中的影响力和竞争力，这会加剧网络中的竞争关系，产生交易成本。

三　地方政府的"骑墙"策略及其网络影响

地方政府的"骑墙"策略表现为，地方政府凭借居中的位置优势发挥联结网络不同群体的桥梁作用，这一位置既包括地理空间上的位置，也包括作为行动场域的位置。[①] 位置优势使得这一类地方政府成为网络的"中间人"，在信息获取和资源流动上具有先天优势。因为在经济体量、横向竞争和上级支持方面的优势并不突出，这一类地方

---

① 申剑敏、朱春奎：《跨域治理的概念谱系与研究模型》，《北京行政学院学报》2015年第 4 期。

政府无法独立完成区域性的政策目标，因此，其关系特征是以推进多边合作为主，同时寻求双边合作的机会。但是因为位置的优越性，往往不放弃追求选择性收益。

贵州、广西、甘肃在南向开放协同网络中采取了"骑墙"的行动策略。广西作为西部各省份最近的出海通道，是陆海新通道成都和重庆两条主干道的终点，因此广西最早加入了重庆提出的"南向通道"，同时又与四川保持紧密的双边关系。与广西相似，贵州同时毗邻四川和重庆，是两条通道的中间节点，因此同时与重庆和四川保持着密切的合作关系。甘肃则更多体现为行动场域上的优越位置，即较早地加入了多边协议，因为甘肃毗邻川渝，是陆上丝绸之路和陆海新通道的中间节点，在两个网络中发挥中介作用。

"高多边，低双边"的关系特征则是由交易成本和契约风险共同决定的，广西作为出海口需要广阔的腹地支持，因此寻求加入多边关系；甘肃、贵州由于深处内陆，经济体量较小，也需要加入多边关系，依附经济规模较大的省份，这使得它们以较小的成本和风险实现集体收益。但是，地理优势也为其带来了获得选择性收益的双边关系的可能，实际上，成功的"骑墙者"和"借势者"在提升自身网络地位方面具有同质的偏好，因此会触发双边合作，从广西和四川密切的双边合作中可见一斑。从行动动机上看，与"打造'一带一路'有机衔接门户"的广西和"建立向西开放的纵深支撑和重要门户"的甘肃相比，地理位置比较优势较弱的贵州则是低调地寻求"融入国家战略"。

四　地方政府的"依附"策略及其网络影响

地方政府的"依附"策略表现为，地方政府成为合作网络的"从众"者，处于网络的边缘位置但是可以扩大网络规模，寻求"朋友圈"的扩大和获取溢出效益，从而在同等条件的地方政府中脱颖而出。这一类地方政府在主体条件、横向竞争和上级支持方面基本不具备优势，因此无法独立承担完成区域政策目标的交易成本和契约风险，也无法吸引双边的合作者。所以其关系特征是依附强者建立的多边网络，合作的首要动机是完成区域共同的政策目标，虽然也具有追求选择性收益的潜在动机。采取"依附"策略的例外是迫于上级压力和担忧错失机会的地方政府也会因为消极参与而采取这一策略。

在南向开放协同网络中，处于网络边缘的宁夏、海南、青海、西藏、内蒙古、新疆，以及陕西和云南都属于"依附"策略类型。其中，宁夏、海南、青海、西藏、内蒙古、新疆属于较为典型的"依附"策略类型，普遍经济体量较小，除海南外，自然条件相对恶劣，在以基础设施建设、产业发展和商贸物流为主要合作领域的网络中，其他省份与其建立合作关系需要承担较大的交易成本和契约风险，因为这些省份地形复杂带来的"先天不足"和经济发展的"后天滞后"，完成合作事项的能力有限，因此其合作动机都相对保守，寻求融入国家战略。这一类地方政府的参与提升了网络的规模和影响，例如在南向通道建设纳入国家战略的过程中，云南、青海、陕西等省份发挥了重要的推动作用。

而云南和陕西的行动策略虽然呈现出"依附"特征，但是可以看到其与"依附"策略不符的战略定位。云南作为南向开放重要的陆上门户，横向优势被广西所超越，加之跨国铁路基础设施建设投资大、周期长，涉及跨境斡旋和谈判，产生的交易成本和契约风险要高于海运，比较优势丧失的云南只能被动依附于多边关系。而陕西因为较早获得"一带一路"发展的支持，其发展方向为向西开放，项目内容为"空港"建设，与陆海新通道合作内容不符，尚处于不同战略间的转换和平衡时期，也处于边缘位置。但是鉴于战略方向或内容的不一致，二者的"依附"策略可能是消极参与的表现。

第五节　结论与建议

鉴于现有地方政府协同网络研究结构导向路径止步于类型划分和

影响因素识别的缺陷，而行动路径未能解释协同行动的形成和差异，及其对网络结构的影响，本书在案例分析的基础上，试图探寻地方政府协同网络形成的微观机理。研究发现：地方政府协同网络的形成是作为理性化个体的地方政府依据情境条件策略性行动的结果，由于交易成本和契约风险的不同，地方政府所采取的差异化的行动动机和策略塑造了网络结构的位置和关系特征（见表2-4-4），在本书案例中，不同的动机和策略造就了地方政府不同的网络位置，使得网络呈现出"核心—边缘"结构，例如"借势"策略和"骑墙"策略的存在，削弱了"牵头"策略的网络领导者的中心度，使得各个节点的中心度相对均衡，有利于网络结构的扁平化，但是强化了网络内部的竞争；而地方政府对多边和双边合作关系的偏好则影响了网络的演进和扩展特征，使得整体合作网络的演进呈现出多边累进式扩展和双边加强式捆绑的特征。

表2-4-4　　　　地方政府协同行动类型及其网络影响

系统情境	行动策略	行动动机	关系特征	网络位置	网络影响
情境条件组合最优	牵头	追寻集体性收益和选择性收益	同时发展双边和多边合作	领导	影响网络的发起和持续，提升网络的中心度
情境条件组合次优	借势	选择性收益为主，集体性收益为辅	双边合作为主，多边合作为辅	核心	削弱网络的中心度，拓展网络的规模和内容
区位条件优势突出	骑墙	集体性收益为主，选择性收益为辅	多边合作为主，双边合作为辅	核心	发挥联结不同群体的桥梁作用
情境条件组合欠优	依附	寻求集体性收益的溢出	主要依赖多边合作	边缘	拓展网络的边缘，提升网络总体影响力

资料来源：笔者自制。

本书的理论贡献在于，将制度性集体行动的理论触角从关系层面延伸至地方政府个体，地方政府行动策略这一主体视角的引入可以在一定程度上解释情境因素如何影响网络结构，阐明交易成本和契约风险在政府协同网络形成中的作用机制，从而使得制度性集体行动框架形成"个体—网络—情境"的完整逻辑链条，理论版图更为系统和连续。具体来讲，本书类型化了地方政府行动动机和策略选择的情境规律，以多边合作和双边合作的高低程度为维度，划分为牵头、借势、骑墙、依附四种策略，揭示了协同网络形成的微观机理。现有文献将地方政府间的关系简单对立二分化为竞争和合作，忽视了地方政府在合作状态下也存在不同的策略选择和行动动机，以及这些差异与网络结构和情境要素之间的联系。本书的发现呈现了协同网络内部的微观复杂性，也呈现了情境因素如何影响协同行动中地方政府的行为选择，弥补了现有研究对地方政府协同影响因素进行结构性、功能性的简单甄别的局限。而且，牵头、借势、骑墙、依附四种策略的划分从微观层次阐明了合作网络中竞争和合作关系如何同时存在，是对现有研究的补充[1]，也是对现有研究中竞争和合作二分模式的超越。[2]

　　本书的发现对于地方政府在经济发展和区域协调等领域的合作具有重要借鉴意义。然而，本书无法克服单一案例研究的固有缺陷，案例分析展示了地方政府行动的差异及其对网络结构的位置和关系特征的影响，但是研究发现的可推广性有待于进一步检验。这也为下一步的研究提供了可供检验的命题和拓展的空间。

　　第一，对于采取不同行动策略的地方政府数量如何影响网络结构的规律有待于进一步挖掘。本书虽然揭示了地方政府差异化的行动会影响网络结构的位置和关系特征，但是对于采取不同行动策略的地方政府在网络中的数量如何影响具有不同特征的合作网络的生成，囿于

---

　　[1]　郭栋、胡业飞：《地方政府竞争：一个文献综述》，《公共行政评论》2019 年第 3 期。

　　[2]　Lee, I. W., Feiock, R. C., &Lee, Y., "Competitors and cooperators: A microlevel analysis of regional economic development collaboration networks", *Public Administration Review*, 2012, 72 (2).

单一案例的局限，本书无法刻画二者间更为复杂的关系。此外，对于地方政府不同的行动策略对网络的影响有待于进一步检验，本书的发现对地方政府不同的行动动机和策略如何影响网络结构在中心度、持续性、规模等方面的特征提出了较为清晰的命题（见表2 – 4 – 4）。未来的研究可以通过多案例比较或是大样本的量化研究检验这些命题，提升研究结果的精确性。

　　第二，地方政府的合作事项属性对协同行动策略的影响有待于进一步研究。本书因为是单一案例的研究，所以将合作事项作为一个常量来分析地方政府行动的差异，即只考虑了地方政府面对合作事项的行动程度差异而不考虑行动性质的差异。但是，合作事项的问题结构和属性对于地方政府的行动和网络性质具有重要影响，例如环境保护和公共服务供给等合作事项与本书以基础设施建设为中心的南向开放合作事项具有较大差异，合作事项的不同会造成地方政府面临的激励和约束差异[1]，也会带来不同的交易成本和契约风险，从而影响行动者进行治理结构选择的策略[2]，未来的研究可以进行不同领域的比较研究，从而提高研究结果的可推广性。

---

[1]　Ostrom，E.，*Understanding Institutional Diversity*，*Princeton*：Princeton University Press，2005.

[2]　Tang，S. & Lo，C.，"The Political Economy of Service Organization Reform in China：An Institutional Choice Analysis"，*Journal of Public Administration Research and Theory*，2009，19（4）.

第五章　南向开放城市间协同网络分析

第一节　问题的提出

在工业化、信息化和城市化不断推进的背景下，跨边界、复杂化和不确定性的公共事务逐渐涌现。跨区域的协同治理逐渐成为政府间解决跨域公共问题和治理跨域公共事务的重要治理机制。在具体实践中，出现了大量差异化的地方政府间合作形式，这些合作形式既有来自上级政府"自上而下"的指引，又有地方政府自发式的探索，不同区域、不同城市由于在技术条件、经济水平和资源禀赋等方面的差异[①]，区域协同治理中的合作类型在层次、领域和区域上呈现出多样化的特征。

从合作区域和合作层次上看，产生了诸如京津冀协同发展[②]、"9 + 2"泛珠三角合作区这样的省际合作形式[③]，又产生了诸如苏南示范区这样的省内城市间合作形式[④]；从合作领域上看，地方政府间

[①] 臧雷振、翟晓荣：《区域协同治理壁垒的类型学分析及其影响——以京津冀为例》，《天津行政学院学报》2018 年第 5 期。

[②] 崔晶：《京津冀都市圈地方政府协作治理的社会网络分析》，《公共管理与政策评论》2015 年第 3 期。

[③] 锁利铭：《地方政府区域治理边界与合作协调机制》，《社会科学研究》2014 年第 4 期。

[④] 王路昊、林海龙、锁利铭：《城市群合作治理中的多重嵌入性问题及其影响——以苏南国家自主创新示范区为例》，《城市问题》2020 年第 1 期。

的区域协同涉及大气污染治理①、经济合作②、城市群发展③等众多领域。不同领域和不同地域，甚至在同一领域和同一地域内，地方政府间的合作都呈现出差异化的类型安排。这些多样化的安排使得地方政府的合作网络呈现出相互重叠和相互交织的特征。因此，地方政府间的合作在实现局部规模效益的同时，也存在整体"碎片化"的风险，亟须理顺地方政府间不同合作类型、特征、机制及其适用情境。然而，遗憾的是，现有研究缺乏对地方政府间各种合作类型的特征及其情景性选择规律的系统性解释。④

"一带一路"倡议的推进和发展，涉及国内各级地方政府之间的协同推进。其中，"一带一路"的南向开放涉及西部十多个省份，是"一带一路"贯穿南北和联通东西的中间环节。自南向开放提出以后，西部地区各级政府展开了丰富的合作行动，既有行政区域内不同城市间的协同合作，又有跨越行政区域的城市间的协同合作。这些合作实践活动的产生，为本书观察地方政府间的合作类型特征和情景化的选择规律提供了窗口。

鉴于此，本书以南向开放"成都—北部湾"一线地方政府间的合作网络为研究对象，试图回答以下问题：地方政府间形成了怎样的合作类型，不同的合作类型的特征是什么，在不同的情境下，地方政府如何权变选择合适的合作机制？通过回答这一系列问题，本书试图弥补现有研究理论上的忽视和不足，以期为地方政府合作形式的选择提供一定的政策启示。

---

① 汪伟全：《空气污染的跨域合作治理研究——以北京地区为例》，《公共管理学报》2014 年第 1 期。

② 卓凯、殷存毅：《区域合作的制度基础：跨界治理理论与欧盟经验》，《财经研究》2007 年第 1 期。

③ 崔晶：《京津冀都市圈地方政府协作治理的社会网络分析》，《公共管理与政策评论》2015 年第 3 期。

④ 徐国冲、霍龙霞：《食品安全合作监管的生成逻辑——基于 2000—2017 年政策文本的实证分析》，《公共管理学报》2020 年第 1 期。

第二节　区域协同治理和地方政府合作

区域协同治理根源于"新区域主义"，是一种介乎传统区域主义集权政府模式和公共选择理论市场化多中心模式之间的混合治理机制，强调跨行政区域的地方政府间的合作行动，以及由此形成的合作网络。[①] 不可否认，科层制大背景下的地方政府间合作无法完全脱离科层的束缚，因此现实样态中的区域协同治理呈现出复杂化和多样化的特征。其中，区域地方政府合作是区域协同治理的核心内容，政府间合作机制的差异化是区域协同治理呈现出复杂化和多样化的根源。

类型的划分是科学研究的必要条件，是研究者发现规律和实践者进行决策的前提。自政府间合作实践产生伊始，围绕地方政府间合作类型划分的研究已经大量涌现。虽然具体用语上存在语义的差别，诸如合作形式、合作类型、合作模式等，但是这些研究的核心议题皆是围绕地方政府间合作的差别及其类型的划分。现有研究主要从两个方面对地方政府间的合作类型进行划分：地方政府间合作的形式特征和地方政府间合作的实质特征。此外，也有少许研究以地方政府间合作的发起条件差异对地方政府的合作类型进行划分。

一　文献综述

（一）地方政府合作类型的形式特征划分

根据区域协同治理中地方政府合作的规模，有研究从网络理论出发，将地方政府间的合作划分为多边合作和双边合作，二者的主要区别在于合作网络规模的大小和合作参与者的数量。[②] 有研究进一步指

---

① 张紧跟：《从区域行政到区域治理：当代中国区域经济一体化的发展路向》，《学术研究》2009 年第 9 期。

② Feiock, R., "The Institutional Collective Action Framework", *Policy Studies Journal*, 2013, 41 (3).

出，双边关系多为限制性协议，合作源于双方的地理临近和强强联合，实现捆绑互惠；多边关系多为适应性协议，合作参与方形成相对松散的网络结构，实现协调共赢，交易成本和契约风险是影响二者形成的主要因素。①

同样因循网络理论的进路，也有研究根据政府间合作网络中是否存在中心领导者和网络中各方参与程度两个维度划分合作类型：共享型（SG）、领导型（NLO）和行政型（NAO）。其中，共享型合作下，合作各方基于自发的互利互惠，相互依存，彼此间关系较为平等，网络参与程度高；领导型合作下，合作网络中存在核心的领导者，扮演合作网络的信息分享、资源交换和利益协调的中间人角色；行政型合作下，依赖于第三方权威提供合作网络形成必要的资源和信息，并协调和监督网络的执行活动。②

类似地，也有研究将我国区域协同治理中地方政府的合作类型划分为联席类、牵头类和支持类，主要着眼于地方政府间合作组织的结构特征差异。③ 这些研究显示，合作形式的差异是不同的因素导致的，而这种差异也会影响地方政府的合作行为以及合作的效果。

（二）地方政府合作类型的实质特征划分

合作类型的形式特征划分关注地方政府合作的关系层面，而无法展现合作过程中的合作层次、合作内容和权责配置等实质性特征。根据合作目标的不同，合作类型被划分为信息型、发展型、拓展型、行动型四种类型。其中，信息型合作是为了实现部门间政策、技术、经验间的交流学习，发展型合作是为了提高组织的执行能力，拓展型合作是为了实现不同主体间资源和要素的流通，行动型合作则涉及服务

---

① 锁利铭：《城市群地方政府协作治理网络：动机、约束与变迁》，《地方治理研究》2017 年第 2 期。

② Provan, K., & Kenis, P., "Modes of Network Governance: Structure, Management, and Effectiveness", *Journal of Public Administration Research and Theory*, 2008, 18（2）.

③ 锁利铭、阚艳秋：《大气污染政府间协同治理组织的结构要素与网络特征》，《北京行政学院学报》2019 年第 4 期。

的共同生产和事务的共同治理。① 也有研究从合作层次上，将合作划分为操作层次、政策层次、制度层次三种类型，操作层次的合作主要涉及具体服务的供给和政策的执行，政策层次的合作涉及资源、人员等要素的流动和组织间的决策，制度层次的合作则具备更高的结构化特征，涉及同一的决策机构和约束性的规则、制度。② 此外，也有研究根据合作中的权威类型，将地方政府间的合作划分为非正式的合作、正式的协约、权威强制型③；也有学者进行更为细致的划分：网络型、伙伴关系、联盟、整合。④

更进一步，有研究根据地方政府间合作的正式化和科层化程度，对地方政府间的合作类型进行了具体枚举：区域管理机构、区域多层次结构、区域规划委员会、组织间结构、区域会议、区域网络。⑤ 也有学者从合作机制的角度将合作划分为正式和非正式两种类型，指出两者在合作的约束性、自主性、权责配置、信任程度、紧密程度等多个方面存在的差异，这一研究表明，两种不同的合作机制可以相嵌运行和相互转化。⑥ 正式和非正式的划分对整合多样化的关于地方政府合作类型的实质性特征划分进行了有益的尝试。

综上，现有研究对区域协同治理中地方政府合作类型的划分呈现出标准不一、类型多样的特征。总的来看，没有哪一种类型划分可以对地方政府合作的特征进行全景式的刻画，而是主要专注于某一项突

---

① Agranoff, R., "Inside Collaborative Networks: Ten Lessons for Public Managers", *Public Administration Review*, Vol. 66, No. 1, 2006.

② Imperial, M. T., "Using Collaboration as a Governance Strategy: Lessons From Six Watershed Management Programs", *Administration & Society*, 2005, 37 (3).

③ Yi, H. Suo, L., Shen, R., Zhang, J., Ramaswami, A. & Feiock, R. C., "Regional Governance and Institutional Collective Action for Environmental Sustainability", *Public Administration Review*, 2018, 78 (4).

④ Sullivan, H., & Skelcher, C., *Working Across Boundaries. Collaboration in Public Services*, UK: Macmillan Education, 2002.

⑤ 唐燕：《德国大都市地区的区域治理与协作》，中国建筑工业出版社 2011 年版。

⑥ 锁利铭：《地方政府间正式与非正式协作机制的形成与演变》，《地方治理研究》2018 年第 1 期。

出的特征对合作类型进行概念化。一些具体的研究往往将合作类型的
特征和合作形成的环境因素混淆，这使得合作类型的划分在层次和标
准上出现了混乱，消弭了现有类型化尝试的解释力，也无法清晰地为
地方政府选择适当合作形式产生启示。此外，如前所述，现有文献对
于哪一类型的合作适用的情境问题缺乏规律性的探索。这一研究缺失
会削弱地方政府合作的效果，因为合作类型是影响地方政府合作行为
和合作内容的重要因素，并对合作过程和结果产生差异化的影响。①

二　分析框架

在区域协同治理实践中，多样化的地方政府合作类型是如何产生
的呢？在综合制度性集体行动和协同治理的理论框架基础上，本书构
建了解释区域协同治理中地方政府合作类型多样化及其选择机理的分
析框架（见图 2 - 5 - 1）。需要说明的是，我们无法穷尽影响地方政
府合作类型选择的全部系统情境因素。但是，根据现有相关文献，我
们归纳了若干关键性因素。

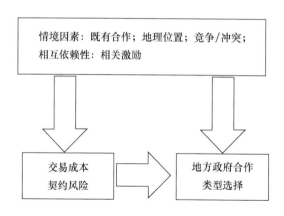

图 2 - 5 - 1　地方政府合作类型选择的解释框架

资料来源：笔者自制。

---

① 申剑敏：《跨域治理视角下的地方政府合作：基于长三角的经验研究》，上海人民
出版社 2016 年版。

　　关于地方政府合作形成的影响因素中，一些颇具典型性的研究进行了启发性的探索。从协同治理的理论脉络出发，有学者认为主体间的相互依赖性、资源共享和风险共担、资源的有限性、既有合作历史、资源互补性和问题的复杂性是影响地方政府合作的主要因素。① 有研究进一步提炼了合作形成的影响因素：权力、资源和知识的不对称，既有的冲突和竞争，参与合作的动机和约束，初始领导力的推动。② 与此类似，有研究较为系统地提出了协同治理中合作产生的情境因素：领导力、相关激励、相互依赖性和不确定性。③

　　制度性集体行动框架认为，地理位置、群体规模、共同的目标、领导者或政策企业家、强制性或选择性激励是影响地方政府合作的重要决定性因素，并进一步发现这些因素会影响地方政府合作中的交易成本和契约风险。④ 现有研究显示，地方政府的制度或改革选择会受到交易成本和契约风险的影响。⑤ 我们可以认为，地方政府对于合作类型的选择也会受到交易成本和契约风险的影响，而且适当的合作形式可以降低交易成本和契约风险，有效提升合作的效果。其中，现有文献将地方政府集体行动中的交易成本概念化为信息成本、谈判成本、代理成本、执行成本；契约风险则包括多元主体间的协调、分工和背叛的风险。⑥

---

① Thomson, A. M., & Perry, J. L., "Collaboration Processes: Inside the Black Box", *Public Administration Review*, 2006, 66 (s1).

② Ansell, C. and Gash, A., "Collaborative Governance in Theory and Practice", *Journal of Public Administration Research and Theory*, Vol. 18, No. 4, 2007.

③ Emerson, K., Nabatchi, T., & Balogh, S., "An Integrative Framework for Collaborative Governance", *Journal of Public Administration Research and Theory*, 2011, 22 (1).

④ Feiock, R., "Rational Choice and Regional Governance", *Journal of Urban Affairs*, 2007, 29 (1).

⑤ 邓穗欣：《制度分析与公共治理》，复旦大学出版社 2018 年版。

⑥ 锁利铭：《地方政府间正式与非正式协作机制的形成与演变》，《地方治理研究》2018 年第 1 期。

第三节 地方政府的合作类型及其特征

2015 年,推进"一带一路"建设工作领导小组办公室发布《标准联通"一带一路"行动计划(2015—2017)》,地方开始积极制定对接中央规划的地方行动计划和实施方案。其中,西部地区逐渐形成了面向南向开放的"一带一路"进路。2019 年,国家发展改革委出台《西部陆海新通道总体规划》,面向南向开放的南向通道自此上升为国家战略。四川成都至广西北部湾一线的南向开放通道,则是这一战略的重要组成部分,主要涉及四川、广西、云南、贵州等多个省份。2018 年,四川颁布了《关于畅通南向通道深化南向开放合作的实施意见》。同年,广西印发《广西加快推进中新互联互通南向通道建设工作方案(2018—2020 年)》。

一方面为响应省级层面的规划和方案,另一方面为实现经济发展目标和提升区域竞争力,该区域的成都、宜宾、泸州、钦州、贵阳等众多城市开启了区域间的协同合作,涌现出多样化的地方政府合作类型。因此,本书选取南向开放"成都—北部湾"一线的地方政府合作作为案例观察对象。

一 地方政府合作网络:整体情况和内部差异

为整体呈现南向开放中地方政府合作现状,从而更加可视化地观察镶嵌于其中的地方政府间多样化的合作类型,本书借助社会网络分析(SNA),通过府际协议构建地方政府间的合作关系网络。全文数据处理过程共分为收集、筛查和编码三个阶段。

第一阶段,文本挖掘。以关键词"南向开放""一带一路""南向通道"在该区域相关地方政府网检索,共计检索到文本数据 7608 项,涉及该区域 35 个地级市。

第二阶段,数据筛查。以 2015 年"一带一路"倡议从中央到地方的全面展开为研究的时间起点，综合文本的重复性和无效性，共计筛查出 156 项有效府际协议，其中包括正式政策文本 80 项。

第三阶段，数据编码。在根据时间、领域、参与方等对数据进行编码后，通过事件法，编制 35 个城市 2015—2019 年的二模矩阵。之后，借助社会网络分析软件 UCINET 对南向开放的地方政府合作网络进行可视化呈现（见图 2 - 5 - 2）。

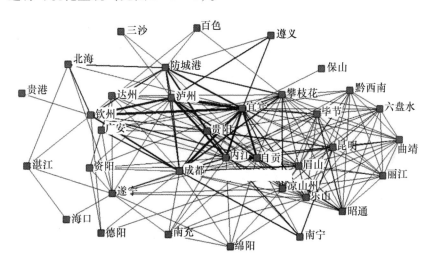

图 2 - 5 - 2　南向开放城市—城市合作网络关系

资料来源：笔者自制。

地方政府合作网络关系展示了合作的形式特征。研究显示，地方政府间形成了一个较为松散的合作网络，网络密度为 0.067。说明地方政府间的合作关系紧密度较低，这可能是南向开放提出时间较短导致的。另外，大部分城市经济社会发展滞后，较为恶劣的地理条件和滞后的基础设施建设限制了地方政府之间合作关系的发展。但是，成都、宜宾、内江、钦州、防城港等南向通道的节点城市之间，形成了较为紧密的合作关系，呈现出总体合作网络的内部差异。而且，地方政府间的合作关系在 2018 年呈现出井喷式增长（见图 2 - 5 - 3 和图 2 - 5 - 4），这与国家战略的出台和上级政府政策规划的推动相关。同

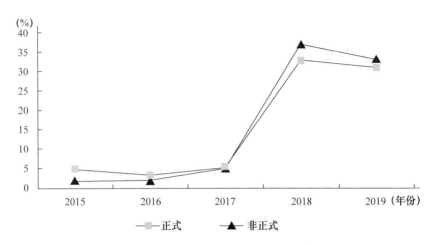

图 2 - 5 - 3　南向开放地方政府间正式—非正式合作

资料来源：笔者根据地方政府网站关键词检索、筛查、编码结果绘制。

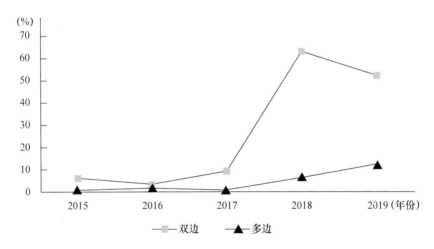

图 2 - 5 - 4　南向开放地方政府间双边—多边合作

资料来源：笔者根据地方政府网站关键词检索、筛查、编码结果绘制。

时，可以发现，在整体的合作网络中，存在大量的双边和多边合作关系、正式和非正式的合作关系。尤其是正式合作和非正式合作呈现出等量增长的趋势，进一步说明整体的合作网络并不是同质性的，内部差异化较大。

表 2 – 5 – 1　　"一带一路"南向开放地方政府间合作示例

合作形式	合作方	主要内容
川南经济区	自贡、泸州、内江、宜宾	川南经济区是四川省"一干多支、五区协同""四向拓展、全域开放"战略部署的重要组成部分，在南向开放平台、公共服务、市场体系、生态环保、产业合作等领域全方位合作，打造南向开放重要门户和区域经济中心
北部湾经济区	北海、钦州、防城港	北钦防一体化是广西推进区域协调发展的重大举措，打造西部陆海新通道门户枢纽，发挥"一带一路"有机衔接重要门户作用，着力推进交通基础设施生态环保、产业合作、公共服务、社会事业、对外开放等领域一体化建设
政协主席联席会议	南宁、昆明、贵阳	三地每年轮值就专项议题举行一次政协主席联席会议，其中 2017 年第二次联席会议以"发挥区域优势，助推南向通道建设"为主题，三地进行了工作经验交流和合作事项探讨
合作伙伴关系	自贡、钦州	2019 年两地签署《携手共建"一带一路"西部陆海新通道合作框架协议》，双方就双向开放互动和共同发展开展合作，共同融入和服务"一带一路"西部陆海新通道建设
友好城市合作	防城港、达州	两市于 2019 年签订建立友好城市关系协议，联合发起共同构建西部陆海新通道冷链经济城市联盟，就国家"一带一路"建设的深入推进和西部陆海新通道建设上升为国家战略，开展更加紧密和广阔的合作
互访、考察学习、座谈会	宜宾、内江	内江市党政代表团赴宜宾，考察学习国企改革发展和综合保税区建设等工作，就进一步深化两市友谊和扩大合作领域展开交流互动

资料来源：笔者根据相关地方政府网站政策文本整理。

　　地方政府合作网络关系呈现了地方政府间合作的形式差异，而政策文本内容则可以揭示地方政府合作的实质差异（见表 2 – 5 – 1）。从地方政府合作的实质特征来看，存在区域经济区、区域联席会议、合作伙伴关系、友好城市合作、互访、考察学习、座谈会等多样化的合作表现形式。这些具体合作类型在合作参与方、合作功能定位、合作内容层次等方面存在差异。例如，与全方位、多领域推进区域一体化的川南经济区和北部湾经济区相比，松散的区域政协主席联席会议的合作内容主要为就某些具体议题和事项进行跨地区的交流互动。

此外，区域中科层意义的行政区域合作和自发性质的协作网络合作相互交织和相互作用。例如，川南经济区的建立驱使区域内的城市探索自发性的区域合作，为促进区域内信息共享和扩大对外宣传效应，泸州、宜宾、内江、自贡四城于2019年自发成立了区域信用联盟和区域媒体联盟。通过政策文本梳理，可以发现大部分城市既参与了正式合作或是多边合作，同时又参与了非正式合作或是双边合作。例如，宜宾和钦州等城市，既参与了正式的多边的区域经济区合作，又通过伙伴关系、互访、考察学习等形式发展正式和非正式的双边合作关系。

二　地方政府间多样化的合作类型及其特征

通过上述分析，可以发现地方政府即使在同一区域、同一领域的合作，也并不是"铁板一块"，整体合作内部存在多样化的合作类型。不同合作类型会对地方政府的合作行为和合作效果产生不同的影响。因此，对不同的合作类型及其特征进行系统化的提炼是必要的。

本书综合地方政府合作的形式特征和实质特征，选取多边/双边合作，以及正式/非正式合作两个维度，对地方政府的合作进行类型化。其中，多边合作或双边合作关注合作的规模和合作参与方的数量，正式合作和非正式合作关注合作的正式化程度、层次和内容。将这两个维度作为划分标准，一定程度上可以实现对现有划分标准的整合，从而更好地揭示地方政府合作类型的多样化和特征差异。据此，本书将地方政府间多样化的合作类型划分为四种类型：整合型的多边正式合作、协调型的多边非正式合作、伙伴型的双边正式合作、交流型的双边非正式合作（见表 2 - 5 - 2），并归纳了不同合作类型的特征差异（见表 2－5－3）。

表 2－5－2　　　　　　　　　　　地方政府的合作类型

	正式	非正式
多边	整合型	协调型
双边	伙伴型	交流型

资料来源：笔者自制。

表 2－5－3　　　　　　　　　　　地方政府的合作类型特征

合作类型	表现形式	合作内容	合作层次	权威/自主	运行机制
整合型	区域经济区、区域一体化、联盟	多为综合性	涉及政策、制度层面，复杂度高	多为权威发起，具备约束性协议和规则	具有区域性合作机构，正式会议制度
协调型	区域联席会议、区域论坛/峰会	多为单一或几个议题	涉及技术层面，较为灵活	多为自发性协作，形式松散	非正式的会议或会晤
伙伴型	友好城市、协同伙伴、专项合作	综合性或专项事项	涉及政策、制度层面，复杂度高	权威或自发发起，具备约束性协议和规则	具有正式的合作协议和实施方案
交流型	互访、考察学习、座谈会	多为单一或几个议题	涉及技术层面，较为灵活	自发协作，形式松散	非正式的交流、学习和互动

资料来源：笔者根据相关地方政府网站政策文本整理。

　　本书运用以上类型化概念分析南向开放中出现的多样化的地方政府合作类型。

　　（一）整合型合作

　　在本案例中，川南经济区和广西北部湾经济区属于较为典型的地方政府间整合型多边正式合作。二者的战略定位都是提升区域竞争力和促进区域经济发展，打造行政区域内的对外开放门户。合作内容的综合性较强，涵盖了基础设施建设、产业园区建设、公共服务一体化、生态环保协同、区域内市场体系一体化等全方位、多领域的合作。在合作层次方面，川南经济区和广西北部湾都具有区域性的发展规划和实施方案。例如，《川南经济区"十三五"发展规划（2018 年修订）》，地方政府间的合作层次较高，从重大项目的执行到区域公共服务共享和营业环境一体化，涉及相关政策、规则和制度的构建。合作的复杂程度高，涉及整体的科层推动的经济区一体化，也有诸如白酒产业联盟、信用联盟、媒体联盟这样自发性的协作制度安排。类似地，北部湾经济区也有诸如《广西北部湾经济区北钦防一体化发展规划（2019—2025 年）》的整体约束性规划，建立了统一的规划体系、利益分享和补偿机制等制度安排。

从运行机制上看，二者都成立了区域合作实体机构。其中，川南经济区成立了联席会议办公室，而北部湾经济区建有经济区规划建设管理办公室。在这两个整合型的合作示例中，上级科层权威介入程度较高。两个经济区都是由上级政府推动建立，在川南经济区历次正式的联席会议制度中，都有省级领导和相关部门出席。而北部湾经济区则有专门的自治区领导小组，负责研究、审议区域一体化重大战略和重要政策，协调推进重大事项，解决重大问题。

（二）协调型合作

昆明、贵阳、南宁形成的政协主席联席会议，则具有协调型多边非正式合作的特征。会议以专题会的形式每年举办一次，就区域间文化旅游合作、基础设施建设和融入南向通道建设等议题展开交流互动，旨在为区域经济社会协同发展搭建交流平台。

例如，2018 年举行的昆明南宁贵阳三市政协主席联席会议第三次会议，以"发挥区域优势，助推南向通道建设"的专项议题为主题。合作不涉及具体项目执行、政策决策和制度构建，而是就专题事项展开经验交流和信息沟通，为地方政府间的正式合作创造机会和积累社会资本，总体来说合作层次较低。联席会议的举行不涉及区域间的具体合作事项和利益协调，举办时间灵活，采用轮值的方式，每一年度的议题由年度举办方决定。

在这一案例中，政协组织在正式的科层体系中不属于核心职能部门。因此，这一合作形式呈现出相对松散的特征，属于地方政府间自发的协作。合作以联席会议方式进行，区域间没有统一的具有约束力的府际契约和规章制度。

（三）伙伴型合作

自贡与钦州的合作伙伴关系、防城港和达州的友好城市合作关系，都属于较为典型的地方政府间伙伴型正式双边合作。其中，自贡与钦州的合作内容是围绕南向通道建设展开的综合性合作，涉及西部陆海新通道建设、产业合作、协同开放、商贸物流、文化旅游等多个领域。防城港和达州的友好城市合作则呈现出专项合作的特征，双方在友好城市合作的基础上，主要就商贸物流事项展开合作。

就合作的复杂程度而言，双方的合作层次较高，涉及具体项目的执行和共同事项的决策。此外，伙伴型的合作类型，往往具有正式的合作协议和实施方案的限制，以双方签署合作协议的方式推动合作关系的发展和合作事项的运行。在本案例中，自贡和钦州双方领导签署了《携手共建"一带一路"西部陆海新通道合作框架协议》，而防城港和与达州也缔结了友好城市的正式协议。因此，这些协议为双方的合作事项、利益、规划等具体问题形成了约束。

自贡和钦州、防城港和达州的伙伴型关系属于自发性的地方政府间协作，但是伙伴型的合作关系也可以由上级政府通过行政力量推动。例如，云南省昭通市和四川省自贡市在两地省级政府的推动下，就南向通道建设建立正式的合作关系。但是，权威发起和自发性协作形成的伙伴型关系在形成路径上有所差异。自发性协作形成的伙伴型关系，往往在双方长期的、重复性的非正式互访和交流的基础上形成。与之相比，权威发起的伙伴型关系正好相反，是在伙伴型关系形成后，通过非正式的合作商定具体合作事项和合作的执行。

（四）交流型合作

在南向开放的区域协同治理中，地方政府间形成了大量的以双方领导人互访、党政代表团考察学习和交流座谈会为表现形式的交流型双边非正式合作。这种交流型合作的数量，是本书所收集的 156 项合作关系中最多的。这充分说明了交流型合作仅仅涉及政策沟通和经验交流等低层次的合作，而且合作形式和合作时间简单、灵活，是地方政府间最容易发起的合作类型。

这一合作类型往往就单一或多个议题展开地方政府双方间的交流互动。例如在本书案例中，内江市党政代表团赴宜宾考察学习，主要就宜宾国企改革、投融资体制改革、综合保税区建设的事项进行交流学习。这也说明了交流型合作以双方交流、学习和互动的方式运行。而且交流型合作多为地方政府间自发性的合作，虽然这种类型的合作就合作本身而言没有实质性的内容，合作层次较低，但是交流型合作的功能在于为地方政府间其他类型合作关系的建立积累社会资本和增进信任关系，或是为其他类型合作过程中产生的冲突和分歧进行非正式的协商和沟通。

第四节　地方政府的合作选择及其解释

不同范围、规模和特点的公共问题，会导致跨区域协同治理中多样化的制度安排的出现。[①] 在南向开放过程中，区域地方政府间多样化的合作类型的产生，必然是由情境因素的不同导致的。问题的关键在于，多样化的合作类型是如何产生的。只有回答这一问题，方能为地方政府在不同的情境下如何选择适当的合作机制提供规律性的解释。对此，少量的研究已经进行了有益探索，遗憾的是这些研究往往混淆了地方政府

---

① Ostrom, E., *Governing the Commons：The Evolution of Institutions for Collective Action*, New York：Cambridge University Press, 1990.

合作的类型特征和情境因素，导致研究的发现欠缺解释力。①

本书根据制度性集体行动和协同治理的既有理论框架，归纳了既有合作、地理位置、竞争/冲突、相互依赖性、相关激励五类影响因素。其中，相关激励包括了强制性激励和选择性激励，强制性激励来源于上级的约束和激励，而选择性激励则是地方政府的个体需求和偏好。基于此，我们对五类影响因素如何影响地方政府的合作类型选择进行了解释（见表 2 - 5 - 4）。

表 2 - 5 - 4　　　　影响地方政府合作类型选择的情境因素

合作类型	既有合作	地理位置	竞争/冲突	相互依赖性	相关激励
整合型	一般无	相邻	有	较高	多为强制性
协调型	一般无	相邻或跨区域	无	较低	多为选择性
伙伴型	有/无	相邻或跨区域	有/无	较高	多为选择性
交流型	一般无	相邻或跨区域	有/无	较低	多为选择性

资料来源：笔者自制。

制度性集体行动理论认为，地方政府的合作选择是基于成本/收益的理性计算，而交易成本和契约风险则是制约合作收益的关键变量。本书因循制度性集体行动和协同治理的分析框架，认为系统情境因素会影响地方政府合作的交易成本和契约风险，从而决定地方政府的合作类型选择。本书将结合南向开放案例中地方政府多样化的合作类型安排验证上述命题。基于此，本书将所涉及的南向开放案例中的交易成本和契约风险的形式进行具体呈现（见表 2 - 5 - 5），以便展开后续分析。

---

① 杨宏山、周昕宇：《区域协同治理的多元情境与模式选择——以区域性水污染防治为例》，《治理现代化研究》2019 年第 5 期。

表 2 - 5 - 5　南向开放中地方政府合作的交易成本和契约风险

	交易成本	契约风险
合作前	合作对象的寻找和了解；合作内容、分工和收益的协商、谈判	多元主体间利益、冲突和偏好的协调
合作后	合作事项执行中的监督、效果评估	合作事项执行中的分工、守约

资料来源：笔者自制。

一　地方政府的整合型合作及其解释

在地方政府的四类合作类型中，整合型合作的合作层次最高、合作规模和复杂性程度最高，也是地方政府间最难达成的合作类型。在整合型合作的形成过程中，既有的合作基础所积累的互惠、信任等社会资本和成功的合作经验可以降低合作形成的交易成本和契约风险。[①]但是，由于整合型合作具有参与者较多、合作规模较大等特征，整合型合作达成的过程中往往很难具备既有合作基础的条件。因此，正如川南经济区和北部湾经济区所显示的那样，整合型合作的产生往往是上级政府运用行政权威强制性激励的结果。在合作的初期，上级政府的支持可以带来信息、资源和合法性的支持，因而有效降低整体合作的交易成本和契约风险。因为地方政府在合作过程中的分工和利益协调，往往受到上级政府的引导，而地方政府的毁约也会受到上级政府的惩罚。比如，北部湾经济区制定的一体化监督考核指标，为整合型合作的开展提供了可信承诺保障。

由于交易成本和契约风险的限制，整合型合作往往发生在地理位置相邻的地方政府之间。这是因为相邻的地理条件可以使得地方政府之间更好地监督彼此，共享基础设施建设和产业合作等产生的规模效

---

① Bhatt, N., & Tang, S. - Y., "The problem of transaction costs in group-based micro-lending: An institutional perspective", *World Development*, 1998, 26 (4).

益，如产业联盟、产业园区等平台的建设。然而，相邻的地理位置也会导致地方政府间产生竞争和冲突。例如，在本案例中宜宾和泸州的政策文本都将战略目标定位为打造区域中心城市，因此二者在合作间也出现了恶性竞争和各自为政的现象。对此，上级政府的强制性约束则有利于消除竞争的不利影响。再者，地理位置的相邻也使得整合型合作中的地方政府在完成区域政策目标的过程中相互依赖性较高，这也有利于地方政府达成更为紧密的合作。

二　地方政府的协调型合作及其解释

协调型合作由于不涉及较高层次的决策制定和制度构建的合作，所以比较易于达成。一般来讲，协调型合作往往没有既有的合作基础，如本案例中的贵阳、昆明、南宁三地的联席会议，是在偶然条件下形成的。协调型合作往往适用于跨越行政区划的合作，因为行政区划的阻隔导致了合作过程中较高的交易成本和契约风险，例如合作对象的选取。因为行政区划的阻隔，在信息交流和资源流动上成本较高，而地方政府合作事项的达成往往需要多地上级政府的批准。所以，本案例中三地的合作跨越了云南、贵州、广西三个省份，自2016年开始的合作依然处于层次较低的阶段。这与合作过程中交易成本和契约风险的限制不无关系，因为它限制了这种非正式的松散合作朝向更高层次合作的转变。

协调型合作的地方政府之间往往因为地理位置的不相邻，而存在较少的竞争和冲突。因此，特定事件或者特定偏好的产生，往往会促使地方政府自发性形成协调型合作。例如在本书的案例中，贵阳、昆明、南宁因为区域经济发展的共同偏好和南向开放这一特定事件的推动，创造了形成合作的条件。但是，三地地理位置相隔较远，形成合作的规模效益的成本较高，相互依赖性程度偏低。因此，这也是三地间形成政协主席联席会议这种松散的协调型合作的重要影响因素。

三 地方政府的伙伴型合作及其解释

地方政府间的伙伴型合作的达成，受到情境因素的较大制约。一般来看，伙伴型合作关系的产生，往往是基于地方政府双方拥有一定的合作基础，建立了一定的信任关系。在本书的协作伙伴和友好城市两种具体的伙伴型合作关系中，双方在建立伙伴型合作关系之前，都通过多次的互访、考察学习等交流型合作增进了解和交流信息，降低合作的交易成本和契约风险。但是，正如前文所述，上级政府强制性的激励也会导致伙伴型合作关系的直接产生。与整合型合作相类似，行政权威的介入使得地方政府的合作选择超越了效率理性，成为政治妥协的结果。但是，上级政府提供的资源和合法性支持可以弥合合作双方在交易成本和契约风险上的成本。

与强制性激励形成的伙伴型合作不同，在选择性激励形成的伙伴型合作，双方地方政府往往具备共同的政策目标。例如，宜宾、钦州、内江等地方政府都是南向通道建设上的重要节点城市。伙伴型合作的形成，可以满足这些城市提升区域竞争力、融入国家战略的目标。防城港和达州在缔结友好城市后，通过双方的共同影响力，牵头促成了区域间冷链联盟的成立，正是伙伴型合作关系选择性激励的体现。彼此间较高的相互依赖性，也是达成伙伴型合作关系的重要因素。例如，缔结友好城市的防城港和达州，就是这方面的典型代表。作为港口城市的防城港需要腹地货运量的支持，而作为内陆城市的达州则需要货物出口窗口，这种相互依赖性有利于双方达成紧密程度较高的合作。

四 地方政府的交流型合作及其解释

交流型合作是地方政府间最简单、灵活性最高的合作类型。从功能意义上看，交流型合作更像是为达成其他三类合作的过渡形式。交流型合作的象征意义往往大于其实质意义，是地方政府获取区域影响力和社会资本的重要合作类型。因此交流型合作往往是由于选择性激励而发起的。合作形式、事项和时间的简单灵活，使得交流型合作具备较低的交易成本和契约风险。地方政府往往只需要选择合适的合作对象即可，因为合作往往只涉及技术层次上的学习考察和经验交流。因此，没有既有合作基础，不论地理位置相邻与否，双方的地方政府都可以较为容易地发起交流型合作。但是，如果交流型合作的双方发现彼此在特定事项和领域上存在相互依赖性，则交流型合作会为伙伴型合作的形成创造条件。

　　值得注意的是，交流型合作往往与其他三类合作相嵌运行。存在竞争或是冲突的地方政府，在利益分歧和冲突解决上，往往需要交流型合作进行信息交互、意见沟通和信任增进。已经达成其他三种合作类型的地方政府，也需要不断进行利益协调和事项协商。例如，宜宾和内江间的交流型合作是在双方已经共同加入整合型的合作之后，希望继续深化合作而发起的。在某种程度上可以认为，交流型合作由于简单和灵活的性质，其形成往往很少受到情境性因素的限制。它可以在短时间内达成，而很大一部分交流型合作也往往难以达成持续性的互动。

第五节　结论与讨论

　　本章针对区域协同治理中地方政府多样化的合作类型及其适用情境的一般规律进行了探讨。具体来说，主要有三个方面的发现。

　　首先，在区域协同治理中，地方政府的整体合作网络并不是"铁板一块"。相反，它产生了多样化的合作类型。这些不同的合作类型在表现形式、运行机制、合作内容、合作层次、合作发起的权威性和自发性等主要方面存在不同的特征。本章在既有研究和案例特征的基础上，综合地方政府合作的形式特征和实质特征两类划分标准，以多边/双边和正式/非正式两个维度，对地方政府合作类型进行了概念化。据此，笔者归纳了整合型、协调型、伙伴型、交流型四种类型的地方政府间合作。之所以这样做，是试图突破现有文献在地方政府合作类型划分上混淆合作类型特征和合作情境因素的局限，提出更具解释力、更能真实反映地方政府合作类型的概念。

其次，根据现有研究和实践经验，进一步分析发现，不同类型的合作之间是可以相互嵌入、相互重叠，甚至相互转化的。例如，伙伴型和交流型的合作可以嵌套于整合型或协调型的合作网络之中；交流型的合作伴随着信任、互惠等社会资本的积累，或是特定事件的触发，可以转化为伙伴型的合作；而伴随着合作规模的扩大或者合作程度的提升，交流型和伙伴型的合作也可以朝向协调型和整合型的合作发展。

最后，本章分析了地方政府四种不同类型的合作适用的一般性情境条件。合作层次较高和合作形式较复杂的整合型合作和伙伴型合作，会更多地受到情境因素的制约，面临更高的交易成本和契约风险，因此合作形成的难度更高。所以，上级政府权威性的激励，往往可以在这些合作发起时发挥中介作用。而协调型合作和交流型合作由于合作层次较低，具有相对松散和灵活的特征。因此，这较少受到情境因素的制约，地方政府可以依据需求或偏好，以较低的交易成本和契约风险发起合作。从功能上看，协调型和交流型往往难以达成实质性的合作成果。但是，二者往往是更高层次合作的过渡形式或辅助形式，在信息交流、利益协调和冲突解决方面发挥着不可或缺的作用。

本章对区域协同治理中地方政府间的合作进行了类型化尝试，不同类型及其特征的甄别为地方政府间合作提供了中国场景的经验证据。尤其是对不同合作类型特征的甄别，有利于对接不同的情境因素，从而发现地方政府合作类型选择的一般规律，是对现有研究不足的重要补充。这一发现有利于推动进一步的理论研究，因为区域协同治理的绩效问题并没有得到充分的理论关切。[1] 对地方政府合作类型

---

① 蔡长昆：《合作治理研究述评》，《公共管理与政策评论》2017 年第 6 期。

的概念化和情境规律探索，有利于开展不同合作类型合作绩效在不同情境下的比较研究，从而发现合作绩效提升的一般规律。

本章也存在一定的不足，这意味着未来研究可以在这些方面不断深化。由于客观条件限制，一方面，研究主要基于新闻报道和政策文本等二手资料，缺乏系统的深度访谈，可能会忽视一些深层次的因素和问题；另一方面，本章主要是基于同一区域的不同合作类型的比较案例分析，如果能够进行多区域、多领域的案例比较研究，可能会提炼出更具解释力的概念，对地方政府合作类型进行更科学的划分。本章的不足也为进一步研究的开展提供了机会，未来研究可以运用量化方法进行大样本的分析，从而更好甄别地方政府间不同的合作类型与不同情境的适用问题。此外，不同合作类型之间的衔接和转化的条件和机制也有待于进一步的研究。

第六章　南向开放的协同研究

　　通过梳理政策文件和新闻报道的时间轨迹，我们可以看到南向开放的发展过程包括起步、竞争、扩大和融合共四个阶段。2013 年，国家提出"一带一路"倡议。2015 年以来，南向开放逐步发展起来。2019 年 8 月，国家发展改革委印发《西部陆海新通道总体规划》，对加强相关省市之间的政策协同提供了制度支撑。但是，南向开放的国内覆盖省市在整体合作的框架下仍然面临利益协调、区位整合、产业协同等方面的深层次问题。社会网络分析揭示了省级和市级两个层面地方政府之间的协同状况，以及背后的驱动因素。

第一节　省市协同网络分析

一　省际协同网络分析

　　南向开放带来发展机遇的同时，也促生了政府间的区域协同困境。然而，关注国际关系和规范研究为主的现有文献无法对当前的困境提供理论上的解释和实践上的指南。本章以制度性集体行动为理论框架，聚焦南向开放的国内省际协同层面，采用社会网络分析的实证方法，揭示南向开放的省际协同网络结构特征及其演进的微观机制。研究发现：

　　第一，从结构上看，南向开放的省际协同网络结构协作程度较低，总体上处于协作的培育期。整体网络呈现出松散大网络和紧密小网络相互嵌套、双边合作和多边合作相互关联的特征，这是由于地方政府地理位置和经济地位等方面的因素，塑造了合作的交易成本和契约风险造成的，是地方政府自发性形成的合作网络，合作网络的规模和参与方呈现出稳步增长的势头。

第二，从演进上看，南向开放的协同网络，主要以多边协议逐步累进式地拓展网络的边界，通过参与者的增加降低网络的契约风险，提升区域的整体竞争力和影响力，实现整体的区域战略目标，而以双边协议的方式加强两两间的合作程度和频度，以培养互惠互利的社会资本，降低合作的交易成本，增加地方政府的选择性收益。

第三，从行动上看，本章类型化了地方政府在寻求合作中的行动策略和动机，以多边合作和双边合作的高低程度为维度，划分为"双高"的领导策略、"低多边，高双边"的借势策略、"高多边，低双边"的骑墙策略、"双低"的依附策略，以揭示政府间协同网络结构形成的微观机理。研究发现，正是地方政府行动策略的组合陶铸了整体网络的特征，例如"借势"策略和"骑墙"策略的存在，削弱了网络领导者的中心度，强化了网络主体间的参与和互动。

进一步的机制分析发现，这些网络特征的形成，是地方政府基于集体性收益和选择性收益的动机选择，采取领导、骑墙、借势、依附的多样化策略的结果。本章的发现将制度性集体行动框架拓展至行动者微观层次选择的类型化规律，并对南向开放实践的发展提供了政策启示。此外，虽然南向开放的省际协同网络已经初现端倪，并取得了较为丰富的实质性成果，但是地方政府在协同过程中仍然存在由微妙的竞合关系导致的合作思维不强、合作基础较弱、合作程度较低的问题。

二　城市间协同网络分析

以南向开放"成都—北部湾"一线地方政府间的合作网络为研究对象，本章对地方政府间形成的不同合作类型、不同的合作类型的特征，以及地方政府在不同情境下的对合作类型的权变选择进行了分析。研究表明，地方政府间形成了一个整体上较为松散的合作网络，说明地方政府间的合作关系紧密度较低。值得注意的是，成都、宜宾、内江、钦州、防城港等南向通道的节点城市之间，形成了较为紧密的合作关系，表明了总体合作网络的内部差异。2018 年以来地方政府间的合作关系呈现出井喷式增长，这与国家战略的出台和上级政府政策规划的推动相关。我们还发现，在整体的合作网络中，存在大量双边和多边合作关系、正式和非正式的合作关系，进一步说明整体的合作网络并不是同质性的，内部差异化较大。

在既有研究和案例特征的基础上，综合地方政府合作的形式特征和实质特征两类划分标准，以多边/双边和正式/非正式两个维度，对地方政府合作类型进行了概念化，归纳了整合型、协调型、伙伴型、交流型四种类型的地方政府间合作。川南经济区和广西北部湾经济区属于较为典型的地方政府间整合型多边正式合作。昆明、贵阳、南宁形成的政协主席联席会议则具有协调型多边非正式合作的特征。自贡与钦州的合作伙伴关系、防城港和达州的友好城市合作关系属于较为典型的地方政府间伙伴型正式双边合作。最后，地方政府间形成了大量的以双方领导干部交流、党政代表团考察学习和交流座谈会为表现形式的交流型双边非正式合作。

研究显示，合作层次较高和合作形式较复杂的整合型合作和伙伴型合作会更多地受到情境因素的制约，面临更高的交易成本和契约风险，因此合作形成的难度更高。所以，上级政府权威性的激励往往可以在这些合作发起时发挥中介作用。相对来说，协调型合作和交流型合作由于合作层次较低，具有相对松散和灵活的特征，因此较少受到情境因素的制约。地方政府可以依据需求或偏好，以较低的交易成本和契约风险发起合作。从功能上看，协调型和交流型往往难以达成实质性的合作成果，但是，二者往往是更高层次合作的过渡形式或辅助形式，在信息交流、利益协调和冲突解决方面发挥着不可或缺的作用。地方政府可以结合本地情况，建立和维护合适的合作机制，推动南向开放得以贯彻落实。

第二节　府际协同的行动困境

在南向开放中，地方政府合作体系的达成总体上经历了一个形成、竞争、扩大和融合的演进过程。在这一过程中，为融入"一带一路"，不同地方政府采取了不同行动举措。例如，重庆出台的《重庆市开放平台协同发展规划》、四川提出的"四向拓展、全域开放"立体全面开放新态势、广西确立的"南向、北联、东融、西合"开放发展新格局。不同地方举措为南向开放的纵深推进带来了驱动力。与此同时，这些不同地方举措也表现出潜在的竞争关系和彼此间的协调困境，即面临各方驱动力如何形成"合力"的问题。此外，省市两级地方政府在地理位置、经济体量、人口规模和行政区划等方面相互间异质性较大，这既给地方政府合作带来了相互依赖性，又导致合作的达成需要克服地方政府相互间由于异质性带来的目标冲突和偏好分歧。这两个方面的问题，在一定程度上造成了南向开放省市协同的合作困境，具体体现为合作共识不强、隐性竞争不断、行动协调不足三个方面的困境。

第一，统一政策目标下多方合作共识有待加强。

地方政府间基于共同效益创造的合作共识，是地方政府合作形成的关键前提。西部地区各省（区、市）推动的陆海新通道在 2019 年 8 月由地方发展倡议上升为国家发展战略，国家层面的总体规划和工作要点的出台对相关省（区、市）的行动形成了约束。然而，由于中央层面的规划多为原则性和纲领性的规范文件，地方政府在具体的政策执行过程中拥有较大的自由裁量权。所以，由于行政区划设置的物理分割和经济社会发展的程度差异，地方政府在总体合作体系中，依然存在偏好的不同和利益的冲突。现有研究显示，囿于地方官员晋升的考核限制，地方政府间只有在合作的相对效益较高的前提下才会选择合作①，这是各方合作共识难以达成的根本原因。地方政府合作共识难以达成的困境主要表现在两个方面。

其一，地理位置带来的区位优势差异，使得相关省（区、市）之间在"一带一路"建设过程中的定位和发展方向难以调和。因为，依照合作参与方本质上追求合作带来的相对效益的逻辑，各方都不想在合作中丧失自己的比较优势。所以，即使存在国家层面的统一规划和战略部署，地方政府仍然有采取消极参与的方式规避参与合作带来的比较优势丧失的可能性。例如，在"一带一路"形成之初，陕西、新疆等西北地区的省（区、市）由于历史文化因素和区位条件因素，较早得到了国家层面的政策和资金支持，被赋予建设"丝绸之路经济带"的国家使命。至此，这些省份面向中亚、西亚乃至欧洲向西开放的国家层面的战略定位"惯性"已然形成，前期大量的基础设施建设和重大项目投资，造成了诸如资产专用性这样高昂的交易成本。所以，这些省（区、市）参与南向开放建设需要较长的平衡和转移周期。尤其是需要平衡西向开放和南向开放两个方向间的关系，需要在不同的衔接过程中投入更大人力、物力和财力。对于西南地区的相关省（区、市）内部而言，云南和西藏的区位优势更多通过陆上通道实现对南亚、东南亚的开放，而四川、重庆、广西等省区则更加依赖于海上通道。前者如果转型海上通道建设的合作，将会丧失自身在区位上的比较优势，例如云南出台的《云南省参与中缅经济走廊建设实施方案（2020—2030 年）》，显然，这是基于云南自身的区位优势和发展偏好提出的，其在方向上与陆海新通道建设的三条主通道存在差异性。因此，如何调和以及平衡南向开放参与各方的定位，是陆海新通道向纵深推进能否获得"合力"，形成"加速度"的关键。

其二，地方政府在经济社会发展程度上的差异，也同样造成了各

---

① 周黎安：《晋升博弈中政府官员的激励与合作——兼论我国地方保护主义和重复建设问题长期存在的原因》，《经济研究》2004 年第 6 期。

方合作能力的差异和合作偏好的不同，阻碍了统一合作共识的达成。显然，在面临大规模、长周期和高风险的重大项目投资时，经济体量较大的地方政府拥有更多话语权和执行力，欠发达的省份则话语权有限或是缺乏参与的能力。这一点，在省级协同网络和城市间协同网络的"核心—边缘"结构中均有体现，经济欠发达省份处于合作的边缘位置，只能被动依附于合作网络中的核心主导者。另外，由于发展程度的不同，相关省份在产业结构和发展导向方面存在较大差异，这使得一些产业园区和自贸区的合作达成面临困难。各方在资金、技术、人才等领域的差异，使得不同省份对不同项目的功能定位具有不同需求，具体表现在发展目标的设置、园区功能的配置、产业规划的制定等方面。例如，以农牧业为主要产业的内蒙古、青海等省份和以现代制造业为主要产业的四川、重庆等省份在发展目标导向和合作功能配置上就很难找到战略契合点，主导产业和资源禀赋的根本性差异会限制双方合作的广度和深度。有研究指出，中国地方政府在合作伙伴和合作关系选择中，更倾向于与经济体量相当的地方政府合作，从而减少合作的交易成本和契约风险。[①] 照此逻辑，某种程度上会导致合作中出现"强强联合"的局面，从而加剧区域间发展的"马太效应"。

第二，总体合作趋势下隐性竞争取向依然存在。

如果说，合作共识达成的困境是合作方之间的异质性导致的，那么，合作方之间的隐性竞争则更多与合作方之间的同质性相关。在重庆和广西等陆海新通道的最初发起者和倡议者的推动下，"13＋1"的整体合作体系已经形成。但是，在表面合作的总体趋势下，资源的有限性和发展需求的扩张导致相关省（区、市）之间的竞争也"暗流涌动"。研究表明，改革开放以来，中国经济的腾飞一定程度上是

---

① 马捷、陈斌、阚艳秋：《区域双边合作网络中地方政府角色划分与风险识别——以泛珠三角为例》，《复旦公共行政评论》2018 年第 2 期。

地方政府间竞争的结果。① 然而，地方政府间的竞争在带来经济效益增长的同时，也产生了诸如诸侯经济、重复建设等问题。从制度层次上，纵向上的"压力型体制"和"行政发包"，横向上的"政治锦标赛"和"属地管理"的制度安排本质上是不利于地方政府合作的。因此，在南向开放建设中如何平衡地方政府间微妙的竞争和合作关系，成为南向开放省市协同的又一合作困境。

首先，地方政府在南向开放中存在资源和项目的竞争。在陆海新通道建设上升为国家战略之后，相关省（区、市）在具体的通道建设过程中需要寻求国家层面的政策、资金和项目的配套支持。这使得不同省份在陆海新通道等南向开放举措的执行方面展开了竞争，多样化的实施意见、行动计划、任务清单等地方举措不断出台。值得注意的是，大部分地方行动举措多是从地方政府自身偏好出发，缺乏合作的意识。显然，在陆海新通道成为国家战略之前，重庆主导的"南向通道"和四川首创的"南向开放"两大地方对外开放战略正是地方政府资源和项目竞争的产物。现阶段，通过政策文本分析可以发现，虽然西部陆海新通道的战略规划已经覆盖西部地区13个省（区、市），但是就实施方案而言，西北地区和西南地区的省份都在突出自身在"一带一路"实施中不同的地缘优势和地位，因为在南向开放上比较优势欠缺，西北地区省份相关政策文本话语更加突出了向西开放的优势，双方存在"自说自话"的风险而缺少"相互衔接"的意识，而突出各自优势和特色背后的逻辑显然是自下而上竞争中央资源和项目的支持。

其次，地方政府在南向开放中存在区域中心地位和区域影响力方面的竞争。具体而言，处于区域领先地位的省份和城市需要巩固自己的领先优势，而在区域发展过程中居于劣势的省份和城市则寻求"弯

---

① 张五常：《中国的经济制度》，中信出版社 2009 年版；Qian, Y., Weingast, B. R., "Federalism as a Commitment to Reserving Market Incentives", *Journal of Economic Perspectives*, 1997, 11 (4)。

道超车"的机会。例如，川南经济区的宜宾、泸州、自贡、内江四市，经济社会发展程度相当且各有优势。尤其是宜宾和泸州，特色产业都是白酒产业，区位优势又存在高度同质性。四市在地方发展规划中都不同程度表明了自身建设成为区域中心城市的战略意愿，这导致了宜宾、泸州、自贡、内江四市在总体合作框架中存在实质上的利益冲突，重复建设、恶性竞争的现象也时有发生。就省际层面而言，云南和广西在区位优势上的同质性也导致二者之间存在区域地位和影响力方面的竞争，例如，云南的战略定位为建设面向南亚、东南亚的辐射中心，而广西的战略定位为建设面向东盟的门户，二者表述上有差异，但是本质上都是面向东南亚开放。因此，二者在省会城市区域定位、对外贸易战略、沿边金融改革试验区、中国—东盟博览会、中国—南亚博览会等涉及区域地位的重要事项方面一直存在竞争关系。

最后，就微观层面而言，地方政府间的竞争表现为主要地方领导间的竞争。地方领导干部的晋升是建立在领导人地方政绩的基础上的，而地方领导干部是影响地方发展战略的关键力量。但是，"政治竞标赛"的制度安排是根据官员的相对绩效而非绝对绩效进行晋升，这从激励方式上鼓励了地方官员对合作的排斥。[1] 在南向开放的具体实施过程中，出现了各个地方政府竞争物流货运转运枢纽的现象。不同的地方政府拒绝将本地区的货物运输到统一的运营中心城市进行统一发货和统一调配，这使得各个地方由于货运量不足而单位运输成本过高。这是因为物流货运转运枢纽带来的人流、货流等资源和要素的流动会带来地区经济的发展，这会成为地方领导干部晋升的政治资本。

第三，整体规划下缺乏合作机制间的协调机制。

如前所述，在国家层面的总体规划下，地方政府在具体的政策执

---

① 刘亚平、刘琳琳：《中国区域政府合作的困境与展望》，《学术研究》2010 年第 12 期。

行过程中存在较大的自由裁量权。不同的地方政府在南向开放的具体实施过程中，都基于自身优势和基础条件，制定了符合本地区的实施意见或是行动方案。这些不同的实施意见或是行动方案，在省市协同过程中带来了多样化的合作形式。例如，在省级层面有重庆的开放平台协同发展建设、四川提出的"四向拓展、全域开放"立体全面开放新态势、广西确立的"南向、北联、东融、西合"开放发展新格局；在地级市层面有成都平原经济区、川南经济区、广西北部湾经济区、渝黔经济合作示范区等合作类型。

这些多样化的地方战略和合作形式涉及不同主体、不同层次和不同区域，在权威层级、正式程度和规模功能等方面存在差异。然而，现有的合作规划重视南向开放建设的"硬联通"，即关注互联互通的基础设施建设、货运物流通道构建等硬件设施建设，而一定程度上忽视了"软联通"，即地方政府间合作的体制机制的构建和创新。虽然相关省份在本省份的规划或是方案中会提及合作体制机制的完善，但是很大程度上局限于在本省份行政区划内的合作体制机制。再者，现有的合作体制机制构建仅仅涉及如何将不同的主体和资源进行整合，可以称之为合作体制机制构建的"一阶困境"，在这一方面，虽然地方政府给予了足够的注意力，但是由于合作机制制度化程度不足，权威性和约束力不足，无法协调深层次的利益问题，导致地方政府间诸如区域联席会议这样的机制流于形式。[①] 相反，地方政府间的合作很大程度上依赖于领导人之间的共识，例如广西和四川两个省份一把手的调动加速了两个省份的合作，但是，如果合作的制度化程度得不到提升，就会存在"人走政息"的风险。

地方政府对于合作机制之间如何相互衔接和配合的问题，则在很大程度上被忽视了，这是合作体制机制构建的"二阶困境"。具体表现在，行政区划内部的"强协调"和跨行政区划的"弱协调"并存，

---

① 杨爱平、林振群：《世界三大湾区的跨域治理机构：模式分类与比较分析》，《公共行政评论》2020 年第 2 期。

合作区域内部的"强协调"和跨合作区域的"弱协调"同在。例如，在陆海新通道建设的总体框架下，通道建设的功能和责任分布于诸如北部湾经济区、川南经济区、成都平原经济区、重庆协同开放平台等丰富多样的地方政府合作机制中，但是这些合作机制之间缺乏相互衔接和相互对话的机制，尤其是处于同一行政区划内的合作区域之间存在竞争关系，因此需要化解地方政府合作的"二级困境"，建立不同的合作机制之间的信息共享、政策沟通和资源互通的机制。但是，现阶段，地方政府对这一困境还未给予充分的注意力。

综上，通过较为系统地分析南向开放实施过程中省市不同地方政府间的合作现状，识别合作特征、甄别影响因素和发现合作规律，可以发现，南向开放省市间的合作框架已经初步形成，但是仍然面临着诸如合作意识不强、协调机制缺失、隐性竞争不断等合作困境，需要从制度创新和机制设计层面寻求突破现有合作困境和提升合作绩效的策略。

第三节　优化省市协同的政策建议

一　对南向开放的政策建议

为化解南向开放出现的诸如合作意识不强、协调机制不足、隐性竞争不断等合作困境，应进一步完善省市间的合作框架。通过对南向开放国内覆盖省市之间的协同问题进行系统研究，发现要全面释放该倡议所蕴含的发展潜力，必须以开拓思路和创新策略着力凝聚合作共识、完善协调机制和创新合作方式。

（一）建立较高级别的区域协同机制，提高区域协同层次

如果区域协同的层次较高和形式较复杂，政府间合作会更多地受到情境因素的制约，面临更高的交易成本和契约风险。为了降低区域协同向更高层次发展过程中情境因素带来的限制，需要发挥上级政府的权威性激励，在这些政府间合作形成过程中发挥强有力的中介作

用。建议从以下两方面着力。

一方面，在中央层面，需要国家发展改革委等中央有关部委深度介入，明确相关部委在该战略领导和协调方面的职能配置和机构设置，大力推动国内覆盖省市之间的政策协同。我们知道，现有的关于政府间关系的制度安排难以有效推动地方政府合作。正因为如此，中央对地方的调控总是陷入集权与分权的怪圈，而且对于作为"条条"层面的相关部委如何推动"块块"层面的地方政府合作，显然，简单"命令—控制"的政策工具是难以实现的。因此，国家发展改革委等有关部门的介入需要转变职能和补齐短板，在明确和完善职能配置的基础上，采取多样化的政策工具调控地方政府间的合作关系。因此，在中央层面介入地方政府合作的具体方式上需从以下三个方面着力：第一，中央政府在宏观战略规划的基础上，应当设置恰当的激励机制，平衡地方政府间的集体性收益动机和选择性收益动机，综合运用政策驱动、资金支持、项目合作和绩效考核等多样化的调控方式和政策工具，引导地方政府发展良性的竞争和合作关系，有效降低合作过程中的交易成本和契约风险；第二，逐步在中央层面的相关机构配置利益协调和冲突仲裁的职能，现阶段，地方政府合作中的深层次利益博弈问题仍然依赖于地方领导人之间的非正式的对话和共识，而地方层面的协调机制在面对根本性利益问题时往往流于形式，因此，可以借鉴国外经验，例如，美国在调节地方政府合作冲突时，可以诉诸最高法院来解决州政府之间的边界和利益争端[1]，但是，在我国的地方政府合作中仍然缺乏这样的制度安排，所以，有必要在中央层面逐步建立制度化的最终的利益调节和冲突解决制度安排和实施机制；第三，中央层面的介入应当有理有节，在我国单一制的政府间关系体制下，在合作初期，为搭建地方合作的基本组织架构和制度安排，中央层面的介入是必要的，在陆海新通道的建设步入正轨并运转自如以

---

[1]　陈瑞莲等：《区域治理研究：国际比较的视角》，中央编译出版社 2013 年版。

后，则可以逐步放权和分权，实现区域协同的自治。

另一方面，在区域层面，建立制度化的高级别的跨区域协同机制，采取陆海新通道领导小组、部级联席会议等形式，在地区间区域扶持和冲突调解方面发挥实质性协调作用，为打通区域协同的"最后一公里"提供横向层面的推动作用：第一，逐步引导合作参与方建立相应的风险基金和扶持基金，为"一带一路"提供经济激励和财政支持，进一步扩大合作的范围和拓展合作的深度。陆海新通道作为区域规划，须承担区域协调发展的任务。本书的分析发现落后省份依然在合作中处于边缘位置，因此可以借鉴欧盟等地区成熟的区域协调发展经验，设立风险基金和扶持基金，降低参与方之间参与能力的不平衡性[1]，这也可以减少网络的异质性，使得边缘群体更好地融入网络，有效降低契约风险，实现合作的规模效益。第二，稳步提高合作机制的制度化水平，合作组织作为合作机制的载体，随着合作的逐步深入，应当逐步从非实体性的合作组织逐步过渡到实体性的合作组织[2]，赋予合作组织实质性的区域管辖权[3]，提高合作机制和合作组织的约束力和权威性，从而规避地方政府间合作组织虚化、弱化甚至边缘化的现象。第三，需要强化合作机制之间的联动机制，通过人员配备、信息共享、定期报备等方式促进多样化、多层次的地方政府合作机制之间的相互联动和相互沟通。例如，可以借鉴诸如粤港澳大湾区建设这样较为成熟的地方政府合作形式的运作机制，采取领导人定期会晤的方式，协商解决合作框架内的不同子系统之间无法协调的问题。

（二）着力打造成都—重庆双头领导模式，实现区域深度协同

对国内覆盖省市协同网络的定量分析发现，不同省市在南向开放的协同推进过程中发挥的作用存在显著差异。目前成都和重庆是西南

---

① 卓凯、殷存毅：《区域合作的制度基础：跨界治理理论与欧盟经验》，《财经研究》2007 年第 1 期。

② 潘小娟等：《地方政府合作研究》，人民出版社 2016 年版。

③ 杨龙、彭彦强：《理解中国地方政府合作——行政管辖权让渡的视角》，《政治学研究》2009 年第 4 期。

地区的"双雄",对于本地区的经济辐射和人口吸引都发挥着举足轻重的作用。形成以成都和重庆为双核心的区域领导模式,有利于克服协同网络普遍存在的"中心—边缘"结构的局限。

一方面,从中央层面来看,需要配套成都—重庆双头领导的顶层制度设计。成渝之争备受瞩目,两座城市的竞争多过合作,如何实现成渝一体化则是南向开放推进的首要任务。四川和重庆在地理位置、经济体量、产业优势等方面具有高度同质性,两地合作是"强强联合",两地竞争则是零和博弈,这也说明了双方在合作中难分伯仲,重庆很难对四川形成实质上的"领导"。目前,在陆海新通道建设中,重庆的战略定位是建设国际综合型交通枢纽,是通道物流和运营的组织中心;而成都的战略定位是引领带动通道发展的国家重要商贸物流中心。在西部陆海新通道的三条主通道中,重庆、成都和北部湾地区是三个核心节点,北部湾地区的战略定位为建设国际门户港。显然,与北部湾因区位优势具有的独特战略定位相比,对于成都和重庆的战略定位而言,虽然重庆的牵头地位得到突出,但是二者的功能和作用存在趋同性和模糊性。与其预留这种战略"真空",不如采用建立双核领导模式的方式,这样有利于将隐性竞争显性化,更能实现中央对区域合作的有效调节:第一,明确通道建设不同节点的空间布局和分工协作,例如,在成都和重庆基本战略定位基础上,明确成都和重庆分别牵头或负责的具体项目、事项和政策,更进一步,需要在国家层面相关战略规划的基础上通过双方协商出台具体的任务清单和责任清单;第二,在明确分工的基础上,配套相应的评价和监督机制,既要引导双方在合作中开展良性的竞争,为陆海新通道的建设注入动力,又要对竞争中暴露的问题和出现的偏差进行及时的纠正和调整。

另一方面,就成都和重庆双边合作的层面来看,应当将双核心领导模式嵌入成都与重庆之间的双边协同机制建设和运行中,并通过双边协同带动两地同西南地区乃至整个西部地区其他省(区、市)的多边协同,由此形成南向开放的"西部一盘棋"。协同治理理论认为，协同治理中的领导力的形成对设置和维护合作章程、促进各方协商、建立合作的共识至关重要。[①] 四川和重庆作为西部地区的经济大省和强市，在陆海新通道建设中承担着不可替代的角色和功能，发挥二者对整体合作的撬动作用对于合作的持续和进展意义非凡。为此，首先要借助成渝经济圈等既存的合作基础和合作机制理顺双方的双边互动机制，促进不同层次、不同领域、不同项目之间的全面衔接和相互联动，从而使得陆海新通道建设的三条主通道并行不悖，避免项目打架、重复建设和互相拆台等恶性竞争现象的发生，例如，四川和重庆都同时与贵州、广西签订有双边合作协议，建立双核领导模式需要考虑如何将这些相互交叠的双边关系形成"合力"；再者，要完善作为领导核心的成都和重庆辐射带动周边地区和省市的机制，协调西部地区均衡发展和提升西部大开发格局是西部陆海新通道的题中之意，因此，成都—重庆双核领导模式除了理顺内部的协调关系之外，还需理顺合作的领导核心和合作参与方之间的关系，通过产业合作、园区建设、相互融资等方式提升边缘省份的参与度，例如，成都与宜宾所建立的"研发设计在成都、转化生产在宜宾""总部在成都、基地在宜宾""上游在宜宾、下游在成都"产业互动模式，把宜宾作为成都产业补链、延链、强链重要基地，是成都实现对周边地区的辐射带动作用的有益尝试。

（三）加强政府与企业的合作，通过龙头企业引领区域协同

"市场主导、政府推动"，发挥市场在资源配置中的决定性作用的同时，发挥政府做好规划引领的调控作用，是西部陆海新通道建设的基本原则。在南向开放的实施过程中，台前推动跨地区协同的是地方政府部门，而在幕后勠力互联互通、对外贸易和经济发展的则是大量企业。南向开放既是国家的重大方针，也是经济走出去的关键举措。在"叫好"的同时还要"叫座"，才能使南向开放能够可持续运转。

---

① Chris Ansell and Alison Gash，"Collaborative governance in theory and practice"，*Journal of Public Administration Research and Theory*，Vol. 18，No. 4，January 2007.

否则，如果无法为南向开放的实施提供经济激励，就很难吸引相关行业的企业参与其中，也就无法实现其所蕴含的经济潜能。就此而言，应尽可能发挥市场作用，吸引和扶持交通、物流、外贸等相关行业的平台型龙头企业，对南向开放形成引领示范和辐射带动作用。此类企业如能参与南向开放，其所发挥的产业链串联和带动作用，将为国内覆盖省市之间的协同提供天然的纽带。

为此，首先，发挥地方政府对产业发展和企业投资的引导作用，创新投融资方式，以跨区域政企合作、共办企业等多样化的方式深化政府间合作关系和创新政府间合作形式。一方面，可以考虑由国内覆盖省市政府合作设立产业引导基金，同相关行业的平台型企业进行联合投资建设，政府和企业在发生投资亏损时承担有限责任，在企业盈利时政府可以逐步退出，这既可以确保政府和企业都可以有参与的积极性，也会避免政府资金浪费和道德风险。另一方面，逐步搭建企业参与平台，通过配置完善的物流和开放设施，持续推动商事制度改革和优化营商环境，整合各类开发区、产业园区，引导生产要素集聚，以企业集聚效益和辐射带动作用优化资源配置和降低物流成本，推动通道持续向好运行。

发挥好地方龙头企业和主导产业激活地方政府间合作机制的带动效应。相对于地方政府，市场主体更具市场敏感性和对外开拓性。在陆海新通道建设过程中，由于资本、资源、人员、货物的大量流动会促生通道经济和枢纽经济，产生一批"飞地经济"，与地方政府囿于行政区划不同，企业等市场主体会在追逐商机和利润的过程中产生大量跨区域活动，这从客观上对地方政府采取区域联动措施降低交通、物流、贸易等方面的制度性交易成本创造了压力，以企业活动和产业互动催生的市场需求可以带动地方政府间合作机制的建立和改革。

（四）加强本区域跨省市领导干部交流，以人为本形成合作共识

本书的研究显示，在南向开放推进过程中，国内覆盖省市之间的协同面临较大的体制机制障碍。因此，如果无法打破目前协同机制所

面临的制度性障碍，那么南向开放推进可能会长期维持现状。这样一个非最优的均衡状态会放缓南向开放的推动进程。在一定意义上，地方政府间的竞争和冲突本质上是地方领导干部间的竞争和冲突。因此，破题这一次优状态的抓手在于，发挥地方领导干部这一关键群体推动区域协同政治互信和有效承诺建立的带动作用。为此，应建立本区域南向开放相关部门地方领导干部的跨省份和跨城市的常态化交流机制，增强领导干部对区域内不同城市的理解、认同和凝聚力，为实质性推动区域协同提供人才储备和积累社会资本。

一方面，在南向开放推进过程中涉及政策、设施、贸易、资金和民心相通五个方面的统筹协调，其中涉及产业园区、基础设施、港口建设等高投资、高风险、长周期的技术含量较高、专业性较强的重大项目建设，也涉及博览会、高峰论坛、洽谈会、项目推介会等多主体参与的宣传推介活动。因此，南向开放的推进不仅需要具备专业知识的专业型人才，也需要兼具人际沟通技能的综合型人才，推动地方领导干部这一关键群体的跨地区、跨领域、跨部门交流，有利于提升地方领导干部的跨界知识储备和沟通协调能力。所以，应当逐步建立地方领导干部异地跨部门的挂职、学习、调研、考察等多样化、多形式的交流制度，例如，采取组织合作双方的地方领导干部到对方的政府部门、国有企业、产业园区等部门挂职锻炼的交流形式。

另一方面，目前，地方政府间的合作共识很大程度上依赖于地方领导人之间的默契和认同。研究显示，地方领导人建立在同学、同乡等非正式社会关系基础上的社会资本在推动地方政府合作过程中发挥着"穿针引线"的作用。[1] 但是，这在具体合作实践中也产生了"人走政息"的负面效果。因此，逐步实现地方领导干部异地交流的常态化机制，有利于维系地方政府合作过程之中的政治互信和利益共识。通过高层定期互访、定期会晤等短期交流机制的建立，以及互派干部

---

[1] 潘小娟等：《地方政府合作研究》，人民出版社 2016 年版。

挂职等长期交流机制的建立，促进合作方在共同规划、信息共享、政策互通等方面的沟通交流和理解信任，逐步实现以常态化的交流机制代替建立在地方领导干部非正式关系基础上的非常态化交流机制。

二　对宜宾市融入南向开放的政策建议

在南向开放推进过程中，包括川南自贡、泸州、内江、宜宾四市在内的川南四城至关重要。川南经济区在陆海新通道建设中拥有独特的区位优势，但是要想将区位优势转化为发展动能，还需要抓住契机加快发展，成为南向开放的枢纽型节点。一方面，川南四城是南向开放的必经之路，也是决定该建议能否行得通的关键行动者。另一方面，川南四城在区位优势、产业结构等方面的同质化程度较强，很大程度上影响了城市群的一体化融合。更为重要的是，川南四城不分伯仲，没有形成类似于长三角经济圈、珠三角经济圈或京津冀经济圈的一家独大模式，在群龙无首的情况下协同难度较大。

从西方国家城市化进程和中国新型城镇化进程来看，城市化越来越呈现为"大城市化"，即中心城市的资源吸纳和配置能力越来越强。在川南四城中培养和扶持一座城市，使之成为川南城市群的龙头老大，对于加快该地区的经济一体化并为南向开放推进都大有裨益。因此，特别要推动川南四城一枝独秀模式，加快中心城市对区域协同的引领带动。

宜宾市在南向开放推进中扮演至关重要的作用，这同其所处的地理位置、拥有的自然资源、既有的经济基础和政府领导能力等多方面因素密不可分。在同宜宾市发改委、交通局、住建局、团委等部门的领导干部进行座谈和访谈后，笔者发现当地政府在积极融入和大力推动南向开放。要想使宜宾市在陆海新通道建设中抓住难得的发展契机，就需要在如下方面进行统筹和规划，加快融入区域协同。

（一）积极争取国家战略规划，提高宜宾市在川南四城的首位度

川南经济区是南向开放实施的关键地区，但是川南四城之间的发

展协作和政策协同还需要加强。川南经济区的宜宾、泸州、自贡、内江四市不分伯仲，经济社会发展程度相当且各有优势。尤其是宜宾和泸州，区位优势存在高度同质性，特色产业又都是白酒产业，竞争态势强于合作意愿。此外，川南四市在地方发展规划中都不同程度表明了自身建设成为区域中心城市的战略意愿，这导致四市在总体合作框架中存在实质上的利益冲突，而重复建设、恶性竞争的现象也时有发生。宜宾市在川南四城中占有实质性的明显发展优势，应积极利用国家高端智库等各种资源和渠道争取国家战略规划和政策倾斜，全面提高宜宾市在川南四城的首位度，着力打造四川第二城，从而在下好先手棋的同时实现川南经济区的深层次区域协同。

（二）通过国际经贸文化合作带动国内区域协同

南向开放和陆海新通道都是为了打通国内与国外，实现货物、服务、人员和信息的跨境自由流动。在推动南向开放的国内覆盖省市之间的协同时，需要借力使力，利用国外战略带动国内协同。正所谓"墙里开花墙外香"，通过"出口转内销"可以实现国内协同的破冰，并反过来撬动区域协同。宜宾市应借助白酒、旅游等知名品牌，提高城市美誉度和国际显示度，增强城市的软实力和品牌输出能力。特别是重点加大同南向开放的沿线国家（如新加坡、马来西亚、越南、泰国等）进行经贸往来和文化交流，通过企业产品推介会、投资贸易促进会、海外高校智库基地、跨国企业研发基地、青年联谊会等各种形式提高和凸显宜宾市的国际化程度，并反过来带动宜宾市在本区域协同格局中的地位和影响力。

（三）全面出击，多点开花，全方位推进区域协同

南向开放的国内覆盖省市之间的协同形式多样和特征各异，这包括多边和双边、正式和非正式等不同组合。宜宾市同许多省份和城市都建立了不同形式的合作机制，推动陆海新通道的实施。从政府间合作的演进过程来看，区域协同往往是由易到难，由象征性到实质性，通过长期的多次互动和重复博弈来深化彼此的认识和认同，进而增强

合作各方之间的信任，使深层次合作能够最终实现和可持续发展。为此需要尽可能多地接触和沟通，扩大宜宾市在本区域的"朋友圈"，为谋求进一步的深度协同奠定前期基础。在全面出击的基础上要多点开花，逐步聚焦少数几个具有较大合作前景的合作伙伴，不断丰富合作内容并深化合作关系，形成区域协同的命运共同体。

比利时智库布鲁盖尔研究所对各国媒体的大数据分析显示，总体来说，"一带一路"的新闻报道以正面为主，其中非洲和中亚的看法最积极，南亚的观点最消极，而美国与欧洲国家的立场则分化较大。"一带一路"的确是伟大的畅想，也是中国贡献于全球治理公共产品的主要平台。但是当中国的发展模式走出国门时，应学习如何适应和影响全球舆论并为我所用。

在"一带一路"建设的时代，中国要既做又说，必须响亮和巧妙地发出声音并重塑国际舆论。"一带一路"需要的是"巧实力"，在旗帜鲜明和大张旗鼓的同时，也应注意策略性地使用宣传机器和传播技巧。对于这样一个畅想，我们需要更多地观察和研究，"一带一路"的畅想能否成真，取决于我们如何理解彼此并相机抉择。

三　"一带一路"项目如何推动亚洲实现包容增长?

在经济全球化逆潮和国际不平等加剧的背景下，增长与发展的包容性（inclusiveness）是各界热议的大问题，对于崛起中的亚洲而言更是如此。2019 年 8 月，笔者应新亚洲战略研究中心的邀请，参加在马来西亚吉隆坡举办的国际对话活动。会议主题是"互联互通包容增长"，虽然没有提及"一带一路"，但是与会者却无一例外都会反复谈到，足见其在推进亚洲包容增长方面的潜在价值。

在"一带一路"之前，日本、印度、美国、俄罗斯等国家都提出了不同版本的多边合作战略和倡议，期望实现亚太地区各个国家的互联互通和协同发展。这包括印太战略、俄罗斯跨国铁路网、欧亚经济走廊、东盟亚太计划等。相较而言，"一带一路"的提出时间不长，取得的成绩和未来的潜力却值得关注。

之所以"一带一路"能够取得迅速而广泛的认同,和其设计理念和执行机制所具有的若干特征有很大关系。首先,"一带一路"是开放和包容的。其次,"一带一路"强调多边和平等,推崇共商、共享和共治。尽管中国是发起者和主要推动者,但是参与各国都能感受到自愿、平等和互惠互利的平等合作氛围。再次,"一带一路"更多表现为经贸往来和利益驱动,这使其可以更加就事论事地务求实效。最后,"一带一路"作为后来者有后发优势,可以扬长避短而兼容并蓄。

当然,"一带一路"在推进过程中不可避免遭遇了许多误解、质疑,这是任何多边合作机制都会遇到的挑战。"一带一路"既有坚定的认同者和支持者,也有不同乃至反对的声音。

首先,"一带一路"在未来很长一段时间都要同既有的亚太多边合作机制竞争、合作和共存。深入研究和比较不同多边合作机制并求取最大公约数,甚至共同开发利用已有的多边合作机制所积累的基础设施和合作平台,既可以减少"一带一路"可能面临的挑战和阻力,也有助于降低其推进成本。

其次,互联互通不仅仅是交通基础设施和经贸投资等硬件,而更多同很多"软性基础设施"有关。"一带一路"的互联互通还体现在文化和文明层面的精神沟通和交流,但是目前尚缺乏文明之间的深度沟通。

再次,需要考虑如何优化"一带一路"的知识管理,避免政府和企业反复交学费。"一带一路"就其实质而言,是多个层面的跨国合作和沟通。这并非什么新鲜事,日本等发达国家和诸多跨国公司在过去数十年进行了无数实践,在投融资、园区治理、项目管理、跨文化融合等方面犯过很多错,吃过很多苦头,也积累了丰富的经验。尽管时过境迁,但是跨国合作有许多横亘不变的法则、原理和流程等知识。"一带一路"需要回头看,积累、重温和消化利用这些固化下来的知识，并在推进新项目的同时进一步积累和丰富知识，做好跨国合作知识的积淀、利用和转移。

与此同时，要为国内外智库和咨询机构提供开放空间，使它们可以据此开展更多的独立评估和科学研究，为"一带一路"取得的成效和存在的风险提供可靠和令人信服的决策证据和沟通依据。比如，有与会者对新马高铁和马来西亚东海岸铁路等具体项目进行严谨的定量评估，为成本分摊和产业布局提供了参考。还有人研究中巴经济走廊和中泰铁路等项目，披露企业用工、投资结构和治理架构等方面的确凿数据，澄清了人们的不解和误解。

最后，值得关注的问题是如何做大做强"一带一路"的朋友圈，为其顺利推进营造良好的舆论环境。中国的媒体和学者远远落后于走出去的企业和工程，对沿线国家的研究和沟通还远远不够。中国的工程师在其他国家修筑了那么多工程，而中国的声音却还没有走出去。

中国整体外交、宣传和研究都要随着"一带一路"进行实质性转型，增加透明度、对话感和参与性，用国际受众喜闻乐见的话语和形式去传播，是"一带一路"尤为欠缺而又特别要加强的领域。在"一带一路"的拓展进程中，海外华人朋友圈的力量不容忽视，这是中国政府要好好重视和总结的。比如在推特上引领"一带一路"讨论的不是中国媒体和学者，而是热心的海外华人智库。因此，要统筹利用国内外各种力量，积极为"一带一路"鼓与呼。

参考文献

［美］埃莉诺·奥斯特罗姆：《公共资源的未来：超越市场失灵和政府管制》，郭冠清译，中国人民大学出版社 2017 年版。

［美］邓穗欣：《制度分析与公共治理》，张铁钦、张印绮译，复旦大学出版社 2018 年版。

［美］菲利普·J. 库珀：《二十一世纪的公共行政：挑战与改革》，王巧玲、李文钊译，中国人民大学出版社 2006 年版。

［美］理查德·C. 菲沃克编：《大都市治理：冲突、竞争与合作》，许源源、江胜珍译，重庆大学出版社 2012 年版。

［美］约翰·D. 多纳休、理查德·J. 泽克豪泽：《合作：激变时代的合作治理》，徐维译，中国政法大学出版社 2015 年版。

蔡长昆：《合作治理研究述评》，《公共管理与政策评论》2017 年第 6（1）期。

蔡岚：《缓解地方政府合作困境的合作治理框架构想——以长株潭公交一体化为例》，《公共管理学报》2010 年第 4 期。

蔡岚：《我国地方政府间合作困境研究述评》，《学术研究》2009 年第 9 期。

陈亮：《城市群区域治理的"边界排斥"困境及跨界联动机制研究》，《内蒙古社会科学》（汉文版）2009 年第 1 期。

陈瑞莲：《论区域公共管理的制度创新》，《中山大学学报》（社会科学版）2005 年第 5 期。

陈瑞莲等：《区域治理研究：国际比较的视角》，中央编译出版社
　　2003 年版。

陈瑞莲、刘亚平：《泛珠三角区域政府的合作与创新》，《学术研究》
　　2007 年第 1 期。

陈升、王京雷、代欣玲：《基于"结构—动力"视角的合作治理模式
　　比较——以小城镇建设为案例》，《公共管理学报》2020 年第 2 期。

陈剩勇、马斌：《区域间政府合作：区域经济一体化的路径选择》，
　　《政治学研究》2004 年第 1 期。

陈伟萍：《"一带一路"背景下海南建设自由贸易港评析》，《现代商
　　业》2018 年第 508 期。

陈晓运：《跨域治理何以可能：焦点事件、注意力分配与超常规执
　　行》，《深圳大学学报》（人文社会科学版）2019 年第 3 期。

崔晶：《京津冀都市圈地方政府协作治理的社会网络分析》，《公共管
　　理与政策评论》2015 年第 3 期。

崔晶、孙伟：《区域大气污染协同治理视角下的府际事权划分问题研
　　究》，《中国行政管理》2014 年第 9 期。

单澎、孙玉兰：《中国铁路"走出去"前景、困难及对策研究》，《铁
　　路采购与物流》2019 年第 14 期。

段渝：《南方丝绸之路与中西文化交流》，《中国社会科学报》2014 年
　　8 月 13 日。

范永茂、殷玉敏：《跨界环境问题的合作治理模式选择——理论讨论
　　和三个案例》，《公共管理学报》2016 年第 2 期。

苟欢：《合作治理：社会治理变革的新探索——中国"合作治理"研
　　究（2000—2016）文献综述·公共管理与政策评论》2017 年第 6
　　（1）期。

郭栋、胡业飞：《地方政府竞争：一个文献综述》，《公共行政评论》
　　2019 年第 3 期。

郭永泉：《论海南自贸港税收政策体系的构建》，《南海学刊》2019 年

第 5 期。

国家发展和改革委员会：《西部陆海新通道总体规划》，https：//www. yid-
aiyilu. gov. cn/wcm. files/upload/CMSydylgw/201908/201908150221035. pdf。

国家发展和改革委员会、国家海洋局：《"一带一路"建设海上合作
设 想》，https：//www. yidaiyilu. gov. cn/wcm. files/upload/CMSydyl-
gw/201706/201706200152052. pdf。

国家发展和改革委员会、外交部、商务部：《推动共建丝绸之路经济带和
21 世纪海上丝绸之路的愿景与行动》https：//www. yidaiyilu. gov. cn/
wcm. files/upload/CMSydylgw/201702/201702070519013. pdf。

郝洁、李大伟：《将南向通道建设为西部地区全面开放战略大通道的
思考》，《中国发展观察》2019 年第 207 期。

郝郁青、李靖：《政府跨域合作治理中权力流动的解释路径——基于
甘肃省水利厅文本数据的内容分析》，《兰州学刊》2019 年第
12 期。

何亚非：《"一带一路"是解决全球化难题的中国方案》，《中国经济
时报》2017 年 12 月 1 日。

黄河：《公共产品视角下的"一带一路"》，《世界经济与政治》2015
年第 6 期。

姜玲、乔亚丽：《区域大气污染合作治理政府间责任分担机制研
究——以京津冀地区为例》，《中国行政管理》2016 年第 6 期。

金太军：《从行政区行政到区域公共管理——政府治理形态嬗变的博
弈分析》，《中国社会科学》2007 年第 6 期。

金正昆、张方慧：《中日关系演变与习近平对日外交战略》，《贵州省
党校学报》2018 年第 4 期。

兰宜生：《探索中国特色自由贸易港的高水平建设路径——海南自贸
港建设的机遇、挑战与政策建议》，《学术前沿》2019 年第 11 期。

李本和：《建设"丝绸之路经济带"与我国区域经济协调发展》，《中
共贵州省委党校学报》2017 年第 3 期。

李钢、刘倩、孔冬艳：《"一带一路"战略与中国全域发展》，《中国软科学》2016 年第 7 期。

李瑞昌：《从联防联控到综合施策：大气污染政府间协作治理模式演进》，《江苏行政学院学报》2018 年第 3 期。

李响、严广乐：《区域公共治理合作网络实证分析——以长三角城市群为例》，《城市问题》2013 年第 5 期。

李向阳：《构建"一带一路"需要优先处理的关系》，《国际经济评论》2015 年第 1 期。

李晓、李俊久：《"一带一路"与中国地缘政治经济战略的重构》，《世界经济与政治》2015 年第 10 期。

李学军、张金艳：《西北开放型经济发展水平评价及战略思考——基于"新丝绸之路"经济带建设的角度》，《企业经济》2015 年第 5 期。

李芝兰：《跨越零和：思考当代中国的中央地方关系》，《华中师范大学学报》（人文社会科学版）2004 年第 6 期。

刘道远、闫娅君：《海南自由贸易港法律制度创新建设问题探讨》，《行政管理改革》第 5 期。

刘慧、叶尔肯、吾扎提、王成龙：《"一带一路"战略对中国国土开发空间格局的影响》，《地理科学进展》2015 年第 5 期。

刘兴成：《区域合作治理：重塑府际关系的新趋向——基于近年来国内相关文献的研究述评》，《学习论坛》2020 年第 2 期。

刘亚平：《协作性公共管理：现状与前景》，《武汉大学学报》（哲学社会科学版）2010 年第 63（4）期。

刘亚平、刘琳琳：《中国区域政府合作的困境与展望》，《学术研究》2010 年第 12 期。

刘玉萍、郭郡郡：《"一带一路"倡议的贸易效应及其区域异质性——基于面板"反事实"方法的实证评估》，《当代经济管理》2020 年第 11 期。

柳建文：《区域组织间关系与区域间协同治理：我国区域协调发展的新路径》，《政治学研究》2017 年第 6 期。

柳思思：《"一带一路"：跨境次区域合作理论研究的新进路》，《南亚研究》2014 年第 2 期。

龙朝双、王小增：《我国地方政府间合作动力机制研究》，《中国行政管理》2007 年第 6 期。

陆广济：《中国—东盟关系发展过程中的身份建构——兼论构建"中国—东盟命运共同体"的必要性》，《天府新论》2019 年第 5 期。

吕志奎：《通向包容性公共管理：西方合作治理研究述评》，《公共行政评论》2017 年第 2 期。

罗文剑、陈丽娟：《大气污染政府间协同治理的绩效改进："成长上限"的视角》，《学习与实践》2018 年第 11 期。

马捷、陈斌、阚艳秋：《区域双边合作网络中地方政府角色划分与风险识别——以泛珠三角为例》，《复旦公共行政评论》2018 年第 2 期。

马捷、锁利铭：《城市间环境治理合作：行动、网络及其演变——基于长三角 30 个城市的府际协议数据分析》，《中国行政管理》2019 年第 9 期。

马捷、锁利铭、陈斌：《从合作区到区域合作网络：结构、路径与演进——来自"9＋2"合作区 191 项府际协议的网络分析》，《中国软科学》2014 年第 12 期。

马亮：《府际关系与政府创新扩散：一个文献综述》，《甘肃行政学院学报》2014 年第 6 期。

马亮：《公共管理与政策研究的大问题》，《公共管理与政策评论》2019 年第 2 期。

马亮：《国际战略的国内协同：以"一带一路"为例》，《江苏师范大学学报》（哲学社会科学版）2019 年第 4 期。

马亮：《亚洲如何实现包容增长?》，联合早报（Retrieved from http：//

www. zaobao. com/forum/views/opinion/story20190821 — 982649），2019 年。

马亮：《"一带一路"项目如何既叫好又叫座》，联合早报（Retrieved from https：//www. zaobao. com. sg/zopinions/views/story20190503 — 953508），2019 年。

马亮：《中国公共管理的学科定位与国际化》，载《公共事务评论》（第一卷），湘潭大学出版社 2018 年版。

马昀：《"一带一路"建设中的风险管控问题》，《政治经济学评论》 2015 年第 4 期。

孟庆国、魏娜、田红红：《制度环境、资源禀赋与区域政府间协同——京津冀跨界大气污染区域协同的再审视》，《中国行政管理》 2019 年第 5 期。

潘小娟等：《地方政府合作研究》，人民出版社 2016 年版。

彭彦强：《中国地方政府合作研究——基于行政权力分析的视角》，中央编译出版社 2013 年版。

齐峰：《地方政府参与"一带一路"战略的竞合关系探析》，《天津行政学院学报》2015 年第 6 期。

全洪涛：《南方丝绸之路的文化探析》，《思想战线》2012 年第 38 期。

任维德：《"一带一路"战略下的府际合作创新研究》，《内蒙古社会科学》（汉文版）2016 年第 1 期。

邵建平、宗蔚：《"一带一路"在柬埔寨：进展、困难和前景》，《和平与发展》2018 年第 5 期。

申剑敏：《跨域治理视角下的地方政府合作：基于长三角的经验研究》，上海人民出版社 2016 年版。

申剑敏、朱春奎：《跨域治理的概念谱系与研究模型》，《北京行政学院学报》2015 年第 4 期。

石晋昕、杨宏山：《府际合作机制的可持续性探究：以京津冀区域大气污染防治为例》，《改革》2019 年第 9 期。

宋妍、陈赛、张明:《地方政府异质性与区域环境合作治理——基于中国式分权的演化博弈分析》,《中国管理科学》2020年第1期。

锁利铭:《城市群地方政府协作治理网络:动机、约束与变迁》,《地方治理研究》2017年第2期。

锁利铭:《地方政府间正式与非正式协作机制的形成与演变》,《地方治理研究》2018年第1期。

锁利铭:《地方政府区域治理边界与合作协调机制》,《社会科学研究》2014年第4期。

锁利铭:《我国地方政府区域合作模型研究——基于制度分析视角》,《经济体制改革》2014年第2期。

锁利铭:《制度性集体行动框架下的卫生防疫区域治理:理论、经验与对策》,《学海》2020年第2期。

锁利铭、阚艳秋:《大气污染政府间协同治理组织的结构要素与网络特征》,《北京行政学院学报》2019年第4期。

锁利铭、阚艳秋、涂易梅:《从"府际合作"走向"制度性集体行动":协作性区域治理的研究述评》,《公共管理与政策评论》2018年第3期。

锁利铭、李雪:《区域治理研究中"商品(服务)特征"的应用与影响》,《天津社会科学》2018年第6期。

锁利铭、李雪、阚艳秋、马捷:《"意愿—风险"模型下地方政府间合作倾向研究——以泛珠三角为例》,《公共行政评论》2018年第5期。

锁利铭、廖臻:《京津冀协同发展中的府际联席会机制研究》,《行政论坛》2019年第3期。

锁利铭、马捷、陈斌:《区域环境治理中的双边合作与多边协调——基于2003—2015年泛珠三角协议的分析》,《复旦公共行政评论》2017年第1期。

锁利铭、马捷、李丹:《"核心—边缘"视角下区域合作治理的逻辑》,《贵州社会科学》2014 年第 1 期。

锁利铭、杨峰、刘俊:《跨界政策网络与区域治理:我国地方政府合作实践分析》,《中国行政管理》2013 年第 1 期。

锁利铭、张朱峰:《科技创新、府际协议与合作区地方政府间合作——基于成都平原经济区的案例研究》,《上海交通大学学报》(哲学社会科学版)2016 年第 4 期。

万李娜、周福志:《民革中央关注的南向通道,怎样连接"一带"与"一路"?》,2018 年,http://www.rmzxb.com.cn/c/2018 - 04 - 12/2023376.shtml。

汪伟全:《空气污染的跨域合作治理研究——以北京地区为例》,《公共管理学报》2014 年第 1 期。

汪伟全:《空气污染的跨域合作治理研究——以北京地区为例》,《公共管理学报》2014 年第 1 期。

王方宏、杨海龙:《国际自贸港金融发展特点及海南自贸区(港)金融发展研究》,《海南金融》2019 年第 7 期。

王丰龙、张衔春、杨林川、洪世键:《尺度理论视角下的"一带一路"战略解读》,《地理科学》2016 年第 4 期。

王福龙:《区域协调发展中地方政府间横向合作的评价指标体系构建》,《行政管理改革》2019 年第 10 期。

王健、鲍静、刘小康、王佃利:《"复合行政"的提出——解决当代中国区域经济一体化与行政区划冲突的新思路》,《中国行政管理》2004 年第 3 期。

王琳、袁象:《海南自贸港建设面临的机遇与挑战》,《社会科学前沿》2018 年第 7 期。

王路昊、林海龙、锁利铭:《城市群合作治理中的多重嵌入性问题及其影响——以苏南国家自主创新示范区为例》,《城市问题》2020 年第 1 期。

王敏、朱泽燕:《中国与"一带一路"沿线国家经贸合作的社会网络分析》，《统计与决策》2019 年第 14 期。

王素云、沈桂龙：《论国际贸易投资发展新动向下的海南自贸港建设》，《南海学刊》2005 年第 2 期。

王亚军：《"一带一路"倡议的理论创新与典范价值》，《世界经济与政治》2017 年第 3 期。

文宏、林彬：《国家战略嵌入地方发展：对竞争型府际合作的解释》，《公共行政评论》2020 年第 2 期。

武俊伟、孙柏瑛：《我国跨域治理研究：生成逻辑、机制及路径》，《行政论坛》2019 年第 1 期。

徐国冲、霍龙霞：《食品安全合作监管的生成逻辑——基于 2000—2017 年政策文本的实证分析》，《公共管理学报》2020 年第 1 期。

薛文娅：《我国自由贸易港建设路径的探索研究——以海南自贸港为例》，《现代经济信息》第 18 期。

杨爱平、陈瑞莲：《从"行政区行政"到"区域公共管理"——政府治理形态嬗变的一种比较分析》，《江西社会科学》2004 年第 11 期。

杨爱平、黄泰文：《区域府际契约执行中地方政府的决策偏好分析——以珠三角一体化为例》，《天津行政学院学报》2014 年第 4 期。

杨爱平、林振群：《世界三大湾区的跨域治理机构：模式分类与比较分析》，《公共行政评论》2020 年第 2 期。

杨宏山、周昕宇：《区域协同治理的多元情境与模式选择——以区域性水污染防治为例》，《治理现代化研究》2019 年第 5 期。

杨宏山、周昕宇：《区域协同治理的多元情境与模式选择——以区域性水污染防治为例》，《治理现代化研究》2019 年第 5 期。

杨继瑞、李月起、汪锐：《川渝地区："一带一路"和长江经济带的战略支点》，《经济体制改革》2015 年第 4 期。

杨龙：《地方政府合作的动力、过程与机制》，《中国行政管理》2008

年第 7 期。

杨龙、彭彦强：《理解中国地方政府合作——行政管辖权让渡的视
角》，《政治学研究》2009 年第 4 期。

杨龙、郑春勇：《地方政府间合作组织的权能定位》，《学术界》2011
年第 10 期。

杨妍、孙涛：《跨区域环境治理与地方政府合作机制研究》，《中国行
政管理》2009 年第 1 期。

杨志云、毛寿龙：《制度环境、激励约束与区域政府间合作——京津
冀协同发展的个案追踪》，《国家行政学院学报》2017 年第 2 期。

叶林：《新区域主义的兴起与发展：一个综述》，《公共行政评论》
2010 年第 3 期。

叶林、杨宇泽、邱梦真：《跨域治理中的政府行为及其互动机制研
究——基于广佛地铁建设和水污染治理的案例比较》，《理论探讨》
2020 年第 2 期。

于鹏、李宇环：《地方政府协作治理模式：基于战略问题的类型学分
析》，《行政论坛》2016 年第 4 期。

袁波：《关于"南向通道"合作与中国西部开放发展的思考》，《东南
亚纵横》2018 年第 2 期。

臧雷振、翟晓荣：《区域协同治理壁垒的类型学分析及其影响——以
京津冀为例》，《天津行政学院学报》2018 年第 5 期。

臧乃康：《多中心理论与长三角区域公共治理合作机制》，《中国行政
管理》2006 年第 5 期。

张福磊：《多层级治理框架下的区域空间与制度建构：粤港澳大湾区
治理体系研究》，《行政论坛》2009 年第 3 期。

张紧跟：《从区域行政到区域治理：当代中国区域经济一体化的发展
路向》，《学术研究》2009 年第 9 期。

张紧跟：《区域公共管理制度创新分析：以珠江三角洲为例》，《政治
学研究》2010 年第 3 期。

张紧跟、唐玉亮：《流域治理中的政府间环境协作机制研究——以小东江治理为例》，《公共管理学报》2007 年第 3 期。

张磊：《中新互联互通南向通道驱动因素分析与对策》，《学术论坛》2018 年第 5 期。

张五常：《中国的经济制度》，中信出版社 2009 年版。

赵新峰、袁宗威：《京津冀区域大气污染协同治理的困境及路径选择》，《城市发展研究》2019 年第 5 期。

赵兴强：《"一带一路"建设中的困难及解决路径的哲学思考》，硕士学位论文，云南师范大学，2018 年。

赵志华、吴建南：《大气污染协同治理能促进污染物减排吗？——基于城市的三重差分研究》，《管理评论》2020 年第 1 期。

郑文强、刘滢：《政府间合作研究的评述》，《公共行政评论》2014 年第 6 期。

郑志来：《东西部省份"一带一路"发展战略与协同路径研究》，《当代经济管理》2015 年第 7 期。

周黎安：《晋升博弈中政府官员的激励与合作——兼论我国地方保护主义和重复建设问题长期存在的原因》，《经济研究》2004 年第 6 期。

周黎安：《中国地方官员的晋升锦标赛模式研究》，《经济研究》2007 年第 7 期。

周黎安、陶婧：《官员晋升竞争与边界效应：以省区交界地带的经济发展为例》，《金融研究》2011 年第 3 期。

周雪光：《中国国家治理的制度逻辑——一个组织学研究》，生活·读书·新知三联书店 2017 年版。

朱成燕：《内源式政府间合作机制的构建与区域治理》，《学习与实践》2016 年第 8 期。

朱智文、杨洁：《共建丝绸之路经济带与西北地区向西开放战略选择》，《甘肃社会科学》2015 年第 5 期。

卓凯、殷存毅：《区域合作的制度基础：跨界治理理论与欧盟经验》，《财经研究》2007 年第 1 期。

Agranoff, R., "Inside Collaborative Networks: Ten Lessons for Public Managers", *Public Administration Review*, Vol. 66, No. 1, 2006.

Ang, Y. Y., *How China Escaped the Poverty Trap*, Ithaca, NY: Cornell University Press, 2017.

Ansell, C., & Miura, S., "Can the Power of Platforms be Harnessed for Governance?" *Public Administration*, 2020, 98 (1).

Ansell, C. and Gash, A., "Collaborative Governance in Theory and Practice", *Journal of Public Administration Research and Theory*, Vol. 18, No. 4, 2007.

Ascensão, F., Fahrig, L., Clevenger, A. P., Corlett, R. T., Jaeger, J. A. G., Laurance, W. F., & Pereira, H. M., "Environmental challenges for the Belt and Road Initiative", *Nature Sustainability*, 2018, 1 (5).

Bhatt, N., & Tang, S. - Y., "The problem of transaction costs in group-based microlending: An institutional perspective", *World Development*, 1998, 26 (4).

Chen, B., Suo, L., & Ma, J., "A Network Approach to Interprovincial Agreements: A Study of Pan Pearl River Delta in China", *State and Local Government Review*, 2015, 47 (3).

Chen, B. Suo, L., Feiock, R. C. & Ma, J., "Factors Influencing Participation in Bilateral Interprovincial Agreements: Evidence from China's Pan Pearl River Delta", *Urban Affairs Review*, 2019, 55 (3).

Christensen, T., & Ma, L., "Coordination Structures and Mechanisms for Crisis Management in China: Challenges of Complexity", *Public Organization Review*, 2020, 20 (1).

Du, J., & Zhang, Y., "Does One Belt One Road initiative promote Chinese overseas direct investment?" *China Economic Review*, 2018, 47.

Duranton, G. , & Puga, D. , "Micro-Foundations of Urban Agglomeration E-conomies", in J. V. Henderson & J. -F. Thisse (Eds.), *Handbook of Regional and Urban Economics* (Vol. 4, pp. 2063 – 2117): Elsevier, 2004.

Egeberg, M. , "How bureaucratic structure matters: An organizational per-spective", in B. G. Peters & J. Pierre (Eds.), *The SAGE Handbook of Public Administration*, London: Sage Publications, 2012.

Emerson, K. , Nabatchi, T. , & Balogh, S. , "An Integrative Frame-work for Collaborative Governance", *Journal of Public Administration Research and Theory*, 2011, 22 (1) .

Feiock, R. , & Scholz, J. T. , *Self-organizing federalism: Collaborative mechanisms to mitigate institutional collective action dilemmas*, NY: Cambridge University Press, 2009.

Feiock, R. , "Rational Choice and Regional Governance", *Journal of Urban Affairs*, 2007, 29 (1) .

Feiock, R. , "The Institutional Collective Action Framework", *Policy Studies Journal*, 2013, 41 (3) .

Flint, C. , & Zhu, C. , *The geopolitics of connectivity, cooperation, and hegemonic competition: The Belt and Road Initiative*, Geoforum, 2009, 99.

Gao, J. , "Hitting the Target But Missing the Point: The Rise of Non-Mission-Based Targets in Performance Measurement of Chinese Local Govern-ments", *Administration & Society*, 42 (1suppl), 2010.

Huang, Y. , "Understanding China's Belt & Road Initiative: Motivation, framework and assessment", *China Economic Review*, 2016, 40.

Imperial, M. T. , "Using Collaboration as a Governance Strategy: Lessons From Six Watershed Management Programs", *Administration & Society*, 2005, 37 (3) .

Jing, Y. (Ed.), *The Road to Collaborative Governance in China*, New York: Palgrave Macmillan, 2015.

Jreisat, J., "Governance: Issues in Concept and Practice", in Donald C. Menzel & Harvey L. White (Eds.), *The State of Public Administration: Issues, Challenges and Opportunities*, New York, US: M. E. Sharpe, 2011.

Kahn, M. E., Li, P., & Zhao, D., "Water Pollution Progress at Borders: The Role of Changes in China's Political Promotion Incentives", *American Economic Journal: Economic Policy*, 2015, 7 (4).

Kim, S. Y., et al., "Updating the Institutional Collective Action Framework", *Policy Studies Journal*, 2020.

Lee, I. W., Feiock, R. C., & Lee, Y., "Competitors and cooperators: A microlevel analysis of regional economic development collaboration networks", *Public Administration Review*, 2012, 72 (2).

Lim, T. -W., Chan, H. H. L., Tseng, K. H. -Y., & Lim, W. X., *China's One Belt One Road Initiative*, London: Imperial College Press, 2016.

Morgan, G., *Images of organization*, Beverly Hill: Sage, 1986.

O'Flynn, J., & Wanna, J., *Collaborative Governance: A New Era of Public Policy in Australia?* Canberra: ANU E-Press, 2011.

Olberding, J., "Does Regionalism Beget Regionalism? The Relationship Between Norms and Regional Partnerships for Economic Development", *Public Administration Review*, 2002, 62.

Olson, M., *The Logic Of Collective Action: Public Goods and the Theory of Groups*, Cambridge: Harvard University Press, 1965.

Ongaro, E., Gong, T., & Jing, Y., "Toward Multi-Level Governance in China? Coping with complex public affairs across jurisdictions and organizations", *Public Policy and Administration*, 2019, 34 (2).

Ostrom, E., *Governing the Commons: The Evolution of Institutions for Col-*

lective Action, New York: Cambridge University Press, 1990.

Ostrom, E., *Understanding Institutional Diversity*, Princeton: Princeton University Press, 2005.

Piattoni, S., "Multi - level Governance: a Historical and Conceptual Analysis", *Journal of European Integration*, 2009, 31 (2).

Pierre, J & Peters, B. G., *Governance, Politics and the State*, New York, US: Palgrave Macmillan, 2000.

Provan, K., & Kenis, P., "Modes of Network Governance: Structure, Management, and Effectiveness", *Journal of Public Administration Research and Theory*, 2008, 18 (2).

Qian, Y. & Weingast, B. R., "Federalism as a Commitment to Reserving Market Incentives", *Journal of Economic Perspectives*, 1997, 11 (4).

Rhodes, R. A. W., *Understanding Governance: Policy Networks, Governance, Reflexivity and Accountability*, Buckingham: Open University Press, 1997.

Rothstein, B., "The Chinese Paradox of High Growth and Low Quality of Government: The Cadre Organization Meets Max Weber", *Governance*, 2014, 28 (4).

Shen, R., Feiock, R. C., & Yi, H., "China's Local Government Innovations in Inter-Local Collaboration", in Y. Jing & S. P. Osborne (Eds.), *Public Service Innovations in China*, Singapore: Springer Singapore, 2017.

Stoker, R. P., *Reluctant partners: Implementing federal policy*, Pittsburg: Pittsburg University Press, 1991.

Sullivan, H., & Skelcher, C., *Working Across Boundaries. Collaboration in Public Services*, UK: Macmillan Education, 2002.

Tang, S. & Lo, C., "The Political Economy of Service Organization Reform in China: An Institutional Choice Analysis", *Journal of Public Ad-*

ministration Research and Theory, 2009, 19（4）.

Thomson, A. M. , & Perry, J. L. , "Collaboration Processes: Inside the Black Box", *Public Administration Review*, 2006, 66（s1）.

Wang, Y. , "Offensive for defensive: the belt and road initiative and China's new grand strategy", *The Pacific Review*, 2006a, 29（3）.

Weber, E. P. , & Khademian, A. M. , "Wicked Problems, Knowledge Challenges, and Collaborative Capacity Builders in Network Settings", *Public Administration Review*, 2008, 68（2）.

Xiong, W. , Chen, B. , Wang, H. , & Zhu, D. , "Transaction Hazards and Governance Mechanisms in Public-Private Partnerships: A Comparative Study of Two Cases", *Public Performance & Management Review*, 2019, 42（6）.

Yi, H. Suo, L. , Shen, R. , Zhang, J. , Ramaswami, A. & Feiock, R. C. , "Regional Governance and Institutional Collective Action for Environmental Sustainability", *Public Administration Review*, 2018, 78（4）.

Yu, H. , "Motivation behind China's 'One Belt, One Road' Initiatives and Establishment of the Asian Infrastructure Investment Bank", *Journal of Contemporary China*, 2017, 26（105）.

Yu, J. , Zhou, L. -A. , & Zhu, G. , "Strategic interaction in political competition: Evidence from spatial effects across Chinese cities", *Regional Science and Urban Economics*, 2016, 57.